COMMUNICATION INFORMATISÉE ET SOCIÉTÉ

COMMUNICATION INFORMATISÉE ET SOCIÉTÉ

Sous la direction de

Michèle Martin

Télé-université
Sainte-Foy (Québec) Canada
1995

Collection COMMUNICATION ET SOCIÉTÉ

dirigée par Kevin Wilson, professeur à la Télé-université.

Ouvrages déjà parus

UNE INTRODUCTION À LA COMMUNICATION
Danielle Charron

THÉORIES DE LA COMMUNICATION Histoire, contexte, pouvoir
Paul Attallah

THÉORIES DE LA COMMUNICATION Sens, sujets, savoirs
Paul Attallah

LA COMMUNICATION MASS-MÉDIATIQUE AU CANADA ET AU QUÉBEC
Un cadre socio-politique
Alain Laramée

UNE HISTOIRE DES MÉDIAS DE COMMUNICATION
Sylvie Douzou et Kevin Wilson

COMMUNICATION ET MÉDIAS DE MASSE Culture, domination et opposition
Michèle Martin

Ce document est utilisé dans le cadre du cours
Communication informatisée et société (COM 3002)
offert par la Télé-université.

ISBN 2-7624-0805-9

Dépôt légal — 3ᵉ trimestre 1995

Bibliothèque nationale du Québec
Bibliothèque nationale du Canada

Imprimé au Québec, Canada

Édité par :
Télé-université
2600, boulevard Laurier
Tour de la Cité, 7ᵉ étage
Case postale 10700
Sainte-Foy (Québec) Canada
G1V 4V9

Distribué par :
Presses de l'Université du Québec
2875, boulevard Laurier
Sainte-Foy (Québec) Canada
G1V 2M3
Tél. : (418) 657-4390
Télécopieur : (418) 657-2096

REMERCIEMENTS

Je tiens à remercier toutes les personnes qui ont participé à la réalisation de cet ouvrage. En premier lieu, les collaborateurs à la conception et à la rédaction des chapitres, René Laperrière du département de Sciences juridiques de l'UQAM, Pierre Doray et Thierry Rousseau du CIRST de l'UQAM, Micheline Lepresle du CNET à Paris et Bernard Vallée de la Télé-université. Yves Bertrand et Alain Laramée de la Télé-université et Jean-Guy Lacroix de l'UQAM ont agi comme lecteurs critiques d'une version préliminaire. J'aimerais également souligner l'apport de Marie-Thérèse Bourbonnais pour son travail didactique et celui de Gisèle Tessier et de Bernard Lépine qui ont travaillé à l'édition de l'ouvrage.

Michèle Martin, Ph.D.
professeure

TABLE DES MATIÈRES

DEUXIÈME PARTIE
COMMUNICATION INFORMATISÉE DANS LA SOCIÉTÉ

INTRODUCTION

CHAPITRE 5   Marion Lepresle

CHAPITRE 6   Bernard Vallée

LISTE DES FIGURES

INTRODUCTION GÉNÉRALE

Notre société, qualifiée par plusieurs de société post-industrielle, se distingue par une expansion rapide de *l'informatique* et par la diversification de l'utilisation de cette science dans divers domaines sociaux. La science de l'informatique est possible grâce à des technologies permettant d'appliquer des techniques de collecte, de tri, de mise en mémoire, de transmission et d'utilisation de données, d'informations. Entreprises privées comme institutions publiques ont recours à ces technologies dans la gestion de leurs affaires, tant dans la production de leurs biens et services que sur le plan des communications internes et externes. Même *Playboy*, une entreprise dont le fonctionnement est essentiellement fondé sur le « visuel », a commencé à recruter ses modèles au moyen d'une technologie comme le réseau Internet (*La Presse*, 21 mars 1995). Ceci nous amène à parler de technologies de communication qui, couplées à l'informatique, permettent la transmission d'informations.

Les *télécommunications* sont l'ensemble des procédés de transmission de l'information à distance au moyen de technologies de communication tels le câble, les satellites, etc. Nous appellerons l'ensemble de ces moyens de transmission des *réseaux de télécommunications*. Les réseaux de télécommunications couplés à des technologies comme l'ordinateur permettent une forme de communication que nous identifions comme la *communication informatisée*. Le mariage des télécommunications et de l'informatique a été identifié comme la *télématique*.

La *télématique* se distingue de la *téléinformatique*. Nous entendons par *téléinformatique* l'ensemble des techniques et des connaissances portant sur le traitement et le transfert à distance de données entre ordinateurs. Le terme *télématique* vise davantage l'utilisateur moyen. Nous la définissons comme l'ensemble des techniques et des moyens permettant le transfert de données à distance entre deux ou plusieurs usagers.

Cela s'effectue le plus souvent par voie téléphonique (notamment par le biais d'un modem rattaché à l'ordinateur) et les communications peuvent emprunter différents supports (câbles coaxiaux, faisceaux hertziens, liaisons par satellite, fibre optique). Ce qui est communiqué peut prendre la forme de messages visuels ou oraux, d'image, de texte ou de données chiffrées. Ces formes que prennent les données sont transmises de plus en plus d'une manière numérique et apparaissent à l'usager sur l'écran de son terminal dans une forme textuelle et graphique. Le traitement et la communication des données (ou des informations) requiert l'utilisation de logiciels. Enfin, la télématique suppose l'établissement de réseaux de transmission au niveau national et international. Dans ces réseaux, les liaisons s'établissent avec des ordinateurs qui permettent de stocker, de traiter et de transmettre les données qui peuvent être recouvrées par les usagers à leurs terminaux.

La télématique permet donc d'assurer à de nombreux usagers un accès simultané, hétérogène et rapide à des masses d'informations. En France, la « télématique grand public » connaît du succès notamment par la vaste implantation du terminal Minitel. La télématique n'est cependant pas toujours aussi manifestement liée à un système d'ordinateur. Voyons certaines formes, quotidiennement utilisées, qu'elle peut adopter.

La *télécopie* (souvent appelée *fax*) est un service développé pour la correspondance de bureau qui permet de transmettre un texte ou un dessin pour une reproduction à distance. Le réseau téléphonique fait la plupart du temps office de réseau de télécommunication entre deux télécopieurs. La *visioconférence* est un service qui offre la possibilité de transmettre l'image et la voix de l'individu qui parle. Ce système comprend un micro et un haut-parleur, une caméra et un écran de télévision inclus dans le même terminal. La *vidéotransmission* est une forme de télévision interactive, permettant de diffuser des images en direct, et où tous les participants peuvent dialoguer avec l'émetteur grâce à un système qui rend possible le retour du son et de l'image. La vidéotransmission est fréquemment utilisée pour des séances de télétravail, réunissant un personnel nombreux et éloigné, sans nécessité de les déplacer.

On a recours au satellite pour les applications de vidéotransmission internationale comme la diffusion d'événements culturels et sportifs.

La *messagerie électronique,* ou *courrier électronique,* est un système de communication informatisée, géré par un ordinateur, qui permet la transmission instantanée de messages à des individus ou des groupes, tout en préservant la confidentialité de l'information. Elle permet aux destinataires de s'affranchir des contraintes de temps et d'espace, en lui donnant le choix du moment et du lieu d'utilisation. En effet, un usager peut envoyer un message à n'importe quelle heure sans que le destinataire soit nécessairement libre. De plus, le destinataire peut se trouver à n'importe quel endroit à condition de disposer d'un terminal, d'un logiciel de communication et d'un modem. La messagerie permet une communication écrite (il existe aussi la messagerie vocale où les communications se font par le biais du téléphone), en temps différé, avec dépôt du message dans une « boîte aux lettres » à laquelle peuvent accéder seulement les usagers autorisés. La messagerie est utilisée principalement pour des relations interpersonnelles. L'un des réseaux de courrier électronique les plus utilisés est sans doute Internet, dont nous reparlerons plus loin.

La *téléconférence assistée par ordinateur* (TAO) est un mode de communication où l'ordinateur est utilisé, dans un groupe de personnes, pour rendre les échanges à distance plus efficaces, pour les structurer et pour traiter des messages écrits. « À la différence de la messagerie électronique qui permet, via l'ordinateur, d'envoyer des messages privés ou publics à un ou plusieurs individus, la téléconférence assistée par ordinateur se présente plus comme une sorte de bulletin public ou semi-public consulté par un groupe d'individus, ainsi que comme un forum » (Rigault, 1991, p. 137).

La TAO est l'analogue informatisé de la réunion. Elle permet cependant de libérer les participants des contraintes d'horaire et de distance, car elle peut se dérouler en direct ou en différé. Lorsqu'un contenu arrive sur le serveur, il peut être consulté immédiatement ou dans le futur, tant qu'il n'a pas été effacé de la mémoire de l'ordinateur. La communication repose sur l'écrit et se fait en langage quotidien. Les participants peuvent communiquer librement entre eux, ou encore avec l'aide d'un animateur ou modérateur. Nous verrons plus en détail les caractéristiques et les fonctions de cette technologie de communication informatisée au chapitre 8, où nous expliquons son utilité dans le domaine de l'éducation.

Toutes ces technologies produisent une certaine forme de communication informatisée. Cependant, nous parlons très peu de celle impliquant un niveau peu développé de l'informatique comme le télécopieur, la visioconférence et la vidéotransmission. Nous nous concentrons plutôt sur les formes de communication informatisée permettant la transmission et le stockage d'un nombre considérable d'informations tels le courrier électronique, la téléconférence assistée par ordinateur et d'autres formes décrites dans les chapitres qui y sont consacrés.

La communication informatisée, sous toutes ses formes, recouvre un vaste champ de recherche dont les divers domaines ne sont pas tous directement reliés. Tout au long de cet ouvrage, la notion de communication informatisée sera appliquée *dans un sens large*, c'est-à-dire à toute communication produite par les méthodes de l'informatique, par des technologies permettant la collecte, le tri, la mise en mémoire, la transmission et l'utilisation de données, d'informations, soit dans des organisations privées, des institutions publiques ou dans des foyers (ex. Minitel). Les réseaux de télécommunications ne seront considérés que dans la mesure où ils s'accouplent à l'informatique produisant de la communication informatisée pouvant s'étendre au niveau international. Dans ces conditions, la communication informatisée amène nécessairement des répercussions autant économiques que politiques et sociales.

L'implantation, dans nos sociétés post-industrielles, de la communication informatisée comprise sous cet angle, a été l'objet de plusieurs études disparates visant à expliquer tantôt son intrusion dans la vie privée, tantôt son impact sur le fonctionnement des organisations privées et des institutions publiques, tantôt d'autres problèmes limités dans leur nature. Les résultats de ces études sont souvent contradictoires, certaines faisant l'éloge inconditionnel de l'informatique, d'autres la présentant comme la cause de tous les maux. Cet ouvrage se propose de faire le tour du débat sur la communication informatisée, tentant aussi bien de faire valoir les avantages de son développement, que de démasquer les problèmes qu'elle suscite.

Notre objectif n'est pas de discuter de la question dans tous ses détails, mais plutôt de développer une vue d'ensemble du phénomène de la communication informatisée dans les sociétés industrialisées, en établissant une relation entre connaissances théoriques et activités informatiques ayant cours dans ces sociétés, et en y visualisant les points de vue élaborés dans des études sur le développement et l'impact de cette forme de communication.

Pour ce faire, nous relevons les débats qui nous semblent les plus pertinents pour développer une approche critique du domaine de la communication informatisée, particulièrement de celui de la transmission d'informations. Les concepts provenant de ces débats nous aideront à expliquer certains changements sociaux reposant sur l'utilisation de la communication informatisée en rapport avec leur cadre de développement historique et social. La communication informatisée étant liée à des technologies en constante expansion, il nous est impossible de tenir compte, dans cet ouvrage, de toutes les informations portant sur les dernières découvertes technologiques ou scientifiques. Cependant, nous croyons que la connaissance critique que cette étude apportera sur ce phénomène sera utile pour analyser les activités émergeant de nouveaux développements, et pour identifier certains problèmes liés à ces activités.

À cette fin, l'ouvrage considère la communication informatisée comme un objet social et technique dont la constitution, l'implantation et l'utilisation sont marquées par des rapports sociaux et spécifiques. Les pratiques et les activités des personnes impliquées dans ces diverses étapes sont appréhendées sous la forme de négociations, elles-mêmes des lieux d'expression d'alliances et d'oppositions appelées à se modifier, mais aussi à se figer ou à se durcir, selon les modifications qu'elles apportent dans les jeux de pouvoir et dans les moyens de contrôle.

Dans cette optique, nous examinons les impacts sociaux des changements apportés au processus de communication par les interactions entre le choix d'une technologie permettant une certaine forme de communication informatisée, le développement et l'implantation de cette technologie dans un milieu spécifique, les modifications des formes d'organisation du travail de ce milieu, les rapports de pouvoir qui y existent, les cultures de groupe qui y émergent et les structures d'emploi qui y sont affectées.

Une telle étude implique non seulement l'économie politique du développement de la communication informatisée dans la société, mais aussi l'aspect légal de son utilisation et les conséquences sociales de certaines activités qu'elle permet tant dans les organisations privées que dans les institutions publiques. Cet ouvrage suggère que malgré les avantages certains de la communication informatisée sur le plan de la quantité d'informations pouvant être transmises ou celui de l'abolition de certaines occupations de bas niveau, elle pose de nouveaux problèmes en matière de conditions de travail, de nouvelles formes de pouvoir et de contrôle, et d'invasion de la vie privée.

Nous examinons plusieurs formes de communication informatisée. En fait, chaque étude de cas que nous examinons implique l'implantation d'un système spécifique dans un milieu particulier, système que nous décrivons dans les chapitres qui s'y rapportent.

Pour étudier, de façon critique, le phénomène de l'implantation et de l'utilisation de systèmes de communication informatisée dans différentes sphères de notre société, nous examinons d'abord les dimensions multiples inhérentes à ce phénomène, notamment les facteurs politiques, économiques, juridiques et sociaux qui y sont reliés. Puis nous identifions les jeux de pouvoir sous-jacents au développement de cette forme de communication et à son implantation dans divers secteurs de la société.

À cette fin, l'ouvrage comprend deux parties. La première partie fournit des outils théoriques et méthodologiques aidant à saisir les contradictions, oppositions, jeux de pouvoir accompagnant généralement l'implantation de technologies permettant la communication informatisée. Elle discute également les enjeux – politiques, économiques, juridiques et sociaux – associés à ce phénomène. La deuxième partie propose l'examen de cas d'implantation et d'utilisation de systèmes de communication informatisée dans diverses entreprises privées et institutions publiques. Elle aide à comprendre de façon plus concrète les changements apportés par ce phénomène, les jeux de pouvoir qu'ils impliquent et les stratégies pour les atténuer.

PREMIÈRE

PARTIE

SPÉCIFICATION DE LA QUESTION

INTRODUCTION

Cette première partie est consacrée à l'analyse théorique et pratique de certains aspects reliés à l'expansion des technologies permettant la communication informatisée dans la société. Son but est de développer un point de vue critique en mettant en lumière des éléments cachés du phénomène de la communication informatisée, particulièrement sur le plan des intentions des groupes qui la développent, des changements que son développement apporte et des réactions à ces changements de la part de ceux qui l'utilisent. Comme nous l'avons mentionné dans l'introduction de cet ouvrage, nous croyons que la connaissance des processus d'implantation de technologies de communication est un préalable à une meilleure compréhension non seulement du phénomène de la communication informatisée, mais aussi d'autres activités sociales qui s'y rattachent.

Nous le verrons tout au long de cet ouvrage que l'introduction d'une technologie de communication informatisée vient souvent bouleverser la nature même de la culture – organisationnelle, éducationnelle ou autre – qui existe dans un milieu ou une communauté. La deuxième partie de cet ouvrage sera consacrée à l'étude de l'implantation de systèmes de communication informatisée dans différents milieux. Pour mieux comprendre ces cas particuliers, nous vous proposons, dans cette première partie, des connaissances théoriques et pratiques générales qui nous aideront à identifier des éléments importants, mais souvent dissimulés et échappant alors même aux groupes concernés par le processus d'implantation de ces systèmes.

Bref, cette partie nous renseigne sur certains débats actuels dans le domaine de la communication en général, et plus particulièrement de la communication informatisée sous forme de transmission d'information. Débats théoriques portant sur les systèmes de communication, la valeur de l'information qu'ils véhiculent, les conditions qui influencent la transmission de cette information dans le monde et les différentes possibilités qu'ouvre leur utilisation quant aux différents types de société qui pourraient en résulter. Cette partie nous informe également, sur le plan théorique et pratique, des enjeux que cette forme de communication soulève tant sur le plan économique que politique et social. La communication informatisée a bouleversé les pratiques de communication d'un grand nombre de personnes et les systèmes qui la permettent renferment des caractéristiques technologiques pouvant encourager aussi bien les activités démocratiques que des pratiques abusives de contrôle. Nous examinons donc la technologie en rapport avec les enjeux qu'elle soulève.

Qui dit systèmes de communication informatisé, dit accumulation d'informations et possibilité de contrôle. Ces deux caractéristiques de la technologie nous amènent à un aspect important du phénomène, l'aspect juridique. Cet aspect sera d'abord traité en rapport avec la vie sociale de chaque citoyen. Le nombre considérable d'informations accumulées par différents organismes – banques, compagnies d'assurance, services de santé, de revenus, etc. – rend chacun de nous vulnérable en regard des données se trouvant dans nos dossiers personnels, et de qui peut les consulter. La jurisprudence développe des lois qui tentent de protéger le citoyen des indiscrétions les plus évidentes, mais nous verrons qu'elle ne protège pas tout. Elle vient également réglementer le milieu du travail, au moins pour les employés syndiqués qui vivent l'implantation d'une telle technologie dans leur milieu de travail, avec tout ce que cela comporte.

Dans cette partie, et tout au long de l'ouvrage, nous favorisons une approche critique face au phénomène de la communication informatisée, examinant les avantages, bien sûr, mais surtout les « vices cachés » qu'elle comporte si elle mal gérée. Cette première partie nous aide à déterminer les éléments qu'il faut considérer pour parvenir à une analyse critique du phénomène.

COMMUNICATION INFORMATISÉE : APPROCHES THÉORIQUES

Par Bernard VALLÉE et Michèle MARTIN
Télé-université

1.1 INTRODUCTION

Dans ce chapitre, nous présentons des approches théoriques expliquant le phénomène de la communication informatisée en tant qu'objet social et technique. La communication informatisée émerge du développement prodigieux des technologies de communication dans notre société et des changements qui en ont découlé dans divers domaines. Différentes approches, parfois complémentaires, parfois contradictoires, analysent ce phénomène. Nous regroupons sous le modèle dominant les approches déterministe et prospective, puis, sous l'analyse critique, l'approche critique aux systèmes de communication, l'approche de l'économie politique de l'information, de même que les modèles de Tehranian sur la communication et la démocratie, et de Mowlana sur le flux d'information internationale. Ces approches nous semblent le mieux résumer les différents points d'observation de la relation entre communication informatisée et société.

Nous étudions le modèle dominant par le biais de l'approche déterministe développée par Marshall McLuhan dont les travaux ont largement contribué à populariser la perception que la technologie est la cause directe des changements sociaux. Nous en analysons les points forts et les faiblesses. Nous jetons également un regard critique sur l'approche prospective, un modèle futuriste auquel les développeurs se réfèrent régulièrement pour faire des prédictions dans le domaine technologique. Particulièrement dans le secteur des communications, ces prédictions prennent souvent la forme de grandes conquêtes.

Nous examinons ensuite les concepts associés à l'analyse critique, concepts nous permettant de comprendre les interventions politiques et économiques et les jeux de pouvoir qui accompagnent le développement technologique associé à la communication informatisée. Nous étudions d'abord comment l'approche critique a appréhendé le développement de systèmes de communication liés à divers domaines : industriel, militaire, social. L'analyse critique s'intéresse aussi à la compréhension du concept d'information, concept qu'elle lie aux conditions économiques, politiques et sociales influençant le développement et l'utilisation des technologies qui permettent la diffusion et la transmission de cette information. Nous incluons également, dans ce type d'analyse, l'étude de Tehrenian qui met en relief les contradictions émergeant du développement de technologies de la communication informatisée se traduisant par l'apparition de deux sociétés différentes, opposées même : la « société technocratique » et la « société communautaire ». Enfin, nous expliquons le modèle du flux d'information international de Mowlana, dans lequel la communication informatisée trouve sa place. Cette étude sera particulièrement utile à la lecture du chapitre sur la communication internationale. Bien que ces approches soient fondées sur l'analyse critique de divers objets en communication, elles ne sont pas homogènes. Elles rejoignent cependant des aspects importants de nos préoccupations et de celles des divers auteurs de cet ouvrage.

Pour illustrer l'analyse critique, nous terminerons le chapitre par une étude (Ménard et Tremblay, 1994) sur les industries de télécommunications et de câblodistribution au Canada, particulièrement au Québec. Cette analyse examine comment une convergence entre ces industries pourrait affecter la notion d'information même, prenant compte des éléments politiques et économiques influençant ce processus. Cette étude est d'autant plus pertinente que la convergence de ces deux domaines est essentielle pour le développement de ce qu'un nombre grandissant de personnes connaissent maintenant comme l'autoroute électronique.

1.2 MODÈLE DOMINANT

Nous appelons « modèle dominant » les différentes approches adoptées par un grand nombre de chercheurs et qui ont eu une influence déterminante sur les études en communication. Ces approches sont souvent liées à la recherche industrielle, c'est-à-dire la recherche subventionnée par diverses industries dans le domaine de la communication, dans le but précis de rendre l'entreprise plus profitable. Nous ne prétendons pas faire une analyse exhaustive de ce modèle. Nous nous contentons d'examiner les aspects les plus pertinents pour cet ouvrage. Nous nous penchons donc vers deux approches en particulier : le déterminisme technologique et la prospective.

1.2.1 Le déterminisme technologique

La pertinence d'évoquer l'approche du déterminisme technologique pour l'étude de la communication informatisée réside d'abord dans le fait que ce domaine est systématiquement lié au développement technologique. Or, le rapport entre le développement technologique et l'évolution sociale a soulevé maintes réflexions qui relèvent très souvent d'une même interrogation : la technologie est-elle cause ou conséquence de l'évolution d'une société? Bien que divers courants de réflexion tentent de répondre à cette question, ils se regroupent sous deux grands postulats : neutraliste et déterministe.

Brièvement, car cela n'est pas notre propos dans cette partie, les tenants de l'approche neutraliste croient que la technologie ne véhicule aucune signification en soi et que les retombées qu'elle suscite dans la société sont contrôlées par l'être humain. Selon cette approche, la technologie se définit comme une des conséquences de l'évolution d'une société. Cette approche, beaucoup moins répandue que l'approche déterministe, est plutôt problématique en ce sens que l'utilisation d'une technologie prendrait l'orientation qu'une société particulière lui donnerait. Accepter ce postulat de neutralité, c'est refuser le fait que les caractéristiques spécifiques d'une technologie puissent orienter son utilisation. Comment alors accepter qu'un média comme la télévision, par exemple, s'utilise de la même façon (nous ne parlons pas ici des contenus), à quelques variantes près, partout dans les pays industrialisés, même aussi différents que le Japon et les États-Unis?

Les tenants de l'approche déterministe ont une vision tout à fait opposée à celle des neutralistes. Pour eux, le développement technologique est issu d'une logique autonome, celle du progrès scientifique. «En ce sens, elle offre une vision « technocentrique » de la société selon laquelle la technique se définit comme le principal catalyseur des changements sociaux » (Caron *et al.*, 1987 : 1). Ainsi, selon l'approche déterministe, la technologie se définit comme une cause directe de l'évolution d'une société.

Voyons maintenant le modèle développé par Marshall McLuhan, célèbre chercheur canadien en communication qui a contribué largement à répandre ce modèle. McLuhan, dans son désir de tout lier au développement technologique, explique l'évolution historique de la société occidentale selon des caractéristiques médiatiques. Attalah (1989 : 276) décrit le découpage historique mcluhanien de la manière suivante :

1. l'époque orale sans écriture,
2. l'époque de l'écriture fondée sur l'alphabet,
3. l'époque typographique fondée sur l'imprimerie,
4. l'époque électronique.

Pour le chercheur canadien, les transformations sociales historiques s'expliquent par la dominance médiatique de l'époque. Ainsi, l'époque orale est déterminée par la voix humaine, l'époque de l'alphabet par les écritures et leurs supports (pierre, papyrus, papier), l'époque typographique est déterminée par l'avènement de l'imprimerie, du livre, et l'époque électronique par le télégraphe, la radio, la télévision et les technologies de communication.

McLuhan a développé un modèle évolutif du développement des moyens de communication. Fondamentalement, un média est un prolongement de l'être humain, c'est-à-dire le prolongement d'une capacité ou d'un sens humain. Par exemple, la roue prolonge le pied en amplifiant cette capacité du mouvement humain. La télévision prolonge la vision humaine et l'électricité tout comme l'ordinateur, avec son énorme potentiel de traitement de l'information, prolongent le système nerveux humain. On pourrait dire que la communication informatisée prolonge la communication humaine en outrepassant les limites d'espace et de temps. Les médias sont donc des moyens de prolonger et d'amplifier les sens humains. Ils sont ainsi abordés du point de vue de leur intensité psychologique. Dans cette optique, McLuhan explique que le changement technologique suscite des changements psychologiques qui, à leur tour, provoquent des changements sociaux, politiques et économiques.

Ainsi, la thèse de McLuhan consiste à affirmer que les médias sont des extensions artificielles de notre existence sensorielle. L'environnement culturel créé par ces extensions favorise la prédominance d'un sens au détriment d'un autre. Autrement dit, les moyens de communications dominants dans une société favorisent le développement d'une capacité sensorielle au détriment des autres, déterminant ainsi les changements sociaux.

McLuhan explique, par exemple, que l'avènement de l'époque typographique, caractérisée par le développement de l'imprimerie, et donc de la reproduction de documents et de livres, a modifié sensiblement la façon dont les connaissances sont appréhendées. En effet, c'est surtout par l'œil ou la vision, donc par la lecture, que s'acquiert désormais la connaissance. Auparavant, l'écriture était réservée à de petites élites et les connaissances se transmettaient oralement par le biais de plusieurs sens (la parole, l'ouïe, la vue, le toucher). Le chercheur ajoute qu'une amélioration technique dans les moyens de communication suscite un changement de l'utilisation de nos sens, ce qui implique alors une refocalisation des expériences préalables. Ces changements dans les moyens de communication produisent alors une chaîne de conséquences révolutionnaire à tous les niveaux de la culture et de la politique. En somme, les moyens techniques de communication sont des prolongements de nos sens et de nos facultés et ils influencent nos perceptions individuelles qui modifient alors la forme de nos sociétés.

Les médias deviennent donc la cause des changements sociaux à travers les époques par l'utilisation d'une forme technologique sous-jacente aux cultures. La culture orale créait une vie communautaire parce que cela favorisait l'implication de tous les sens et leur interdépendance. L'époque typographique créait l'isolement du sens de la vue ce qui a déterminé l'émergence d'une société capitaliste caractérisée par l'individualisme et les besoins d'une vie privée. De nos jours, nous sommes à l'époque électronique et les technologies qui prolongent plusieurs de nos sens nous feraient retourner, selon la thèse de McLuhan, à une époque similaire à celle de la culture orale, c'est-à-dire à un « village global ».

C'est à partir de ce raisonnement que McLuhan en est venu à son argument que « le médium est le message ». Cela signifie que le médium détermine le message qui, en retour, déterminera plus ou moins directement une forme de société émergente. Pour cet auteur, l'analyse doit se concentrer sur la forme du média et non sur le contenu ou les caractéristiques des usagers. Ceux-ci demeurent des récepteurs passifs face à la technologie. En somme, l'influence de la technologie ne se situe pas sur le plan des opinions et des concepts mais plutôt sur le plan de la perception sensorielle.

L'influence technologique, centrale dans l'approche déterministe, ne peut être entièrement rejetée. On ne peut ignorer, par exemple, l'impact de la télévision sur le mode de vie des gens. La télévision a modifié les habitudes de vie d'une majorité d'individus qui regardent la télévision plusieurs heures par semaine. Cet impact est réel peu importe la nature des contenus télévisuels. Par contre, on ne peut, non plus, ignorer ces contenus, pas plus que ceux qui les produisent et ceux qui les reçoivent.

Si certaines affirmations de McLuhan aident à comprendre l'impact de la technologie sur la société, il faut par contre se méfier de son déterminisme technologique réductionniste. En effet, attribuer une causalité unidirectionnelle à la technologie et insister sur le fait que les changements sociaux à tous les niveaux (art, science, loi, religion, marché, etc.) soient d'abord et avant tout attribuables aux changements de la perception des humains suscités par la technologie sert à détourner notre attention d'autres éléments importants dans la relation technologie et société.

On ne peut négliger, comme Martin (1987 : 22) le souligne, que les changements sociaux s'expliquent aussi par les conditions économiques, politiques et culturelles dans lesquelles ils surviennent. Les changements liés aux technologies de communication, médiatique ou informatisée, ne font pas exception. Ces technologies sont développées et financées par des groupes sociaux ayant des intérêts particuliers. Elles sont ensuite utilisées par des individus ou des groupes qui pourraient avoir des intérêts différents de ceux des développeurs.

Autrement dit, ~~on ne peut ignorer les relations de pouvoir qui~~ ~~sous-tendent le développement et l'utilisation d'une technolo-~~ ~~gie pour évaluer son impact sur la société.~~ On reproche à McLuhan d'avoir ignoré le contexte social de l'émergence d'une technologie, de sa fabrication, de son coût et des intérêts en jeu, bref, des conditions sociales, économiques ou politiques sous-tendant son existence et son utilisation.

Pour fins d'illustration, voyons comment l'approche déterministe technologique pourrait expliquer le développement et l'utilisation de la communication informatisée. Des médias tels que la messagerie électronique ou la téléconférence assistée par ordinateur permettent à des individus de communiquer entre eux par le biais de leur clavier d'ordinateur à condition de posséder un modem, un logiciel de communication et d'être relié à un réseau. Selon l'approche déterministe, cette technologie, en se développant, contribuerait à la création d'un « village global » favorisant une participation interactive qui transgresse les contraintes de temps et d'espace. Elle permettrait de dissocier le message de la personnalité et de l'apparence physique de l'intervenant, car elle rend possible l'établissement d'échanges entre correspondants physiquement non présents, à un moment précis et habituellement sans délais. Le statut social des intervenants devient ainsi moins important que dans une situation de face à face. Les caractéristiques technologiques (transgression des contraintes de temps et d'espace, moindre importance du statut social, plus grande démocratisation communicationnelle) semblent donc déterminantes quant au contenu des messages échangés.

Cependant, cette approche du point de vue technologique passe sous silence plusieurs éléments importants qui influencent la relation technologies de communication et société. Par exemple, pour diverses raisons, la communication informatisée n'est pas réellement accessible à tous. Certains individus n'ont pas les moyens financiers pour acheter le matériel nécessaire et (ou) pour s'abonner à un ou à plusieurs réseaux. De plus, l'utilisation d'une telle technologie nécessite un certain savoir, une familiarité avec la culture informatique qui n'est pas immédiatement accessible à tous. Il ne faut pas sous-estimer non plus le fait que ces technologies véhiculent un certain potentiel de contrôle social sur les utilisateurs. Dans une organisation, par exemple, un supérieur peut faire du « monitoring » afin de surveiller l'utilisation que font les employés de ces technologies. Dès lors, ce contrôle potentiel va à l'encontre d'une plus grande démocratisation de la communication. En évacuant l'importance de certains intérêts sociaux, on évacue ainsi des facteurs primordiaux dans l'analyse de l'impact de ces médias.

Nous verrons, tout au long de cet ouvrage, que d'une part la communication informatisée modifie notre façon de communiquer à travers le temps et l'espace, et que d'autre part son implantation est marquée par des rapports sociaux et des jeux de pouvoir dont les conséquences se répercutent tant sur la sécurité de la vie privée que sur la nature du travail dans les organisations, ou encore sur le plan des relations internationales. Le potentiel d'utilisation lié à la communication informatisée fait aussi l'objet de nombreux discours vantant les mérites d'un avenir enchanteur. C'est l'essence de l'approche prospective que nous examinons à présent.

1.2.2 La prospective

La communication informatisée et, de manière plus générale, les technologies de communication s'inscrivent comme des objets privilégiés pour des études d'exploration. Les technologies de communication sont omniprésentes dans notre société et elles tendent de plus en plus à s'inscrire en tant que projet de société, c'est-à-dire qu'elles véhiculent un potentiel d'utilisation ayant des conséquences économiques, sociales, politiques et culturelles importantes. La technologie comme projet de société intéresse de plus en plus de chercheurs, surtout ceux dont les travaux sont associés au secteur industriel. L'un des courants les plus répandus de cette recherche est l'approche prospective qui consiste en gros à étudier et évaluer des projets futuristes.

Trois types de courants font l'étude du futur ou la recherche d'une connaissance de l'avenir ; la prévision, la futurologie et la prospective (Laramée, Vallée; 1991 : 237). La « prévision » fait l'analyse de l'avenir à court terme dans le but d'obtenir une image précise de l'évolution d'un domaine spécifique. Ce courant déterministe considère qu'une innovation technologique possède sa propre logique autonome qui se soumet aux déterminants du progrès scientifique. La technologie est alors perçue comme le principal catalyseur des changements sociaux. Dans cette optique, l'innovation suit alors une trajectoire normale et bien définie qui s'inscrit dans un futur nécessaire.

La « futurologie » consiste à élaborer des scénarios possibles de l'avenir à partir de l'analyse des tendances actuelles et d'extrapolations. On tente d'identifier un élément moteur propre à divers domaines afin d'élaborer ces tendances. Ce courant postule toutefois, à l'inverse de la prévision, que le futur n'est pas nécessairement prévisible mais plutôt aléatoire. La futurologie produit ainsi une connaissance approximative.

Enfin, la « prospective » se situe quelque part entre les deux courants précédents. Cette approche voit l'avenir à la fois comme la reconduction du passé et comme sa négation. Le futur est perçu comme quelque chose à construire librement car l'avenir est certes incertain, voire mystérieux, mais rien ne nous empêche toutefois de l'inventer. Pour ce faire, le chercheur en prospective se doit impérativement de bien comprendre le présent pour anticiper éventuellement le changement, c'est-à-dire qu'il doit procéder à des inventaires de faits, exploiter les intentions, les motivations et les comportements, individuels et collectifs, et mettre en évidence les interrelations. La prospective tient compte également de l'espace occupé par un système donné, par exemple la technologie, dans un système plus englobant, la société. En articulant certaines prévisions dans le domaine technologique, par exemple, la prospective cherche les tendances lourdes, analyse des faits porteurs d'avenir, plus ou moins perceptibles mais dont l'importance devrait susciter des répercussions profondes et étendues (Laramée, Vallée; 1991 : 238-239). La prospective n'avance pas de certitudes mais elle propose plutôt des scénarios puisqu'elle admet que l'être humain a la liberté de choisir son avenir.

De nos jours, la prospective s'intéresse particulièrement aux prévisions dans le domaine technologique ainsi que dans le domaine économique. Dans le domaine technologique, les discours à saveur prospective sont très répandus pour la promotion d'une culture informatique. On retrouve dans les monographies, les revues, les journaux et autres médias un foisonnement d'écrits et de discours prospectifs lié à toute forme d'innovation technologique. L'emploi du futur est la conjugaison la plus répandue dans ces écrits et ces discours, et les références mythiques à l'an 2000 y sont très nombreuses. On évoque toujours ce qu'une technologie nouvelle modifiera dans les pratiques et les usages sociaux même si l'histoire tend à nous démontrer que ces projections sont très souvent sinon erronées, du moins incertaines.

Les débats entourant l'émergence d'une autoroute électronique ou d'une autoroute de l'information illustrent bien cette abondance de prévisions de toutes sortes. L'État et l'industrie évoquent depuis de nombreuses années le rêve technologique. Ce virage technologique est présenté comme essentiel pour la survie économique au prochain tournant du siècle. Tremblay et Lacroix (1994 : 1) ont analysé la gestation, la réalisation et les retombées de grands projets technologiques telles la micro-informatique, la télématique et l'autoroute électronique, posant un regard critique sur des discours prospectifs entourant l'arrivée de ces innovations. Ils écrivent que : « ... l'innovation technique en communication suscite régulièrement l'expression empathique de discours messianiques. Les mêmes espoirs d'épanouissement culturel, d'harmonisation sociale et d'éducation populaire sont investis dans chaque objet technique récemment arrivé sur le marché et dans chaque nouveau développement des infrastructures de télécommunication ».

Les auteurs ajoutent que le discours prospectif dans le secteur des communications semble être plus débridé qu'ailleurs. En matière de médecine, par exemple, l'État et les professionnels de la santé tiennent un discours empreint de réserve et de prudence. Cette prudence se remarque également dans les discours sur l'économie et l'éducation. Dans le secteur des communications, l'exagération semble de rigueur.

Un exemple éloquent de ce type de discours est rapporté dans le *Monde Diplomatique* où l'on résume un rapport publié par la Communauté européenne sur la société de l'information planétaire. Le rapport propose des mesures pour que l'Union européenne bénéficie des progrès de l'informatique et des télé-communications. En voici un extrait à saveur prospective :

> *D'après le rapport Bangemann[1], la révolution technologique en cours va changer nos manières de vivre et donner naissance à une société nouvelle : la « société de l'information ». Celle-ci nous procurera les avantages les plus variés : elle créera un grand nombre d'emplois; elle sera « plus humaine »; elle nous fera béné-ficier d'une « qualité de vie bien meilleure »; elle sera « plus équi-table et plus équilibrée »; elle favorisera « l'épanouissement per-sonnel »; elle offrira aux régions de l'Europe [...] « de nouvelles possibilités d'exprimer leur identité et leurs traditions cultu-relles »; elle rendra nos services publics « plus efficaces... plus proches des citoyens et moins onéreux »; elle « accroîtra l'efficacité de notre organisation sociale et économique et elle en renforcera la cohésion ». Postel-Vinay (1994 : 26).*

L'auteur-journaliste observe que : « L'optimisme sans nuances de ce rapport conviendrait mieux à un texte publicitaire qu'à un document destiné à la plus haute institution européenne » (*idem*).

Tremblay et Lacroix (1994 : 2) se demandent pourquoi ce dis-cours aux accents prophétiques fleurit si abondamment dans le domaine de la communication informatisée. La réponse pour-rait peut-être se trouver, suggèrent-ils, « dans les exigences de déploiement d'une offre d'outils technologiques et de réseaux dont l'utilité est relativement indéterminée au départ, et dans le processus de création des usages de ces outils et réseaux nécessaires à la marchandisation progressive de la culture, de l'information, des échanges et de la communication ».

Incontestablement, le discours sur la révolution technolo-gique revêt l'aspect d'une grande conquête, de la réalisation d'un grand rêve. En effet, la convergence, c'est-à-dire la jonc-tion qui s'opère entre le secteur de l'informatique, celui des télécommunications et celui de la câblodistribution nous mène, au delà des réalisations techniques, à un projet de société aux implications économiques, sociales, politiques et culturelles dont la mise en place d'un système de communication infor-matisée constitue le pivot.

---

1. Ce rapport, publié le 26 mai 1994 par la Communauté européenne, a été présidé par M. Martin Bangemann, vice-président de la Commission européenne.

La prospective est certes un courant utile pour les études exploratoires en communication. Toutefois, il semble que lorsqu'elle s'applique à l'implantation de la technologie dans la société, elle prenne la forme d'une propagande présentée comme un processus de construction sociale, un projet de société. Le discours politico-prospectif de l'informatisation de la société consiste à préparer les esprits et à convaincre la collectivité de la nécessité et du caractère incontournable, inévitable, des nouvelles technologies d'information et de communication (Tremblay, Lacroix; 1994b : 251-252).

En somme, il est pertinent de jeter un regard critique sur le discours prospectif lié à la technologie car trop souvent on présente l'innovation technologique comme quelque chose qui surgit subitement et dont l'évolution est déjà toute tracée du simple fait du potentiel qu'on prête à la technologie (1994b : 253). L'avènement de l'autoroute électronique n'échappe pas à ce constat, bien que beaucoup reste encore à faire avant que les autoroutes électroniques deviennent réalité. De plus, les investissements requis sont colossaux – on parle de milliards de dollars – et la rentabilité de ces investissements est loin d'être établie.

On voit donc que l'implantation et l'utilisation d'une technologie dans la société, surtout d'une technologie complexe comme celle permettant la communication informatisée, est tributaire des conditions déjà existantes, des groupes qui s'y intéressent et des individus qui y auront accès. Seule une analyse critique prenant tous ces éléments en considération pourra nous permettre de comprendre ce phénomène.

1.3 ANALYSE CRITIQUE

L'analyse critique, pas plus que l'approche dominante, ne forme un modèle monolithique. Elle s'est développée en même temps que les systèmes de communication et de télécommunications dans les sociétés industrielles après la Seconde Guerre mondiale. Elle s'inscrit dans des recherches touchant plusieurs domaines sociaux. Nous présentons ici les ouvrages de plusieurs chercheurs, ouvrages qui rejoignent nos préoccupations analytiques.

1.3.1 L'analyse critique des systèmes de communication

Mosco (1989 : 49-60) a identifié quatre objets d'analyse critique des systèmes de communication. L'expansion sur le plan des « affaires internationales », comme la transformation d'entreprises régionales ou nationales en multinationales distribuant des services et des produits dans le monde, a attiré l'attention de certains chercheurs. Cette forme de développement, que certains appellent l'impérialisme industriel, a forcé ces chercheurs à développer une approche pouvant analyser les conséquences politiques, économiques, mais aussi sociales et culturelles de l'invasion des multinationales, surtout américaines, dans divers pays, particulièrement les pays en voie de développement.

Le domaine des « communications de masse » est aussi devenu un objet d'étude privilégié par les chercheurs en communication. La formation de réseaux mondiaux d'information, de satellites et autres technologies sophistiquées a mené à l'expansion de la communication au moyen de médias de masse. L'approche critique permet d'expliquer les rapports de pouvoir soutenant la relation entre les intérêts des producteurs mus pas les lois du marché et ceux des consommateurs.

« L'expansion militaire » de pays industrialisés comme les États-Unis a beaucoup contribué à l'accélération du développement de systèmes sophistiqués de communication et de télécommunications. Ces systèmes sont ensuite récupérés par l'industrie privée et gérés selon les lois du marché. L'approche critique examine les politiques développées par divers gouvernements pour réglementer les activités de ces entreprises. Cette analyse est d'autant plus importante que certains) États, prétextant que le développement technologique de plus en plus sophistiqué devient incontrôlable, refusent de s'impliquer dans le développement industriel dans ce domaine.

Enfin, les systèmes de communication et de télécommunications peuvent également être utilisés par des groupes appuyant des « mouvements de solidarité et/ou d'opposition ». L'approche critique analyse la relation complexe entre certains de ces mouvements – provenant de groupes de femmes, de démunis, de minorités nationales, etc. – et les médias. Elle cherche à savoir quel est l'accès de ces groupes aux divers systèmes de communication et de télécommunications, de quelle façon ils sont représentés, et si leurs intérêts sont pris en considération par les entreprises.

En bref, de façon générale, l'approche critique examine les conditions de développement, de production, de distribution et de réception des technologies de communication et de télé-communications. Elle analyse les liens qui existent entre les moyens de communication et les moyens de production dans l'économie de marché. Cette approche s'intéresse donc aux rapports de pouvoir imbriqués dans le développement et l'utilisation d'une technologie, ainsi qu'aux interventions de l'État pour soutenir ou renverser ces rapports. Voyons, de façon plus spécifique, comment divers auteurs utilisent ces concepts de l'approche critique et appréhendent le concept d'information.

1.3.2 L'économie politique du concept d'information

Le concept d'information a pris diverses significations selon les points de vue d'où il a été examiné. Par exemple, au début des années 1950, avec le développement de plusieurs techno-logies (ordinateur, télévision, satellites), l'information est exa-minée d'un point de vue déterministe, comme le produit d'une technologie qui permet sa transmission hors frontière. Elle est ainsi à la source d'une globalisation qui pourrait peut-être être retardée, mais non pas arrêtée. La technologie déterminerait ainsi la place, la nature, l'utilisation et la répartition de l'information. Ce point de vue est encore largement entendu de nos jours, aussi bien dans les milieux politiques qu'écono-miques et intellectuels.

Un deuxième point de vue, s'inspirant de l'émergence du modèle systémique, conçoit l'information comme dissociée du support technologique qui la véhicule. L'information prendrait la forme d'un signal, encodé par un émetteur puis décodé par un ré-cepteur, pouvant cependant être perturbé soit par les bruits environnementaux, soit par une mauvaise interprétation du récepteur. Ainsi isolée de son support technologique, l'information devient facilement quantifiable et mesurable. Cette conception de l'information a été particulièrement utile au développement des ordinateurs parce que ceux-ci réduisent l'information à des ensembles d'unités binaires voyageant à travers des mécanismes de transmission.

Enfin, l'information est quelquefois conçue comme une ressource qui ajoute une valeur aux ressources existantes en améliorant le processus de production industriel et en augmentant la qualité des services. L'information est comprise comme une ressource telle que l'air, le pétrole ou le métal. Cette ressource demeure toutefois inépuisable ou plutôt inusable et, dans cette optique, elle devient une ressource très flexible à laquelle on peut attribuer une signification stratégique.

Tous ces points de vue sont limités en matière d'analyse, ne prenant aucun compte des conditions – économiques, politiques, sociales – dans lesquelles l'information est produite, diffusée et utilisée, éléments qui intéressent l'analyse critique.

Les approches critiques perçoivent l'information soit comme un *produit de consommation* soit comme une forme de *contrôle social* (Mosco, 1989 : 26-28, 55). La valeur d'un produit de consommation est déterminée par ce qu'elle peut procurer en échange. La valeur de l'information n'est donc pas déterminée uniquement par ses applications technologiques, elle est aussi fortement influencée par les forces sociales qui identifient une information comme ayant une valeur plus grande qu'une autre. Une industrie de l'information s'est ainsi développée autour de la capacité de vendre ou d'acheter de l'information ayant plus ou moins de valeur. Il peut s'agir d'informations sur les attributs démographiques d'une partie de la population, sur les préférences en matière de consommation de certains individus, leurs capacités financières, etc. Ces informations deviennent des produits de marketing pour des banques, des compagnies d'assurance, des magasins de grande surface, des compagnies offrant des cartes de crédit. La capacité de mesurer l'information permet aussi à des compagnies de téléphone, de câblodistribution ou de toute autre entreprise de service télématique de facturer l'information à la minute ou à la page-écran. Dans cette optique, l'information est un produit de consommation.

La capacité de mesurer et de quantifier l'information permet aussi de la concevoir comme une forme de *contrôle social.* Une technologie de communication informatisée permet, par exemple, de surveiller la quantité de travail effectuée par un individu sur son ordinateur. Elle permet aussi de contrôler efficacement les transactions d'information : combien d'appels téléphoniques une opératrice effectue-t-elle à l'heure? Combien de temps une secrétaire met-elle pour taper une lettre? Combien de temps un patient déficient prend-il pour manger son repas? Combien de prêts un gestionnaire dans une banque complète-t-il dans une semaine? La technologie améliore les capacités de surveillance des activités humaines en augmentant le pouvoir de contrôle et de gestion d'une société de plus en plus complexe. Cependant, certaines approches critiques voient la technologie informatisée aussi bien comme un moyen de contrôle que comme un moyen de démocratisation.

1.3.3 Technologies de communication et démocratie

Le développement technologique nous a révélé deux tendances contradictoires face aux mouvements démocratiques de notre société. Tehranian (1989) nomme ces deux tendances « la société technocratique » et « la société communautaire ». La société technocratique est la société dominante. En effet, les technologies servent d'abord et avant tout les visées des grandes technocraties centralisées telles les corporations multinationales et les bureaucraties civiles et militaires.

La « société technocratique » est un système global caractérisé par des réseaux de communication internationaux indispensables aux opérations des banques, de la finance, des activités de marketing et autres transactions du genre. Ce réseau global relie les corporations et les gouvernements dans un vaste réseau complexe où les décisions demeurent centralisées. Ces réseaux procurent des services tels les réservations pour le transport aérien, les transferts électroniques de fonds, les informations provenant de la surveillance par satellite, la publicité et le marketing, les flux transfrontières de données. Selon Tehranian (1989 : 218), la société technocratique décourage la spontanéité, les participants étant impliqués dans des systèmes de communication, de contrôle et de production routiniers. Dans ces systèmes, le vrai pouvoir, celui lié à la prise de décision, est réservé aux élites, les gestionnaires de cette immense machine bureaucratique qui domine le monde aujourd'hui. Lorsqu'on délègue la prise de décision, ce n'est que par rapport aux composantes techniques du système.

La « société communautaire » est plus difficile à définir parce qu'elle demeure un précédent historique. Sauf pour quelques démocraties modernes, les sociétés humaines ont toujours été fondées sur le pouvoir coercitif plutôt que sur une approche communicative. Le fondement de cette société communautaire représente un espoir historique dont le concept central, la communication, suggère un processus interactif diamétralement opposé à ce qui se passe dans les systèmes de communication de masse d'aujourd'hui (Tehranian, 1989 : 219). Les idéaux démocratiques représentent les aspirations humaines pour amenuiser les inégalités criantes dans le monde et combattre l'homogénéisation culturelle. Dans cette optique, les technologies de l'information et de la communication peuvent éliminer les tâches routinières et répétitives dans la production et l'administration; elles peuvent faciliter l'accès et la participation à la « démocratie électronique » (1989 : 219).

D'un autre côté, ces technologies constituent des instruments de contrôle qui peuvent favoriser l'émergence d'une certaine hégémonie totalitaire en renforçant le pouvoir de surveillance des États, en élargissant les écarts entre les riches et les pauvres en matière d'information, en créant le chômage par l'implantation de l'automatisation et de la robotique et en risquant de se fier essentiellement à la technologie de pointe pour résoudre les conflits humains. Ce sont les classes dirigeantes qui ont le pouvoir économique et politique de choisir lequel de ces deux modèles serait le plus favorable à la société. Pour l'instant, le modèle de la « société communautaire » est pour ainsi dire inexistant, sauf à l'intérieur de groupes restreints.

On voit, encore une fois, que l'analyse critique permet de dévoiler que l'implantation de technologies soutenant la communication informatisée se réalise en fonction de conditions économiques, politiques et sociales de développement, et de jeux de pouvoir que se livrent les divers intervenants. Voyons maintenant comment une telle approche peut expliquer les conditions influençant le développement de la communication internationale.

1.3.4 Le modèle du flux d'informations international de Mowlana

Le modèle de Mowlana (1985) s'inscrit dans un secteur assez spécifique de l'univers de la communication informatisée : le domaine du flux d'informations international. Ce modèle constitue donc un cadre d'analyse qui concerne particulièrement le chapitre 10, mais il est d'un intérêt général pour ce qui est de la compréhension de la relation entre la communication informatisée et la société.

L'intérêt suscité par le flux d'informations international a été stimulé d'abord par le développement des technologies modernes d'information et de communication ainsi que leur utilisation et leur impact sur le volume et le contenu de l'information communiquée. Puis, certaines préoccupations ont émergé émanant des États-nations, des institutions, des groupes et des individus sur l'importance du flux d'informations, notamment le déséquilibre dans la direction des flux ainsi que l'impact de ces flux sur la vie privée des individus de par le monde entier.

L'information véhiculée au niveau international augmente rapidement et concerne désormais les relations internationales. On entend donc par flux d'informations international les messages qui transitent par les canaux technologiques et les médias conventionnels à travers les frontières des pays du monde. Cela inclut des activités économiques, politiques, culturelles et éducatives.

Mowlana (1985) a identifié un certain nombre de canaux et de types de flux d'informations international. Certains d'entre eux ont une orientation « humaine », d'autres ont une orientation « technologique ». Pour ce qui est de l'orientation humaine de ces canaux, Mowlana a inventorié la poste, le téléphone, le télex et d'autres canaux de communication de ce type; le tourisme et les voyages; les canaux politiques, diplomatiques et militaires; les échanges culturels, éducatifs et artistiques incluant les conférences et les événements sportifs. Sur le plan de l'orientation technologique, on retrouve le cinéma, l'enregistrement et la vidéo ainsi que la publicité et les enquêtes d'opinions; les transmissions radiophoniques et télévisuelles par satellite; les journaux, les magazines, les livres, la littérature scientifique et les agences de presse; les flux transfrontaliers de données par les technologies de communication par ordinateur.

Bien que l'ensemble de ces canaux et de ces types de flux d'informations internationaux s'inscrivent dans l'étude élargie des communications de masse, le modèle élaboré par Mowlana (1985) est pertinent pour l'analyse du flux d'informations international, car il se veut une approche globale à ce phénomène. La figure 1.1 présente ce modèle qui permet de comprendre les enjeux de la communication informatisée et d'autres types de communication, sur le plan international. Il permet de comprendre des phénomènes de communication globale.

FIGURE 1.1   **Modèle du flux d'information international**

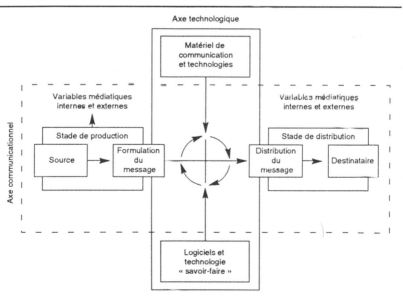

Source : Hamid Mowlana, « International flow of information : a global report and analysis », *Reports and Papers on Mass Communication*, Paris : Unesco, n° 99, 1985.

Il est difficile, comme l'explique Frederick (1993), d'élaborer une théorie intégrative de la « communication globale », selon son expression, parce qu'il y a plusieurs types de communication au niveau international. Il y a aussi plusieurs disciplines qui contribuent à l'élaboration théorique d'une communication globale : biologie, psychologie sociale, communication, sociologie, anthropologie, linguistique, science politique, histoire, géographie, économie, théorie organisationnelle, théorie de la prise de décision, systémique, etc.

Mowlana semble avoir réussi une certaine unification à ce niveau. Il estime que les recherches théoriques ont mis l'accent essentiellement sur la source et le contenu des messages globaux sans intégrer d'autres variables importantes. Le centre du modèle de Mowlana est axé sur le contrôle. Comme l'illustre la figure 1.1, le contrôle a deux composantes principales : le contrôle de la *production du message* et le contrôle de la *distribution du message*.

La croissance des technologies de communication, l'expansion des marchés internationaux et la mise en place de politiques de réglementation (ou de déréglementation) a fait en sorte que le stade de distribution des messages est devenu la plus importante séquence dans la chaîne des systèmes de communication. On comprend dès lors l'importance du concept de contrôle. En effet, l'habileté à produire des messages ne garantit pas la dissémination des messages. Les messages les plus ingénieusement conçus n'ont aucun effet s'ils n'atteignent pas leur cible.

En plus de cet axe communicationnel, le modèle inclut un axe technologique. Entre l'étape de la production et celle de la distribution des messages, on trouve les moyens technologiques de distribution, c'est-à-dire les technologies de communication qui comprennent deux composantes principales. Le matériel technologique (*hardware*) qui constitue le support physique du transport des messages (satellites, stations de relais micro-ondes, équipements de radiodiffusion, fibre optique) et ce que l'on pourrait appeler la dimension « logicielle » (*software*) de la technologie qui renvoie, dans l'optique de Mowlana, au sens large des « savoir-faire » et des moyens d'utiliser le matériel (production de programmes).

La distinction entre « matériel » et « logiciel » (ou savoir-faire) est non négligeable car même si l'importance du contrôle sur la technologie est reconnue, on croit souvent que ceux qui possèdent les composantes physiques du système leur procurent la possibilité d'un contrôle total. Toutefois, le contrôle du matériel de support ne suffit pas à assurer le contrôle de la distribution d'un message spécifique. Une agence étatique ou une entreprise s'assure du contrôle de la création et de la distribution des messages qu'elle produit lorsqu'elle contrôle les canaux de transmission (matériel) à travers lesquels les messages sont envoyés ainsi que le nécessaire savoir-faire pour programmer ses messages vers une distribution efficace. Autrement dit, pour qu'un message atteigne son auditoire, un communicateur (gouvernement, entreprise, groupe) doit contrôler quatre éléments du flux d'informations international soit la production et le système de distribution des messages (axe communicationnel) ainsi que le matériel de support et le savoir-faire pour l'utilisation de ce matériel technologique (axe technologique).

Sans ce contrôle des quatre composantes, affirme Mowlana, le contrôle réel du système global de communication tomberait dans les mains des propriétaires de certaines composantes du système avant d'autres. Par exemple, un pays peut posséder le système de télédiffusion le plus sophistiqué ainsi que le savoir-faire technique pour en disséminer les messages, mais si ce pays ne produit pas ses propres messages en matière de programmes, de contenu, de marketing, de recherche et développement, sa dépendance sur l'extérieur augmentera. Ce modèle permet d'expliquer des thèmes comme le droit à l'information, le coût des messages, la domination des médias, le rôle de l'État et le pluralisme culturel, thèmes inhérents à l'analyse critique de la communication.

Ce sommaire de certaines approches critiques nous révèle que ce type d'analyse appréhende le phénomène de la communication informatisée d'une façon globale, c'est-à-dire prenant compte de toutes les conditions et éléments qui peuvent influencer son développement et son expansion. Pour mieux faire comprendre l'analyse critique, que nous utilisons dans cet ouvrage, nous vous présentons une étude de cas utilisant ce type d'approche.

1.4 ÉTUDE DE CAS : ANALYSE CRITIQUE DES INDUSTRIES DE TÉLÉCOMMUNICATIONS ET DE CÂBLODISTRIBUTION

L'étude que nous avons choisie utilise l'approche de l'économie politique pour analyser les industries de télécommunications et de câblodistribution au Canada et au Québec. Ménard et Tremblay (1994 : 99-136) examinent l'émergence d'une convergence technique entre les domaines de télécommunications et de câblodistribution. Cette convergence soulève d'importantes questions économiques pour ces deux industries et politiques pour les gouvernements en place. Les chercheurs examinent comment les logiques industrielles régissant ces deux domaines viennent en conflit avec le système législatif canadien interdisant aux industries de télécommunications (comme Bell) d'œuvrer en câblodistribution, mais permettant aux dernières (comme Vidéotron) d'utiliser le système de communication des premières. Ils étudient la lutte menée par les industries de télécommunications, notamment par Bell Canada, pour obtenir les mêmes privilèges que celles de la câblodistribution.

Les télécommunications au Canada visent d'abord à fournir des services téléphoniques universels : 98,7 % des foyers canadiens sont d'ailleurs raccordés au réseau téléphonique. Depuis un peu plus d'une dizaine d'années, le secteur subit une profonde mutation engendrée par le gouvernement fédéral, le Conseil de la radiodiffusion et des télécommunications canadien (CRTC : organisme réglementaire), la Cour suprême et l'industrie privée. L'industrie des télécommunications est en partie publique et en partie privée. La réglementation est également mixte, fédérale et provinciale, bien que les principaux transporteurs relèvent de la juridiction fédérale du CRTC. Le mode de réglementation détermine les tarifs et les conditions d'opération. Le tarif local est un montant fixe mensuel et les tarifs interurbains dépendent du nombre d'appels, du temps et de la distance.

L'évolution technologique a bouleversé le secteur des télécommunications. On a d'abord numérisé les réseaux de transmission puis on a introduit la fibre optique dans les liaisons intercentrales. La capacité et la rapidité de traitement et de transmission des communications se sont alors nettement améliorées. Les réseaux cellulaires ont ensuite connu une explosion spectaculaire. On estime qu'il pourrait y avoir trois millions d'abonnés en l'an 2000. Enfin, avec la commutation numérique, le déploiement de la fibre optique et la commutation à haute vitesse, on peut maintenant faire de la compression vidéo numérique. Cela signifie que le réseau téléphonique pourrait offrir des services vidéo sans que la fibre optique soit reliée jusqu'au foyer. Cela permet aux compagnies de télécommunications d'offrir de nouveaux services par le biais du téléphone : accès direct à des services d'information, service de transaction et de divertissement, vidéoconférence dans les entreprises, vidéophone dans les résidences et applications multimédias interactives. Cependant, la *Loi sur les télécommunications* interdit à ces entreprises de régir le contenu ou d'influencer l'objet des télécommunications. Par exemple, la *Loi sur Bell Canada* interdit à cette société d'obtenir une licence de câblodistribution. Ainsi, pour le moment, les entreprises téléphoniques au Canada ne peuvent offrir des services vidéo ni acquérir une entreprise de câblodistribution.

Les entreprises de câblodistribution, par contre, ont comme fonction de transmettre des émissions de divertissement. Plus de 70 % des foyers canadiens sont abonnés au câble. Ce secteur, exclusivement privé, est sous juridiction fédérale du CRTC. Il relève de la *Loi sur la radiodiffusion* qui exige l'obtention d'une licence d'exploitation valide pour une période de cinq ans. Le CRTC a autorisé les câblodistributeurs à installer un décodeur numérique dans chaque foyer câblé, ce qui ouvre la porte à la fourniture de services interactifs.

Les câblodistributeurs prévoient offrir les services suivants en 2001 :

> *des services de divertissement (service de base, volets facultatifs, canaux multiples de télé à la carte, vidéo et radio au compteur, TVHD (télévision à haute définition) et télé interactive), d'information et de transactions (services bancaires, téléachat, base de données, audiotex, courrier électronique, travail à domicile), de télémesure (gestion de l'énergie et des appareils domestiques, services de sécurité et d'alerte) et de télécommunications à valeur ajoutée (Ménard, Tremblay, 1994 : 106).*

Au Canada, l'industrie des télécommunications est environ 8,5 fois plus importante que celle de la câblodistribution. Pourtant, si, sur le plan économique, le rendement de l'industrie téléphonique est supérieur à celui de la câblodistribution, sur le plan de l'expansion, l'industrie téléphonique semble avoir atteint le point de maturité, c'est-à-dire qu'elle est en croissance lente mais régulière, alors que la câblodistribution est en croissance rapide même si les profits sont moindres.

Par contre, les deux industries semblent avoir atteint un point de saturation dans la pénétration de base de leurs marchés respectifs. Les perspectives de revenus doivent être envisagées en fonction du développement de nouveaux services interactifs et multimédias, services transitant nécessairement sous la forme d'une communication informatisée. Dans cette optique, une convergence entre les télécommunications et la câblodistribution apparaît comme la réponse au développement économique de ces industries, d'autant plus que, comme nous l'avons mentionné plus tôt, elle est essentielle à des développements technologiques futurs comme l'autoroute électronique que ces deux industries semblent considérer comme indispensable à leur survie. Dans ce domaine, le Canada et le Québec accusent un retard face aux Américains. Des regroupements et des alliances entre ces industries canadiennes seraient nécessaires pour entrer en concurrence avec les grandes industries américaines. Bien que plusieurs industries soient concernées dans les deux domaines, les multinationales ayant le plus d'intérêts économiques en jeu, du moins au Québec, sont Bell Canada en télécommunications et Vidéotron en câblodistribution. (Il faut cependant garder à l'esprit que les alliances se font et se défont assez facilement dans le domaine de la haute finance!) Nous nous attarderons particulièrement à ces deux compagnies.

Ménard et Tremblay (1994) affirment qu'il n'y a pas une réelle convergence au Québec et au Canada entre les industries de télécommunications et de câblodistribution. Au Québec, la porte d'entrée de cette convergence pour Vidéotron est le système Vidéoway car cela a permis à l'entreprise de développer une expertise et un outil ouvrant la porte à des services intégrés et bidirectionnels. Vidéotron a par ailleurs construit un lien optique entre Québec et Montréal afin d'implanter Vidéoway à Québec. L'entreprise a obtenu une licence, en 1991, de la *Régie des télécommunications du Québec* lui permettant d'exploiter des services interurbains entre Montréal et Québec en dépit de la vive opposition juridique de Bell Canada, qui estimait que l'affaire relevait du CRTC. Vidéotron profite de toutes les occasions pour s'intégrer dans un réseau de télécommunications : création de Vidéoway, participation à l'établissement de la normalisation des systèmes de compression vidéonumérique, construction d'une infrastructure pour les services de télécommunications et association avec certaines entreprises téléphoniques.

Bell Canada n'est pas en reste et joue aussi sur tous les tableaux du moins hors Canada. En Grande-Bretagne, elle fait alliance avec Vidéotron; aux États-Unis, elle compte fournir des services conjoints de téléphonie, de câblodistribution et de transmission de données et vise aussi l'acquisition d'une expertise dans la câblodistribution en étant actionnaire de Jones Intercable. Ménard et Tremblay (1994) soutiennent que les groupes Bell et Vidéotron tentent de se placer dans une situation avantageuse si jamais on assiste à un véritable mouvement de convergence entre les télécommunications et la câblodistribution, malgré que leur discours officiel tende à nier cette convergence.

Par exemple, Bell aimerait, entre autres, que les marchés soient déréglementés pour que des entreprises téléphoniques puissent acquérir des câblodistributeurs et que les entreprises des deux secteurs puissent conclure des ententes. Le changement technologique et la globalisation des marchés dictent la voie de la convergence pour Bell, c'est-à-dire investir dans les services d'information, de transaction, de divertissement et d'applications multimédias interactifs.

De son côté, Vidéotron développe des marchés autour de la câblodistribution par l'offre de nouveaux services et en intégrant horizontalement l'entreprise par l'acquisition de réseaux au Canada et des participations à l'étranger. Vidéotron vise un créneau unique grâce à Vidéoway qui offre des services télématiques et éventuellement des services multimédias interactifs. L'entreprise investit aussi, surtout à l'étranger, dans les services téléphoniques pour des clients déjà desservis par le câble. C'est là encore une stratégie de convergence entre les télécommunications et la câblodistribution.

Au cours de leur analyse, les auteurs s'associent à Miège *et al.* pour affirmer que ces deux industries fonctionnaient selon des logiques économiques différentes. La logique actuelle de « club privé[2] » des câblodistributeurs, c'est-à-dire l'accès par abonnement, est menacée d'abord par les clubs de vidéocassettes, puis par la diffusion directe par satellite et éventuellement par les compagnies de téléphone. Les câblodistributeurs, qui sont plus petits que les principales entreprises téléphoniques, doivent offrir un tout intégré unique (multimédias, interactivité, télématique, domotique, transport de la voix et de données) pour contrer la concurrence. Avec cette nouvelle structure de l'offre, ils doivent imposer un nouveau mode de mise en marché centré d'une part sur la diffusion médiatique de base, et d'autre part sur une logique de compteur pour les nouveaux services.

La logique de compteur, c'est-à-dire le paiement pour chaque utilisation, est très profitable, comme le prouvent les revenus du service interurbain de Bell, nous rappellent Ménard et Tremblay. La logique industrielle du secteur des télécommunications repose sur un abonnement pour le service local et sur une logique de compteur pour le service interurbain. Or, comme service public, les compagnies de téléphone sont soumises à des contraintes politiques qui les obligent à offrir une accessibilité universelle du service local à des tarifs raisonnables. La logique du compteur pour les interurbains est plus conforme à la structure des coûts et elle permet à l'entreprise : « de générer des profits suffisants pour couvrir le déficit du service local et dégager une marge bénéficiaire satisfaisante » (Ménard, Tremblay, 1994 : 134). Confrontée à la concurrence dans le secteur de l'interurbain, Bell désire obtenir la permission du CRTC d'élargir son offre de services de compteur dans la zone grise des nouveaux services (télématique, vidéophone, vidéoconférence, multimédias interactifs).

---

2. Ce concept a d'abord été défini par Tremblay et Lacroix, 1991.

En somme, l'analyse critique de Ménard et Tremblay (1994) a permis de montrer que les forces qui incitent à la convergence dans ces deux industries semblent évoluer aussi vers une convergence de logique avec une nette tendance vers la logique du compteur. Il y a cependant de sérieuses réticences politiques à élargir des services au compteur dans ces secteurs. Il faudra aussi convaincre progressivement le consommateur d'adhérer à cette nouvelle modalité de consommation. Au Canada, le paiement à l'acte n'est pas une habitude bien ancrée. Cette étude nous permet donc de constater les jeux de pouvoir entre grandes entreprises privées (économique), agences gouvernementales (politique) et consommateurs (social) imbriqués dans un processus qui semble, de prime abord, essentiellement technologique.

1.5 CONCLUSION

Ce chapitre a présenté quelques approches théoriques applicables à la communication informatisée. Chacune des approches véhicule un point de vue explicatif particulier sur le phénomène. Le déterminisme s'inscrit dans une logique du progrès scientifique. C'est la technologie qui influence les comportements sociaux. Cette approche, bien que valable à certains égards, est toutefois réductionniste parce qu'elle évacue l'impact des rapports de force, des jeux de pouvoir et des inégalités sociales.

La prospective trouve dans le progrès technologique ses meilleures armes car notre époque est fortement marquée par les changements technologiques sur le plan social, sur le plan du travail, de l'éducation et des loisirs. Il faut cependant se méfier des discours à l'emporte-pièce où la technologie est présentée comme la panacée à tous les problèmes sociaux. Un regard historique nous permet de réaliser que de tels discours ont toujours précédé l'implantation d'une innovation et que ces discours se sont très souvent avérés farfelus ou à tout le moins exagérés.

L'analyse critique permet de saisir le phénomène du développement de technologies de communication informatisée dans son ensemble, considérant non seulement l'aspect technologique, mais également les conditions dans lesquelles ces technologies sont produites et utilisées. Elle examine les jeux de pouvoir qui gravitent derrière la mise en place des applications utilisant la communication informatisée. Les forces sociales ainsi que les interventions de l'État sont étudiées dans le but de mieux cerner les conditions d'implantation et d'utilisation des technologies. Les services offerts par voie de communication informatisée sont et seront influencés davantage par des facteurs d'ordre économique et politique que par la seule valeur intrinsèque de la technologie. Une telle approche permet également de montrer que l'implantation et l'utilisation de technologies de communication peuvent avoir des effets différents, même opposés, selon le contexte dans lequel elles sont mises en place. Elles peuvent simultanément servir à une meilleure communication mondiale dans l'optique d'une société communautaire ou, à l'opposé, servir comme instrument de contrôle performant pour la surveillance des activités humaines. La technologie peut favoriser la promotion de la démocratie mais aussi le contrôle social. Divers concepts de l'approche critique sont utilisés dans cet ouvrage dans le but de dévoiler les aspects problématiques de la communication informatisée.

Enfin, le modèle du flux international d'informations de Mowlana nous révèle quels éléments doivent être examinés, en interaction, pour mieux comprendre l'impact de diverses technologies de communication. Il montre qu'il est important de mettre l'accent sur le contrôle plutôt que sur la source et le contenu des messages ou la nature de la technologie. Le modèle nous éclaire notamment sur la domination de la production et l'utilisation des technologies et sur le droit à l'information.

L'analyse critique de Ménard et Tremblay (1994) sur les télé-communications et la câblodistribution nous a donné l'occasion de faire un retour pertinent sur les différentes façons de voir le concept « d'information ». L'information offerte au public par ces industries n'est ni une ressource, ni un système ou un discours sur la technologie; elle est essentiellement un produit de consommation que tendent à s'approprier les deux industries. De plus, la logique de compteur, qui semble émerger, démontre l'importance de cette capacité de mesurer l'information pour facturer sa consommation à l'acte, au temps ou à la distance. En même temps, elle nous permet de constater qu'on est loin de se diriger vers une « société communautaire ». Le prix de l'information distribuée au compteur risque d'élargir le fossé de la qualité des services disponibles aux riches et aux pauvres. Il y a donc de nombreux enjeux associés aux changements liés au développement de la communication informatisée. Nous examinons plusieurs d'entre eux dans le prochain chapitre.

ENJEUX SOCIAUX ET POLITIQUES DE LA COMMUNICATION INFORMATISÉE

Par Bernard VALLÉE
Télé-université

2.1 INTRODUCTION

Nous avons vu dans l'introduction que la communication informatisée est le type de communication produit par les techniques de l'informatique, c'est-à-dire les techniques permettant la collecte, le tri, la mise en mémoire puis la transmission d'informations, ou de données (sous forme textuelle, chiffrée, sonore et imagée) à distance. Le chapitre précédent nous a montré que, comme tous les types de communication, elle est un objet social et technique puisque son développement, son implantation et son utilisation émergent de rapports sociaux définis et soulèvent des enjeux politiques.

La communication informatisée est directement liée à des réseaux de télécommunications permettant à des systèmes informatisés d'acheminer des données dans une multitude de voies possibles, les réseaux locaux étant connectés à des réseaux nationaux et/ou internationaux. De plus, ces systèmes permettent aux usagers d'accomplir des activités informatiques de toutes sortes. Les réseaux permettent notamment à des individus de communiquer entre eux partout dans le monde. Ainsi, les réseaux deviennent un nouvel espace social permettant à des gens de socialiser, de travailler et même d'étudier en dehors des contraintes traditionnelles de lieux et de temps que nécessitent habituellement ces activités. La première partie du chapitre est consacrée à l'examen de ce nouvel espace social créé par les réseaux de communication informatisée.

La transmission d'informations par réseaux informatisés est beaucoup utilisée dans des organisations privées et des institutions publiques. Pour ces organismes autant que pour les individus, il est impératif d'assurer la sécurité des réseaux dans le but de protéger la confidentialité des informations qui y sont acheminées, et par le fait même la vie privée des gens. La sécurité des réseaux constitue donc un enjeu social que nous examinons dans la deuxième partie de ce chapitre. Lié à la sécurité, se trouve un autre enjeu important de la communication informatisée, celui du fichage électronique des données recueillies sur les citoyens. La troisième partie du chapitre examine comment le fichage électronique peut constituer un instrument de contrôle potentiel.

Enfin, la quatrième partie du chapitre propose un aperçu des enjeux sociaux et politiques qu'implique le projet de l'« autoroute de l'information » où il est prévu que des quantités considérables d'informations circuleront à très grande vitesse. Puisque les applications associées à ce projet ne sont pas encore clairement définies, il convient d'examiner d'un point de vue critique quelques enjeux qui pourraient émerger de ce projet.

2.2 LES RÉSEAUX DE COMMUNICATION : UN NOUVEL ESPACE SOCIAL

L'introduction de nouveaux moyens de communication a de tout temps amené certains changements sociaux. Du langage oral à l'avènement de l'écriture puis de l'imprimerie jusqu'aux télécommunications, les nouvelles formes de communication ont ouvert de nouvelles voies pour les contacts humains et de nouvelles avenues pour le développement économique, social et intellectuel.

Marshall McLuhan a évoqué, il y a déjà quelques décennies, le « village global » dans lequel les technologies de communication plongeraient la planète entière. Bien que nous ayons certaines réticences face au déterminisme réductionniste de McLuhan, comme nous l'avons mentionné dans le chapitre précédent, on ne peut nier qu'aujourd'hui, la fusion des ordinateurs et des télécommunications a créé un ensemble de réseaux informatisés rendant technologiquement possible une communication globale. L'utilisation des ordinateurs pour les communications internationales permet d'étendre l'espace de communication informatisée et d'augmenter les moyens de le faire. La communauté internationale semble affranchie des contraintes spatiales et temporelles, ce qui porte certains chercheurs (Harasim, 1993), à affirmer qu'il y a émergence d'un nouvel espace social. Cet espace est cependant loin d'être accessible à tous.

En dépit des contraintes associées à cet espace, nous croyons important d'examiner les possibilités qu'il offre sur le plan social ainsi que sur le plan du travail et de l'éducation. Nous nous attarderons sur les particularités de la communication dans les réseaux de communication informatisée et sur la nécessité, ou non, de structurer les activités et les échanges dans ces réseaux. Nous discuterons également des enjeux importants qui sont liés à la démocratisation de la communication dans les réseaux.

Les réseaux ont été initialement implantés pour le transfert de données à distance mais ils sont maintenant utilisés par des individus pour communiquer entre eux. L'étendue et la vitesse de transmission allouées par ces réseaux ont accru considérablement pendant la dernière décennie. Ils regroupent désormais des millions d'utilisateurs – selon *La Presse* (15 mars 1995), le seul réseau Internet compte plus de 25 millions d'usagers – possédant un terminal (ou un micro-ordinateur) branché généralement aux lignes téléphoniques au moyen d'un modem. Ces réseaux permettent la mise en application de nouveaux outils de communication comme la messagerie électronique, les babillards électroniques et la téléconférence assistée par ordinateur. Ces outils facilitent la communication de groupes à travers le temps et l'espace, pour travailler ou simplement socialiser, indépendamment des horaires et des lieux géographiques de chacun. La communication informatisée ne remplace pas d'autres formes de communication humaine; elle augmente cependant l'étendue des possibilités avec lesquelles on peut entrer en communication avec d'autres.

Des réseaux locaux, nationaux peuvent se brancher à des réseaux internationaux comme Internet. Il existe des réseaux privés et publics; payants et gratuits. Quelles que soient leurs particularités, les usagers découvrent que ces reseaux représentent un environnement social, une destination, un lieu d'interaction avec d'autres individus. Ils constituent un endroit où les individus se rencontrent pour faire des affaires, collaborer à des tâches, résoudre un problème, organiser un projet, apprendre et étudier en groupe, s'engager dans un dialogue personnel ou simplement bavarder.

2.2.1 Trois grandes sphères d'activités sociales dans les réseaux

Harasim (1993) utilise l'expression « monde virtuel » pour évoquer l'espace de rencontre des réseaux. Ces « mondes » correspondent à une sphère d'activité ou à un domaine particulier. L'auteur identifie trois de ces sphères d'activités sociales : le réseau social (*social networks*), le réseau de travail (*network place*) et le réseau éducatif (*educational networks*).

Le réseau social

Le réseau social existe dans les systèmes de messagerie électronique par le biais d'Internet, et rassemble, autour d'innombrables sujets, des milliers de groupes provenant d'écoles, d'universités, d'entreprises et de foyers domestiques. La raison d'être de ces regroupements est informationnelle. Il est possible, par exemple, poser une question sur un sujet spécifique, question qui, théoriquement, pourra faire le tour du monde avant de trouver une réponse. Ce lieu est également ouvert à de nouvelles rencontres. Les babillards et les téléconférences constituent un forum social pour la communauté informatisée. Ces systèmes empruntent des métaphores pour reproduire certaines activités humaines comme la classe, le club, l'atmosphère d'un village, etc.

Le système vidéotex commercial, qui présente l'information dans le format d'un texte d'une page parfois accompagné de graphiques simples, constitue l'un des plus grand forums de ce réseau social. Le réseau Télétel et son réputé Minitel ont transformé la France en réseau télématique. Plus de cinq millions d'usagers accèdent à des informations portant sur le théâtre, le cinéma et les restaurants. Ils peuvent réserver une chambre d'hôtel ou un siège d'avion; commander des marchandises dans des catalogues informatisés; utiliser les systèmes de messageries synchrones pour trouver l'âme sœur ou l'amitié. Ce système de communication informatisée est intégré dans la vie française à un point tel que des animateurs de télévision sollicitent souvent un vote des téléspectateurs par Minitel, ou donnent un numéro d'accès Minitel pour ceux qui voudraient de plus amples informations sur un sujet traité dans une émission. Si en France l'État a permis l'universalisation du réseau de communication informatisée, il n'en est pas de même partout.

En effet, dans la plupart des pays, incluant le Canada et les États-Unis, seulement les groupes privilégiés économiquement et socialement ont accès aux systèmes informatisés. Comme nous l'avons mentionné au chapitre précédent, les coûts d'achat de matériel et d'abonnement à des réseaux sont encore trop élevés pour permettre aux gens à revenus modestes d'accéder à ce système. On peut donc croire que le rapport des gens à la communication informatisée est le même que celui qu'ils ont aux autres biens luxueux. Les plus démunis demeurent les moins avantagés sur le plan de l'informatique, et donc sur le plan social. De toute façon, il ne faut pas croire que l'universalité du réseau de communication informatisée en France a mené à l'abolition des discriminations économiques et sociales dans ce pays, pas plus que l'universalité du téléphone n'a eu cet effet au Canada au milieu du siècle. Voyons d'un peu plus près les conditions soutenant les activités qui touchent le travail effectué par voie de communication informatisée.

Le réseau de travail

Le réseau de travail est une expression qui vise à décrire les communications informatisées reliées essentiellement au travail. Le réseau devient une partie intégrante de la façon dont le travail est effectué. Dans les organisations, les réseaux permettent de relier les employés entre eux ainsi qu'avec d'autres sources d'expertises et avec des bases de données. Le réseau devient un « lieu » de travail.

Le réseau est utilisé, entre autres, pour :
–   attribuer des tâches aux travailleurs à leur bureau ou à leur domicile,
–   échanger des informations entre employés,
–   discuter à propos de tâches conjointes,
–   interagir avec des clients,
–   participer à des réunions de travail,
–   maintenir des contacts sociaux.

Les avantages du travail à distance par le biais du réseau sont nombreux. Cela permet aux entreprises de réduire leurs frais généraux et d'améliorer la productivité. Pour le gouvernement, c'est l'occasion de réduire l'achalandage et la pollution des centres-villes et des autoroutes. Pour certains travailleurs, cela permet de demeurer près de leur famille en travaillant à domicile.

Sur le plan organisationnel, l'utilisation des réseaux modifie les relations et le statut social. Le principe de la hiérarchie et de l'autorité est souvent déplacé en faveur d'une forme organisationnelle horizontale et décentralisée. Sproull et Liesler (1993) ont découvert que la communication électronique peut influencer l'impact du statut des individus. La position sociale ou hiérarchique d'un individu constitue normalement un régulateur dans les interactions de groupe. Les membres du groupe s'en remettent généralement à ceux qui possèdent un statut plus élevé. La conduite des membres devient plus formelle en présence d'un individu au statut élevé. D'un autre côté, les individus au statut élevé parlent et influencent davantage le cours des discussions que les membres ordinaires dans une réunion de groupe.

Comme la communication informatisée entre individus atténue grandement les indices contextuels, l'effet des différences de statut dans un groupe en serait donc réduit. Des chercheurs ont découvert, dans le cadre d'une expérience universitaire, que l'influence des gens au statut élevé diminue lorsqu'un groupe communique par l'intermédiaire de la messagerie électronique. Sproull et Liesler (1993) se demandent si cet effet est souhaitable. En effet, lorsque des membres au statut élevé possèdent moins d'expertise, une plus grande démocratie devrait permettre d'améliorer la prise de décision. Toutefois, si ces individus au statut élevé sont vraiment mieux qualifiés pour prendre des décisions, les résultats d'une décision en consensus serait moins efficace.

L'implantation de ces réseaux de travail introduit des questionnements importants. Le réseau augmente-t-il la surveillance des employés? Ou, au contraire, permet-il plus de communications de la part des employés? Certains chercheurs ont découvert des désavantages sérieux à ce type de travail, surtout pour les occupations de bas niveau. Il semble, par exemple, que les employées occupées au traitement de texte à distance soient contrôlées à outrance, la technologie pouvant mesurer non seulement le nombre de mots par minute, mais le nombre de minutes et de secondes pendant lesquelles la travailleuse ne touche pas au clavier. De plus, s'installe assez rapidement un sentiment d'isolement doublé d'impuissance chez l'employée qui a peu de contact avec ses semblables. Il est donc important d'étudier de façon critique la façon dont les gestionnaires et les utilisateurs saisissent les opportunités qu'offre la communication informatisée à distance pour modifier les structures de travail. Voyons maintenant les enjeux propres à la sphère d'activités en réseau qui touche à l'éducation.

Le réseau éducatif

Le réseau éducatif permet désormais à des gens d'accéder à des classes virtuelles, des groupes de travail « en ligne », des cercles d'apprentissage, des campus électroniques et des librairies « en ligne » qui relient les gens sur toute la planète. Les réseaux de communication en éducation représentent un champ dynamique d'innovations. Par exemple, les étudiants dans le réseau s'engagent dans des projets d'apprentissage en groupe avec des étudiants d'autres régions et d'autres pays. Ils vont ainsi partager des idées et des ressources, accéder à des informations portant sur des événements courants ou des archives, et interagir avec des pairs et des experts. Les enseignants trouvent également des avantages à utiliser le réseau. Ils peuvent communiquer avec des collègues pour partager des idées et revitaliser ainsi leur profession. En somme, les réseaux éducatifs favorisent une participation active dans la construction du savoir et le partage d'informations.

Ces avantages, cependant, se retrouvent chez des groupe spécifiques d'étudiants, en particulier ceux qui sont à des niveaux avancés – collégial ou universitaire. À d'autres niveaux, des études ont démontré certains problèmes, comme nous le verrons plus en détail au chapitre 8.

2.2.2 Particularités de la communication dans les réseaux

Les réseaux offrent de nouvelles possibilités de communication entre les individus qui ont les moyens financiers de se procurer le matériel nécessaire. Ils permettent de s'affranchir des contraintes d'espace et de temps. La communication informatisée permet aux individus de socialiser, de travailler et d'étudier ensemble indépendamment du lieu où ils se trouvent. Cette forme de communication transcende les barrières géographiques, ce qui permet d'accéder aux ressources disponibles et d'interagir avec d'autres individus à partir de n'importe quel endroit. Elle pourrait, par exemple, si elle était universelle, améliorer l'accès à différents services pour les personnes handicapées, en matière de déplacement : éloignement, handicap physique, âge avancé, responsabilités relatives à un lieu de travail, etc. Comme la majorité des réseaux fonctionnent de façon asynchrone, c'est-à-dire en temps différé, ils permettent de transcender les horaires personnels, l'émetteur et le destinataire n'ayant pas à être disponibles au même moment. Les réseaux fonctionnent 24 heures par jour, tous les jours de l'année.

Il y a des avantages et des contraintes à la communication asynchrone. Parmi les avantages, on peut mentionner que la mise en place d'un travail s'effectue plus rapidement car les gens ne sont plus tenus de coordonner leurs horaires personnels et de tenir compte des délais liés à une prochaine réunion face à face. Les individus qui préfèrent avoir plus de temps pour réagir à une intervention sont avantagés dans ce contexte. Ils peuvent prendre plus de temps pour formuler adéquatement leurs idées, ce qui contribue à améliorer la qualité des communications. Pour ce qui est des contraintes, on évoque une certaine anxiété manifestée par les individus qui ne reçoivent pas une réponse rapide à leurs messages. L'absence de rétroaction rapide peut semer le doute dans l'esprit de l'émetteur quant à savoir si son message a été bien compris. Des interactions qui exigent des réponses urgentes ne sont donc pas adéquates pour cette forme de communication.

La communication informatisée doit s'adapter aux spécificités de la technologie. Les messages sont textuels (dans la mesure où les systèmes de télécommunications multimédias ne sont pas encore très répandus), ce qui favorise une interaction directe mais informelle. Les messages envoyés par messagerie électronique n'empruntent pas les normes formelles d'une lettre par exemple. Comme cette forme de communication textuelle permet de libérer des engagements liés à l'apparence physique, les échanges évoluent essentiellement sur le plan des idées. On élimine ainsi certaines formes de discrimination liées au statut socio-économique, à la race ou à l'âge. De plus, cette forme de communication incite les gens à développer leurs aptitudes d'analyse, de lecture et d'écriture. L'envoi d'un message implique la formulation et l'articulation d'une idée ou d'un commentaire, ce qui constitue un acte cognitif. Nous examinerons d'une manière plus approfondie au chapitre 8 les distinctions entre la communication humaine et la communication par voie télématique.

2.2.3 La nécessité de structurer les activités

Les caractéristiques technologiques ne garantissent pas à elles seules une communication efficace, de même que les liens en réseaux n'assurent pas la création d'une société communautaire. La création d'activités diverses dans les réseaux requiert une intervention humaine dans l'organisation de la technologie et dans la mise en place des interactions humaines.

L'environnement dans lequel évoluent les interactions de groupe est ainsi conçu à partir de certaines intentions. Les activités ayant lieu dans cet environnement, de même que l'espace qu'il représente, doivent être structurés autour d'objectifs définis. Par exemple, en éducation, on utilise souvent les téléconférences assistées par ordinateur. À cet effet, des gens créent des conférences spécifiques pour des activités particulières afin d'aider les étudiants à naviguer dans le système. On utilise par exemple des métaphores empruntées à certaines organisations humaines (le bureau, le campus, les cafés, le « dépannage », etc.) ainsi que des structures sociales (groupes, réunions, séminaires, etc.). Chaque usager choisit un espace virtuel qui lui convient, c'est-à-dire où il trouve des activités, informations ou autres services liés à ses intérêts. Ce type de communication axé sur les intérêts particuliers signifie, comme le faisait remarquer Benedict Anderson (1995), que loin de se diriger vers le village global annoncé par McLuhan et régulièrement invoqué par ses disciples, on remarque une multiplication de réseaux fondée sur une ségrégation croissante d'intérêts. Anderson fait remarquer, par exemple, que le groupe d'Indonésiens vivant à New York a créé quatre réseaux différents pour communiquer avec les gens restés dans leur pays, brisant ainsi l'idée de « nation » qui pourrait les réunir. Trois de ces réseaux sont fondés sur des religions différentes, catholique, musulmane et protestante, et un dernier réseau résiduel réunit ceux ne voulant s'associer à aucune religion. Comment fonctionnent ces groupes?

La structure des groupes implique une définition des rôles et des responsabilités des membres du groupe. Normalement, on retrouve un modérateur et des participants. Le modérateur crée les conférences, établit la liste des membres et stimule le flux des communications tout en maintenant les échanges orientés vers le thème de la conférence. Dans ces conditions, ces réseaux fonctionnent-ils de façon démocratique?

2.2.4 Les enjeux liés à la démocratisation de la communication informatisée

Une communication efficace et satisfaisante dans les réseaux nécessite que la forme des interactions sociales réponde à des critères démocratiques. Pour assurer cette « démocratisation » des réseaux, il faut tenir compte des forces sociales en jeu. Le terme démocratisation doit ici être compris dans un sens restreint, c'est-à-dire limité a des fonctions précises des systèmes informatisés, surtout, par exemple, quand ils sont utilisés par des organismes humanitaires. La « démocratisation » des réseaux ne signifie pas la disparition des hiérarchies sociales. Voyons les formes et les limites de la « démocratisation » permise par l'utilisation de ces réseaux.

Dans les organisations, les gestionnaires ont la possibilité de réduire leur besoin de contrôle en encourageant la communication non hiérarchique (communication horizontale) dans laquelle les individus augmentent leur participation à la vie de groupe en intégrant le travail, l'apprentissage, la production et les échanges sociaux. Cette « démocratisation » des réseaux augmente le potentiel de communication des individus et favorise une certaine liberté communicationnelle. Cependant, cette liberté peut facilement être remplacée par un processus de contrôle. Le spectre du « Big Brother », c'est-à-dire la surveillance de tout le trafic des communications, est à la portée de tous ceux qui ont le pouvoir de contrôler le système, et risque de transformer le réseau en lieu social étroitement surveillé. Dans l'optique organisationnelle, le réseau deviendrait une « prison de verre » où des « superviseurs » vérifieraient tous les messages et les activités. Ainsi, les réseaux permettent mais ne garantissent pas une communication démocratique. Les décisions relatives à l'accès, aux coûts, à la conception et au contrôle, prises par des groupes bien définis, détermineront la nature du système social qu'un réseau offrira (Harasim, 1993).

Un autre enjeu social porte sur la globalisation des réseaux. Nous avons vu, au chapitre précédent, que Tehranian voyait l'émergence de deux sociétés opposées, technocratique et communautaire, selon l'usage qu'on fait des systèmes de communication informatisée. On peut se demander si la globalisation augmentera la centralisation des forces sociales, économiques et culturelles ou si, au contraire, elle offrira, à l'échelle mondiale, de nouvelles opportunités pour reconfigurer le développement social et économique dans une optique communautaire. En fait, si on considère la nature très flexible des réseaux d'ordinateurs, la centralisation et la décentralisation sont toutes deux possibles.

Certains scénarios de décentralisation sont possibles. Comme on l'a vu, la prolifération des réseaux d'ordinateurs favorise l'émergence de nouvelles formes de travail et d'éducation. En effet, les réseaux favorisent un développement non métropolitain où la résidence n'est plus associée au lieu de travail. Les forces économiques et culturelles peuvent alors préserver leur diversité et leur originalité tout en participant et en contribuant au réseau global. Cependant, la croissance des corporations multinationales comme des entités globales n'est pas un signe encourageant pour le développement d'une société communautaire. Elle représente plutôt un indice du potentiel des réseaux informatisés d'encourager la centralisation des forces du marché et de créer ainsi une économie et une culture de plus en plus homogène.

Cette contradiction est d'autant plus possible que l'accessibilité aux réseaux est loin d'être universelle. Bien que des satellites permettent de rejoindre des individus isolés géographiquement, et que les coûts d'un équipement technologique soient en décroissance, la communication informatisée demeure inaccessible à la grande majorité des gens dans le monde. Il n'existe donc aucune garantie que la propagation des connaissances et de l'information sera distribuée équitablement pour tous. On peut même se demander si les inégalités d'accès aux réseaux ne pourraient pas au contraire contribuer, dans une certaine mesure, a élargir l'écart déjà existant entre riches et pauvres, de même qu'entre pays industrialisés et pays en voie de développement. Les réseaux seront-ils utilisés comme un nouvel outil de discrimination? Les services offerts sur les réseaux demeurent dispendieux et cette barrière économique constitue sans aucun doute l'un des plus grands défis de la propagation du réseau global. Il semble bien que la démocratisation des réseaux menant à une société communautaire devra être contrôlée par des politiques exigeant des conditions de développement dans ce sens.

Enfin, un dernier enjeu concerne le rôle ou la place de l'usager dans l'avenir des réseaux. Les lieux sociaux qui émergent de ces réseaux sont déterminés autant par des contraintes techniques que par les conditions économiques et par les politiques gouvernementales. L'avenir de ces espaces reste encore à déterminer d'autant plus que des intérêts commerciaux cherchent à augmenter leur implication et leur contrôle dans ce nouvel univers. Qui déterminera la forme que prendront les réseaux de demain? Harasim (1993) estime qu'il faut s'assurer que la participation et le rôle de l'usager demeureront prédominants dans la conception et le développement de ces lieux ainsi que dans les politiques qui dicteront leur utilisation. Quant à nous, nous constatons que les nombreuses limites – technologiques, socio-économiques, culturelles – restreignent l'accès aux réseaux de communication informatisée et constituent des obstacles majeurs à leur démocratisation. On devrait plutôt parler de tendance vers l'universalisation de la communication informatisée.

Ces nouveaux espaces qu'offrent les réseaux de communication sur le plan des activités sociales, du travail et de l'éducation exigent néanmoins une certaine sécurité et une confidentialité en ce qui concerne le contenu des échanges. La sécurité dans les réseaux est un enjeu social important qui est l'objet de la prochaine section.

2.3 ENJEUX SOCIAUX : LA NÉCESSITÉ DE LA SÉCURITÉ DANS LES RÉSEAUX DE TÉLÉCOMMUNICATIONS

L'objet de la sécurité de l'information dans les réseaux de télécommunications est de protéger les données confidentielles de toute tentative d'accès de la part des personnes non autorisées. La capacité de protéger la confidentialité des informations dans un système de communication informatisée a donc des répercussions importantes sur le droit à la vie privée dans la société. Nous reparlerons du plan juridique de la communication informatisée aux chapitres 3 et 4. Nous aimerions toutefois discuter brièvement, ici, de l'aspect plus technologique de cette question.

La préoccupation sociale envers la sécurité des informations se rapporte plus précisément au caractère privé et secret du contenu d'un message transmis dans un système de télécommunications et à la discrétion quant au fait qu'une communication a eu lieu. Pour assurer une partie de cette sécurité, on fait appel à la cryptographie. Voyons ce dont il s'agit.

2.3.1 La cryptographie

La cryptographie permet de « coder » un texte clair de façon à le rendre incompréhensible à qui ne connaît pas le code utilisé. Aux États-Unis, le système cryptographique le plus répandu dans les réseaux est le « Data Encryption Standard » (DES). Au début des années 1970, le gouvernement américain a voulu promouvoir la création d'un algorithme public d'encodage car il craignait que des informations « secrètes » soient récupérées par des puissances étrangères, compte tenu de l'ouverture et de la facilité des médias de télécommunications de cette époque. Ce système cryptographique peut être utilisé pour n'importe quel message numérisé. De grosses entreprises privées aux États-Unis comme Chase Manhattan, American Express et Boeing utilisent ce système de sécurité.

Cet algorithme fait cependant l'objet de controverses, entre autres parce que l'agence de sécurité nationale américaine (*National Security Agency*, « NSA ») a participé à la conception du DES, pourtant décrit comme un algorithme non militaire. Ce faisant, la NSA a acquis le pouvoir de lire tous les messages utilisant le DES. Que la NSA lise ou non les multiples messages circulant dans les réseaux, elle demeure quand même la seule institution pouvant assurer totalement la sécurité de ses communications informatisées puisqu'elle est la seule à connaître la clé du code.

Katz (1990) affirme cependant qu'il existe d'autres possibilités pour le public : des clés publiques. Chaque utilisateur possède une clé d'encodage et une clé de décodage. La clé d'encodage est publique, tandis que la clé de décodage est privée. Ainsi, celui qui envoie un message sait comment encoder son message mais ne sait pas comment le décoder. Il semble qu'il n'existe aucun moyen électronique à la portée du gouvernement ou de toute autre institution, pour connaître la nature d'une transaction effectuée avec des clés publiques (Katz souligne cependant que cela reste à prouver!).

Katz (1990) demeure toutefois sceptique quant à cette possibilité de confidentialité. Il soutient que le modèle social est conçu de telle sorte que, pour chaque gain relatif à la vie privée des individus obtenu par des changements sociaux ou technologiques, un gouvernement ou une institution privée trouvera des moyens pour contourner ou annuler ce gain.

En effet, l'auteur croit que si les systèmes cryptographiques s'intégraient systématiquement aux réseaux de télécommunications, ils deviendraient sujets à réglementation et même éventuellement hors-la-loi. Pourquoi? La société éprouve le besoin d'exercer un contrôle social sur ses citoyens, affirme-t-il. La possibilité d'obtenir des échanges totalement confidentiels dans les réseaux de télécommunications entre des criminels,

des terroristes, des trafiquants de drogue et autres manipulateurs, constitue une menace à l'ordre social. Les crimes
commis grâce au système ne laisseraient aucune trace pour
les investigateurs.

Les responsables gouvernementaux qui proposent de pros-
crire les systèmes sur lesquels ils n'ont aucun contrôle – par
exemple, des variations du système des clés publiques – fondent
leur demande sur l'argument suivant : les gens qui veulent
l'obtention d'une confidentialité absolue de leur message et
de l'existence même de leur communication doivent avoir
quelque chose de douteux à cacher sur la nature de leurs
communications. L'argument est évidemment sans fondement;
il peut même être vu comme pernicieux puisque la définition
de ce que la société considère comme « douteux » ou « dangereux » tend à fluctuer.

Pour l'ensemble des citoyens, une multitude de motifs sont
légitimes pour assurer la confidentialité des communications.
À titre d'exemple, un individu qui désirerait vendre son entreprise pourrait, de façon tout à fait légitime, préférer ne pas
divulguer son identité ou celle de sa compagnie avant d'avoir
l'opportunité d'évaluer certaines informations sur les intérêts
potentiels des acheteurs. De la même façon, un acheteur potentiel pourrait vouloir demeurer anonyme jusqu'à ce qu'il
obtienne plus d'information sur le vendeur. Dans ce contexte,
le réseau n'a pas besoin de connaître l'identité des parties
impliquées. Sur le plan de la sécurité, la communication informatisée est sans doute porteuse de contradictions.

Des objectifs contradictoires

Katz (1990) prétend que les systèmes de communication
informatisée poursuivent, de par leur nature, des objectifs
contradictoires. D'une part, ils permettent d'augmenter les
communications et les échanges d'informations et, d'autre
part, ils visent à accroître la confidentialité et la sécurité des
échanges. Le nombre grandissant de possibilités d'échange
d'informations de toutes sortes peut mener à une invasion de
la vie privée; par contre, une confidentialité accrue des communications augmente le caractère privé des échanges.

Par exemple, les systèmes actuels améliorent la capacité de travailler en collaboration avec d'autres usagers grâce notamment à des systèmes comme la vidéoconférence au moyen de laquelle des gens peuvent partager une grande quantité d'informations de nature sonore, visuelle, textuelle et chiffrée. Toutefois, le système de contrôle du réseau permet de suivre toutes les opérations d'un usager, ce qui crée de nouvelles possibilités pour la supervision des individus. Les supérieurs pourraient repérer aisément les moments de sociabilisation ou les moments d'oisiveté de leurs employés et exercer ainsi un contrôle accru sur eux.

Par ailleurs, les mêmes systèmes permettent d'accroître la sécurité d'accès pour ce qui est des personnes non autorisées. Le système de contrôle peut identifier les intervenants qui communiquent entre eux. En conséquence, l'individu conserve peu de confidentialité ou d'intimité dans sa relation à un système mais il acquiert davantage de sécurité dans sa relation avec d'autres usagers du système. Pour démontrer ce dernier point, Katz (1990) explique comment les compagnies de téléphone peuvent aider les citoyens victimes de harcèlement téléphonique en annulant le service du client qui harcèle les autres. Cela démontre, en quelque sorte, l'absence de confidentialité ou de sécurité d'un individu dans sa relation au système téléphonique mais cela illustre aussi le renforcement de la sécurité des individus dans leur relation avec d'autres utilisateurs du service téléphonique.

Katz (1990) souligne que la majorité des projets sociaux – par exemple, la défense nationale, l'aide étrangère ou la santé publique – sont analysés à la lumière d'une planification nationale qui tient compte des aspects environnementaux et sociaux. Le développement de la communication informatisée fait exception à la règle. Il n'y a pas vraiment d'entente entre les groupes concernés – politiques, économiques, sociaux – à propos des objectifs à suivre pour les systèmes à construire. On ne tient pas compte des valeurs et des objectifs désirés par la société. Les concepteurs, techniciens et administrateurs développent ces systèmes uniquement sur la base de leurs propres intentions, c'est-à-dire en fonction d'abord de leurs intérêts financiers, puis de ce qu'ils croient être les intérêts des utilisateurs qui rapporteront le plus.

Il existe pourtant des outils et des méthodes d'analyse qui peuvent aider à déterminer une politique nationale à long terme dans le secteur des télécommunications. Parmi ces outils, on peut mentionner la création d'indicateurs permettant de mesurer certaines dimensions sociales, la projection des besoins du marché, les projets pilotes, les analyses démographiques, la technique Delphi et bien d'autres. Un débat public (déjà amorcé par le CRTC au Canada) est nécessaire si l'on veut obtenir un système de communication informatisée adéquat dans le futur : un système qui offre des services efficaces et de qualité et qui répond aux besoins légitimes des individus en ce qui concerne la confidentialité des échanges, tenant compte également de la sécurité nécessaire à la protection de la société. La résistance de certains groupes d'usagers aux systèmes existants pourra quelquefois forcer les instances politiques à s'impliquer davantage.

Les « crypto rebelles »

Il nous paraît intéressant de compléter cette section en évoquant l'émergence d'un mouvement de résistance, aux États-Unis, qui milite pour la protection de la vie privée (*privacy*) dans l'utilisation des réseaux de communication informatisée : les « crypto rebelles ». Un article de la revue *Wired* (Levy, 1993) présente la lutte de ce groupe de pression.

Levy (1993) explique que les algorithmes du système de clés publiques associés à la cryptographie, dont nous avons parlé précédemment, ont été brevetés par la compagnie RSA Data Security dont la mission corporative est de créer des outils pour la protection de la vie privée dans les réseaux. Les clients qui planifient d'intégrer le système de sécurité de RSA dans leur propre système incluent Apple, Microsoft, WordPerfect et AT&T.

Certains activistes militant pour le droit à la vie privée estiment que la cryptographie, dans le contexte des réseaux de communication informatisée, est un enjeu trop important pour que seuls le gouvernement (par le biais de l'agence de sécurité américaine NSA) et une compagnie privée (RSA Data Security) aient le monopole des outils de protection de la vie privée. On évoque la possibilité que cette compagnie privée, aussi respectable soit-elle, ne puisse à elle seule résister à des pressions gouvernementales visant à limiter la puissance des systèmes cryptographiques qu'ils vendent. Il faut, disent-ils, que les outils de protection de la vie privée soient accessibles à tous. C'est là leur principal cheval de bataille.

En 1991, une petite révolution dans le domaine de la cryptographie survient par le biais de Phil Zimmermann. Ce programmeur, depuis longtemps fasciné par la cryptographie, se demande déjà, vers la fin des années 1970, s'il n'y aurait pas un moyen d'intégrer un système de clés publiques dans les ordinateurs personnels en utilisant les algorithmes de RSA.

Ce n'est que plusieurs années plus tard qu'il met au point son programme, le logiciel PGP (*Pretty Good Privacy*). Comme il craignait que le gouvernement interdise un jour l'usage de la cryptographie, il décide d'envoyer gratuitement, dans le réseau Internet, son logiciel à tous ceux qui le désirent. En quelques heures le logiciel se retrouve dans des terminaux aux quatre coins du pays et le lendemain il rejoint d'autres pays. Les dirigeants de RSA Data Privacy l'accusant de voler la propriété intellectuelle de la compagnie, Zimmermann réplique qu'il ne vend pas le logiciel mais qu'il le distribue gratuitement comme des copies d'un projet de recherche. La situation légale de cette initiative demeure encore aujourd'hui nébuleuse et les dirigeants de RSA Data Security estiment que l'utilisation, par quiconque, de ce logiciel, demeure une activité illégale qui viole l'intégrité des brevets d'invention et les lois sur l'exportation.

D'après Levy (1993), le PGP a changé l'univers de la cryptographie. Bien qu'elle ne représente pas la solution idéale aux problèmes de cryptographie, cette initiative a développé un culte parmi les plus motivés à l'utiliser. Ultimement, la valeur du PGP réside dans son pouvoir de dévoiler les possibilités de la cryptographie.

Zimmermann explique qu'il n'y avait rien d'illégal à revendiquer la protection de la vie privée dans l'utilisation d'un courrier électronique ou dans le transfert de fichiers informatisés.

Le gouvernement, soutient-il, n'oblige pas les citoyens qui utilisent la poste régulière à n'employer que des cartes postales afin que des agents du gouvernement puissent lire toute votre correspondance. Chaque citoyen a le droit d'utiliser une enveloppe qui assure la confidentialité de son courrier. Personne ne peut lui reprocher de revendiquer le droit à sa vie privée en utilisant une enveloppe cachetée pour son courrier personnel. La même discrétion peut être revendiquée pour le courrier électronique. Dans ce dernier cas, les chiffres codés remplacent l'enveloppe cachetée. Si la revendication au droit à la vie privée rend un individu hors-la-loi, alors seulement les hors-la-loi auront droit à la vie privée.

Le point de vue de la NSA, l'agence de sécurité nationale américaine, dans ce débat demeure discret. La responsabilité de l'agence est de protéger la confidentialité des communications et des systèmes d'information du gouvernement et du complexe militaire. En ce sens, sa mission première est d'établir et de maintenir une supériorité absolue dans le domaine de la cryptographie. Cette tâche risque cependant de s'avérer difficile si la cryptographie « publique » se répand davantage.

Les « crypto rebelles » ne visent pas seulement la confidentialité des messages, mais le droit à l'anonymat pour tous ceux qui communiquent par les réseaux de communication informatisée. Cet objectif est valable, selon eux, car on peut actuellement détecter toute conversation et toute transaction par les traces numériques laissées par l'envoi d'un message. En suivant ces traces électroniques, il est possible de reconstituer un profil détaillé de l'utilisateur : dossier médical, factures téléphoniques, état de crédit, dossier judiciaire, etc. La cryptographie peut limiter l'accès aux traces électroniques laissées par les messages.

Les crypto rebelles veulent s'assurer que, dans un système conçu pour protéger le droit à la vie privée, un employeur par exemple, qui désire vérifier l'authenticité du diplôme d'un individu qui postule pour un emploi, pourrait accéder à ce type d'information dans une base de données mais *seulement* à cette information. Voilà le type de revendication que ces militants veulent obtenir.

Cette quête risque toutefois de susciter un dilemme dans la population. D'une part, les gens tiennent à leur vie privée; ce qui se passe chez eux ne concerne personne d'autre qu'eux-mêmes. D'autre part, les gens se demandent ce que vous avez à cacher. Si vous ne faites rien d'illégal, alors pourquoi utiliser la cryptographie à tout prix? On suspecte ainsi aisément les individus qui tiennent à garder leurs communications secrètes. Ce débat social risque de prendre de l'envergure dans les prochaines années. Il nous mène à un enjeu connexe à la sécurité des données, la vulnérabilité du stockage des données.

2.4 ENJEUX SOCIAUX : LE FICHAGE ÉLECTRONIQUE, UN INSTRUMENT DE CONTRÔLE POTENTIEL

Un fichier est « une collection d'entités homogènes décrites par des éléments d'informations » (Vitalis et al., 1988, p. 157). Loin d'être une invention récente, on les utilisait déjà dans la Rome antique. De façon générale, les fichiers permettent d'identifier un individu et d'accumuler à son sujet un nombre considérable de renseignements servant à en constituer un portrait plus ou moins fidèle. Les fichiers peuvent facilement devenir des instruments de contrôle et susciter, par leurs caractéristiques, des pratiques discriminatoires. Voyons comment et pourquoi l'informatique peut aggraver le danger des fichiers.

L'informatisation des fichiers accentue le danger de contrôle et de pratiques abusives envers les membres d'une société notamment grâce aux fonctions de stockage, de traitement et de transmission des données. Pour ce qui est du stockage de l'information, les capacités de l'informatique sont pratiquement illimitées. Vitalis et al. (1988) estiment qu'au Québec et au Canada, il peut y avoir approximativement de 200 à 500 fichiers informatisés sur chaque individu. En effet, les ministères et organismes gouvernementaux, les banques, les compagnies d'assurance, les bureaux de crédits et toute entreprise informatisée disposent de fichiers complets et personnels sur les individus. Sur le plan du traitement de l'information, la technologie permet de traiter, de trier et de rassembler une très grande quantité d'informations. On peut aussi, par diverses procédures de traitement, créer de nouvelles informations en effectuant des croisements de données qui n'étaient pas nécessairement prévus au départ.

Enfin, grâce aux télécommunications, la transmission des informations contenues dans ces fichiers peut être diffusée instantanément. Grâce à la communication informatisée, un corps policier peut, par exemple, consulter un fichier à partir de n'importe quel point d'accès. On comprend dès lors que l'existence de fichiers informatisés devient un enjeu social majeur de la communication informatisée. Nous reparlerons plus en détail de la communication informatisée dans les services de la sécurité publique au chapitre 6.

L'existence de ces fichiers incite certains organismes à s'immiscer indûment dans la vie privée des gens. Par exemple, lors de l'attribution d'une aide sociale, on demande parfois aux bénéficiaires, sous prétexte de soumettre leurs dossiers à l'étude, une quantité considérable d'informations dont certaines ne sont pas toujours pertinentes. Plusieurs entreprises agissent de la même façon dans le cadre d'une procédure de recrutement. Certes, les renseignements sont donnés par les individus eux-mêmes, mais ils sont quelquefois fournis sous la pression de voir leur dossier refusé s'ils ne se plient pas à cette demande, et peuvent même être obtenus à leur insu. L'indiscrétion quant à la vie privée des gens est sans cesse croissante. En effet, « American Express transmet automatiquement la liste des détenteurs de sa carte de crédit à tout un ensemble de filiales qui proposent des biens ou services de consommation. Même après avoir formulé le souhait de se voir rayé de ces listes, un détenteur recevra tout de même une abondante correspondance publicitaire » (Vitalis *et al.*, 1988, p. 158).

Une compagnie spécialisée dans la constitution de dossiers de crédits a fait l'objet d'une critique peu édifiante devant une commission parlementaire qui débattait du projet de loi sur la protection des renseignements personnels dans le secteur privé (Normand, *La Presse*, 1993). On a présenté des cas impliquant des consommateurs qui se sont plaints du traitement de leur dossier par cette compagnie possédant des données sur plus de 15 millions de Canadiens. Un consommateur s'est plaint que trois entreprises avaient consulté son dossier de crédit sans qu'il n'ait jamais fait affaire avec ces entreprises. La compagnie a répondu, à la demande d'explications du consommateur, qu'elle n'avait pas à lui donner de preuves selon lesquelles il aurait ou non donné son consentement.

Toujours à la même compagnie, un deuxième individu, ayant consulté son dossier de crédit après qu'on lui eut refusé un prêt, a réalisé que les seules données qui s'y trouvaient concernaient une dette de 240 $ remontant à cinq ans. Preuves à l'appui, il a démontré à la compagnie de crédit qu'il avait, d'une part, remboursé cette dette et, d'autre part, qu'il avait depuis effectué deux prêts totalisant plus de 15 000 $ et qu'il avait remboursé sans aucun retard l'ensemble de ces dettes. Ces nouvelles informations devaient, estimait l'individu, lui permettre d'améliorer la cote de son crédit. Pourtant, la compagnie a refusé de modifier son dossier, obligeant l'individu à recourir à l'endossement d'un parent pour une nouvelle transaction.

On a constaté, lors de cette commission parlementaire, que n'importe qui pouvait obtenir des renseignements confidentiels en payant 60 $ à cette compagnie, et qu'aucun contrôle n'était exercé sur le membership de cette entreprise. De plus, on pouvait obtenir le dossier de crédit d'une personne sans son consentement et sans qu'elle le sache. Ainsi, la communication informatisée de ces renseignements confidentiels constitue une pratique abusive qui brime le droit à la protection de la vie privée des gens.

Le fichage électronique peut prendre des formes variées. La géomatique est l'une de ces formes. La géomatique est un néologisme construit à partir des mots *géographie* et *informatique*. C'est le traitement automatique de données géographiques, c'est-à-dire de données à références spatiales. La transmission de ces données s'effectue nécessairement par le biais de la communication informatisée. Le journaliste Gilles

Paquin (*La Presse*, 1993) relate l'intervention du professeur LeBel, du Groupe de recherche informatique et droit (GRID) de l'UQAM, sur la géomatique dans le cadre d'un colloque sur la protection des renseignements personnels.

Le professeur LeBel explique que les villes de Laval et de Montréal s'engagent à mettre en application un système de gestion des services municipaux par le biais de la géomatique. Selon lui, la géomatique risque de devenir : « un coûteux système de surveillance du citoyen et d'avoir des « conséquences incalculables » sur ses droits et libertés ». D'après le professeur, le traitement automatique de données géographiques permettrait de : « court-circuiter et de rendre inefficaces les mesures de protection des renseignements personnels et de la vie privée ». Le professeur estime que le contrôle de la vie ne sera plus policier mais politique car : « on centralisera dans un seul système les rôles d'évaluation et de valeur locative, les fichiers des services publics dans le quartier, des renseignements sur les habitudes de consommation, la circulation dans le secteur et même les déplacements des piétons » (Paquin, *La Presse*, 1993).

L'État accumule ainsi une très grande quantité d'informations sur les citoyens. Ces derniers éprouveraient eux-mêmes de multiples difficultés à obtenir l'ensemble des renseignements qui les concernent directement. Le professeur LeBel estime que cette disposition de l'État à centraliser des informations peut mener directement à une société de contrôle. Ainsi, les tendances fortes à utiliser la communication informatisée dans le sens de développer ce que Tehranian appelle une « société technocratique » s'accentuent.

Par exemple, le système géomatique de la ville de Montréal pourrait contenir, d'ici quelques années, jusqu'à 135 niveaux ou types de renseignements sur les quartiers et les citoyens. Ces renseignements pourraient éventuellement être vendus au secteur privé pour lui permettre de mieux cibler sa clientèle. Outre ce danger de contrôle social, le fichage électronique favorise aussi la discrimination et ce qu'on appelle la gestion par profil.

2.4.1 Quelques dangers du fichage électronique : discrimination et gestion par profil

On a déjà mentionné le danger des fichiers en ce qui concerne la vie privée des gens en évoquant la puissance du stockage, du traitement et de la transmission des données permise par l'informatique. On doit aussi souligner certains dangers qui apparaissent parfois avant même qu'un fichier soit stocké quelque part.

Pour mettre des informations dans un fichier, on utilise généralement des descripteurs. Le langage des fichiers est donc peu expressif et il ne laisse, sauf exception, que peu de place à l'introduction de nuances parce que les descripteurs sont souvent prédéfinis. Les conséquences de ces descriptions prédéfinies sont parfois dramatiques car elles sont souvent discriminatoires. Examinons deux exemples pour illustrer deux formes de discrimination possibles.

Une employée d'une importante entreprise pourrait être privée d'avancement parce qu'il a été inscrit, par erreur, dans son fichier, l'indication « elle boit » à la place de « elle boite ». Dans ce cas, l'oubli d'une seule lettre pourrait avoir des conséquences dramatiques pour la carrière de cette employée, puisque, comme nous venons de le voir, il semble difficile, même impossible, de faire modifier les informations accumulées dans de tels fichiers.

Une association de propriétaires de logements peut développer une banque de données de locataires et dresser un profil, à partir d'informations insuffisantes, de locataires indésirables. De jeunes étudiants ou une famille en difficulté financière passagère sont, en principe comme tout autre citoyen, des gens honnêtes. Toutefois, la gestion informatisée par profil intégrera ces gens dans la même catégorie que les escrocs ou les fraudeurs. On ne fera donc pas de distinction entre ces groupes d'individus, et des honnêtes gens risquent d'avoir de la difficulté à trouver un logement.

Ces exemples illustrent les conséquences d'une gestion par profil qui risque trop souvent d'engendrer des injustices, car les décideurs ont tendance à se fier aux systèmes automatisés pour prendre des décisions. Dans certains cas, on accordera plus de crédit à ce que contient le fichier qu'à la réalité. Ainsi, « le recours à l'ordinateur et à des grandeurs statistiques élimine tout élément subjectif (ou qualitatif ajouterions-nous) dans une décision qui semble pouvoir bénéficier d'une légitimité scientifique » (Vitalis *et al.*, 1988, p. 164).

Prenons un dernier exemple. Les parents d'un élève qui termine son école primaire demandent son admission dans quelques écoles secondaires. Le comité chargé d'admettre les nouveaux élèves consultera le bulletin informatisé de l'élève. On se fiera généralement uniquement sur les notes indiquées dans le bulletin. Les gens du comité peuvent constater qu'après 4 ou 5 bonnes années, l'élève a connu deux mauvaises années. On le désignera peut-être comme un enfant à risque et on l'orientera vers un programme allégé.

La gestion par profil relève essentiellement d'une vision mécaniste du rapport au savoir. On ne tiendra pas compte du contexte social, économique et culturel dans lequel a évolué l'élève pendant ces années. Il se peut que ses parents se soient séparés durant cette période, qu'il ait vécu dans un quartier différent ou que le décès d'un proche l'ait grandement affecté. On risque ainsi de ne pas tenir compte de ces facteurs pourtant fort déterminants pour les résultats scolaires de l'élève. Cette dimension qualitative ou contextuelle risque d'être évacuée lorsqu'on tente de déterminer l'avenir d'un enfant uniquement sur la base de son appartenance à un certain profil dicté par un bulletin informatisé. Une telle décision ne permet pas de s'interroger sur les causes véritables du mauvais rendement de l'élève. On se prive aussi d'agir sur les causes.

Le traitement informatisé d'un fichier ne permet généralement pas de faire des nuances sur son contenu. Ainsi, tout individu qui s'écarte de la moyenne des comportements risque de faire l'objet d'une mesure particulière. Le danger d'une gestion fondée essentiellement sur des fichiers électroniques risque de brimer la liberté des individus qui se voient enfermés dans des catégories statistiques. Ces problèmes seront-ils exacerbés par la venue de l'autoroute électronique?

2.5 ENJEUX SOCIAUX ET POLITIQUES DU PROJET D'AUTOROUTE ÉLECTRONIQUE

L'implantation d'une innovation technologique d'importance dans la société provoque généralement un ensemble de débats entourant les retombées sociales, politiques, économiques et culturelles liées à cette innovation. L'avènement de ce que l'on appelle « l'autoroute électronique » ou « l'autoroute de l'information » ne fait certainement pas exception à cette règle. Le projet de l'autoroute électronique est devenu le sujet par excellence de discussion, bien que personne ne sache exactement de quoi on parle. Nous allons examiner, dans cette section, les divers enjeux que soulève ce projet. Pour présenter ces enjeux, nous nous sommes inspirés de quelques articles de journaux parus dans la presse francophone du Canada. Cette revue de presse très sommaire vise simplement à illustrer les débats, de nature généralement prospective, qui ont cours pendant une période précédant la venue progressive d'une innovation comme l'autoroute de l'information. Elle nous aidera aussi à saisir les jeux de pouvoir, les alliances, les oppositions, les critiques sous-tendant le discours social entourant la venue de ce projet technologique.

Nous allons d'abord tenter de définir ce qu'est l'autoroute électronique puis de décrire ce qui semble être le prototype de l'autoroute, le réseau Internet, pour ensuite illustrer quelques enjeux économiques et politiques. Nous terminerons par un commentaire critique sur le rôle de l'État dans ce dossier.

2.5.1 Définitions

Malgré les nombreuses discussions sur ce projet technologique, il n'existe pas une définition formelle de l'autoroute électronique. Lemieux (*Le Devoir*, 19 janvier 1994) explique que c'est l'avènement de la numérisation et son utilisation plus fréquente dans les réseaux de communication informatique qui sont à l'origine du développement de l'autoroute électronique. Au Canada, c'est le projet CANARIE qui vise à étudier les possibilités de transformation du réseau actuel afin d'en augmenter la bande passante[1] et créer ainsi les conditions technologiques de développement de l'autoroute électronique. En effet, pour y accéder, il faut mettre en place une infrastructure informatique qui coûterait plus d'un milliard de dollars. L'autoroute devrait être construite sur le réseau CANET qui établit une communication entre les ordinateurs des universités, des centres de recherche et de certaines entreprises. Le réseau CANET est cependant désuet car il permet de transmettre 56 000 bits (les « 0 » et les « 1 » du langage des ordinateurs dont l'agencement constitue une donnée) par seconde. Éventuellement, l'autoroute électronique permettra de transmettre 45 millions de bits par seconde (de quoi pouvoir transmettre les 33 volumes de l'encyclopédie *Britannica* en 4,7 secondes). Des transformations technologiques importantes sont donc nécessaires pour en arriver à développer le projet.

Sur le plan strictement technologique, l'autoroute électronique, c'est en fait du fil, de la fibre optique[2], des commutateurs, des « routeurs » qui rendent l'information « transportable » en la numérisant et qui permettent d'aiguiller les messages vers le destinataire voulu. Au delà de cette technologie, ce sont les applications qui sont davantage objets de discussion. Nous reparlerons de cet aspect un peu plus loin.

2.5.2 Plusieurs autoroutes électroniques?

À ce stade de développement du projet, il serait peut-être plus juste de parler d'autoroutes électroniques, ou de tronçons ajoutés à l'autoroute électronique. En fait, la situation est souvent reportée de façon confuse dans la presse écrite, et elle n'est pas beaucoup plus claire dans les ouvrages

---

1. La bande passante d'un signal est l'intervalle de fréquences transmises par ce signal. Par exemple, dans le cas du réseau téléphonique, la bande passante va de 300 à 3 400 Hz, ce qui correspond à la voix humaine. En dehors de ces fréquences limites, un signal sonore devient imperceptible.

2. La fibre optique deviendrait le support de transmission qui permettrait d'atteindre des vitesses extrêmes pour le transport de données textuelles et chiffrées, de la voix et de l'image animée ou fixe. C'est l'installation de la fibre optique à grande échelle qui coûte très cher.

scientifiques. Pour nous, cependant, l'autoroute est une forme de communication informatisée telle que nous la définissons dans l'introduction. Nous tentons d'abord d'éclaircir les conditions d'émergence de ces autoroutes de l'information, puis d'examiner quels types d'autoroutes électroniques nous réserve l'avenir.

Il semble que l'émergence du concept ou du moins l'apparition d'une volonté de le développer, serait liée à la campagne électorale du président américain Clinton. Plus précisément, le vice-président Gore a été mandaté par le président pour faciliter l'éventuel développement d'une super autoroute de l'information où les citoyens pourront pratiquer différentes activités comme la recherche de connaissances et d'aventure, et où les entreprises pourront y trouver leur profit. Dans ce projet de la Maison blanche, le réseau d'information de demain sera développé sur le réseau actuel des lignes téléphoniques.

Toutefois, cette vision politique du projet a vite été récupérée par les grandes corporations américaines qui, plutôt que d'attendre la mise en place d'un réseau intégral et cohérent, se sont mises à développer plusieurs autoroutes électroniques. Ainsi, ce sont surtout les industries du téléphone et de la câblodistribution qui se sont accaparé du projet en installant progressivement la fibre optique dans leur réseau. Par exemple, la révolution numérique permettra aux câblodistributeurs de diffuser à plus de 60 millions de foyers une grande quantité d'informations (textes, données vocales et vidéos) d'une manière bidirectionnelle. Le consommateur qui en aura les moyens financiers et technologiques pourra « zapper » à travers des centaines de canaux de télévision interactive, commander un vidéo chez lui, acheter des produits par le biais de catalogues vidéo ou jouer à des jeux vidéo. L'autoroute électronique empruntera aussi le réseau téléphonique, ce qui devrait permettre la circulation à peu près universelle de données de toute sorte, notamment l'accès à des banques de données pédagogiques et commerciales.

En somme, il semble que le concept d'autoroute électronique regrouperait les réseaux de câblodistribution, de télécommunications, de téléphone, de communication sans fil et par satellite en un grand réseau intégral. Toutefois, cette intégration technologique n'est pas encore une réalité puisqu'on ne sait pas encore quelle forme elle prendra.

2.5.3 Le phénomène Internet

Durant sa campagne électorale, le vice-président Gore affirmait qu'Internet était le prototype de l'autoroute de l'information. Bien que certains chercheurs n'approuvent pas la vision de Gore, Internet est considéré comme le « réseau des réseaux », c'est-à-dire celui qui englobe tous les autres.

Le réseau Internet a commencé à se développer il y a environ vingt ans, quand le département de la Défense américaine a tenu à relier les centres de recherche travaillant sur des projets militaires. Le réseau s'est par la suite « civilisé », se développant de manière anarchique à partir des gouvernements, des universités, des chercheurs et des étudiants qui voulaient communiquer entre eux par l'informatique. Internet s'est alors transformé en réseau de communication d'une ampleur presque incroyable. Salwyn (*Le Devoir*, 8 décembre 1993) explique qu'en 1993, Internet s'est agrandi au point de devenir un réseau de 47 000 réseaux publics et privés représentant quelque 20 millions d'utilisateurs dans 91 pays. Son pendant canadien CANET et québécois RISQ sont reliés à Internet. « L'annuaire des utilisateurs d'Internet et des services auxquels il donne accès compte 1 200 pages. On y dénombre 50 000 « serveurs » qui sont autant de nœuds, de réseaux locaux ou de banques de données. Il existe quelque 7 500 groupes d'intérêt sur le réseau Internet, des gens qui s'intéressent à la physique nucléaire, à la médecine, aux automobiles de collection... » (Dutrisac, dans *Le Devoir*, 29 janvier 1994).

Internet connaît une augmentation constante et spectaculaire du nombre de ses utilisateurs. Les gestionnaires du réseau prédisent qu'en l'an 2000 ou même avant, il sera utilisé par 50 millions d'entreprises commerciales communiquant avec une clientèle mondiale. (Nous avons vu au début de ce chapitre qu'en 1995 il compte déjà 25 millions d'usagers, 5 millions de plus qu'en 1993.) Toutefois, il y a beaucoup d'activités non commerciales sur ce réseau à l'heure actuelle. On y fait du courrier électronique, de l'échange de logiciels appartenant au domaine public, de la consultation de banques de données publiques dont certains renseignements gouvernementaux, etc. Internet est devenu un véritable bazar d'informations permettant à tout utilisateur d'accéder instantanément à des centaines de banques de données, s'il en a les moyens financiers. L'utilisateur obtient aussi assez rapidement des conseils d'experts sur un nombre inimaginable de sujets.

Pour l'instant, personne n'est propriétaire du réseau, ce qui s'avère une situation assez incongrue dans le système capitaliste. Internet est une fédération de quelques milliers de réseaux administrés par une société de volontaires en Virginie aux États-Unis (selon un article paru dans *The Economist*, décembre 1993, janvier 1994). Fortin et Poissant (vol. 8, no 12, 17 février 1994) présentent une entrevue avec Deutsch, pionnier du réseau Internet à Montréal, dans laquelle ce dernier explique que c'est la coopération entre les différentes composantes du réseau (universités, compagnies, etc.) qui permet au système de fonctionner. Personne ne peut changer les règles sans l'accord de tout le monde. Deutsch ajoute que si quelqu'un refuse de coopérer, il est évincé.

Pour accéder à Internet, il suffit d'avoir un ordinateur équipé d'un modem et d'un logiciel de communication; d'accepter de payer une cotisation mensuelle et de connaître les codes complexes nécessaires pour y accéder. De plus, les agences qui se spécialisent dans l'envoi de messages électroniques facturent au message. L'accumulation de ces coûts prévient son accès universel. Une fois ces conditions réunies, cependant, les avantages fournis par le courrier électronique sont nombreux. En passant par Internet, le même message peut être envoyé à des centaines de personnes sans frais supplémentaires. Pour une entreprise commerciale, c'est là un avantage économique considérable.

2.5.4 Enjeux économiques et politiques

Les enjeux économiques associés à l'autoroute électronique semblent importants puisqu'on évoque souvent des investissements excessifs. Aux États-Unis, le gouvernement s'est engagé à débourser 3 milliards de dollars sur une période de cinq ans pour construire cette autoroute en transformant éventuellement le réseau Internet en un « réseau de la recherche nationale et de l'éducation ». On a ainsi promis des milliers d'emplois pour la mise en place du réseau. Parallèlement, on a déréglementé l'industrie des télécommunications afin d'inciter les compagnies de téléphone et de câblodistribution à investir massivement dans ce projet.

Nous avons vu, dans le chapitre précédent, qu'au Canada, ce sont les compagnies de télécommunications qui s'apprêtent à livrer une vive concurrence aux câblodistributeurs. L'alliance Stentor, qui regroupe neuf compagnies de téléphone, a annoncé sa volonté de mettre sur pied une autoroute de l'information, la Sirius, qui devrait être implantée d'ici l'an 2005 au coût de 8 milliards de dollars (Tremblay, *La Presse*, 6 avril 1994). On prévoit créer directement 12 000 emplois d'ici l'an 2005. Au Québec, on prévoit des investissements de l'ordre de 2,1 milliards et la création de 3 000 emplois. L'argent investi par Stentor servira surtout à convertir à la fibre optique les réseaux de distribution téléphonique, actuellement faits de cuivre.

Sirius offrira d'abord aux consommateurs la possibilité d'échanger des messages vidéo, de commander un film, de consulter des bases de données et d'utiliser des services publics dans les domaines de la santé, de l'éducation et de la culture. Avec ce projet, Stentor s'inscrit en concurrence directe avec le projet d'autoroute électronique parrainé par Vidéotron au coût de 750 millions. Ce dernier projet s'appelle UBI (universalité – bidirectionnalité – interactivité) et sa première phase devrait être réalisée au Saguenay au printemps 1995. Chez Vidéotron, on considère toutefois Bell comme le principal compétiteur (Tremblay, *Le Soleil*, 9 avril 1994).

Quelques jours après l'annonce de Stentor, cette compagnie a invité les câblodistributeurs à se joindre à la construction de Sirius (Tremblay, *Le Devoir*, 14 avril 1994). Stentor, dont Bell Canada fait partie, demande au gouvernement de déréglementer totalement le secteur des télécommunications afin de pouvoir faire le saut dans le domaine de la câblodistribution. De son côté, la compagnie Vidéotron a gardé la porte ouverte à une possible collaboration avec Bell pour développer un tronçon de l'autoroute électronique au Québec.

Par ailleurs, le gouvernement du Québec a annoncé l'attribution d'une enveloppe de 50 millions de dollars pour la mise en place de l'autoroute de l'information. Cet investissement s'inscrit dans un partenariat économique où l'entreprise américaine Microsoft (le géant du logiciel) avait acquis Softimage afin de créer le principal axe technologique des jeux interactifs qui seront utilisés par les jeunes avec les nouvelles autoroutes électroniques. À la suite de l'acquisition de Softimage, Microsoft a obtenu le statut de partenaire économique du gouvernement du Québec. On apprend aussi que Microsoft a signé une lettre d'intention avec Rodgers Cablesystems (premier câblodistributeur au Canada) en vue d'offrir des services d'autoroutes électroniques (Turcotte, *Le Devoir*, 25 mai 1994).

Il est intéressant de noter que, bien que le gouvernement du Québec ait perdu tout droit de légiférer en matière de télécommunications au profit du gouvernement fédéral, il investisse tout de même des sommes importantes dans le projet d'autoroute électronique. Cela montre bien l'engouement des politiciens pour la technologie : on investit des montants énormes sans même savoir exactement dans quoi on s'embarque puisque, comme nous l'avons mentionné plus tôt, il n'existe même pas une définition formelle de l'autoroute électronique. On a peur de prendre du retard face à un projet fondé sur un concept qui n'existe pas!

Un article de Le Cours paru le 2 mai 1994 dans *La Presse* illustre l'engouement pour l'autoroute électronique et les multiples « concepts accrocheurs » qu'on associe à ce projet. L'article affirme que l'autoroute de l'information aboutirait dans le Technoparc situé près de l'autoroute Bonaventure à Montréal. Les espaces du Technoparc sont actuellement plutôt vides. L'article présente « un projet fort avancé » qui devrait occuper la moitié de la surface du Technoparc et susciter des investissements de 225 millions de dollars. Il attirerait quelque deux cents entreprises qui œuvrent dans le domaine de l'image : géomatique, imagerie médicale, effets spéciaux, conception ou formation assistée par ordinateur, vidéotex, etc. Le projet s'intitule Futuropolis et se veut aussi un parc de loisir en plus d'un centre industriel et de formation.

Les grosses entreprises y installeraient une vitrine et, le cas échéant, un centre de recherche. On y verrait un cinéma IMAX, un théâtre alphanumérique, une division de Téléglobe, UBI/ Vidéotron, Unitel, ONF et Softimage, bref, toutes les entreprises œuvrant dans les technologies de pointe les plus prometteuses se partageraient les espaces du Technoparc pour diffuser une culture scientifique et technique. Les promoteurs souhaitent aussi y attirer des entreprises étrangères. On concentrerait les entreprises qui incarnent la nouvelle économie dans ce parc où traverserait l'autoroute de l'information.

Deux jours plus tard, Alain Dubuc, éditorialiste à *La Presse*, fait une mise en garde en expliquant que la ville de Montréal a été séduite par un promoteur dans ce dossier. Pour lui, le projet Futuropolis nous plonge dans le showbizz plutôt que dans l'investissement. Dubuc souligne que le terme autoroute électronique « est tellement galvaudé, tellement utilisé à tort et à travers par tous ceux qui n'ont rien à dire que, dès qu'on l'entend, un signal d'alarme se met à clignoter : *attention bullshit* ». L'éditorialiste dénonce le penchant pour la grandiloquence du maire d'autant plus que le même promoteur s'était « planté » avec un autre grand projet « La cité de l'image ». Le journaliste ajoute que jusqu'ici la seule réalisation du promoteur a été de soutirer des fonds publics (200 000 $) de Montréal. Ce n'est donc pas un investissement mais une subvention. En somme, on espère séduire des entreprises en changeant l'emballage du Technoparc. Enfin, Dubuc signale qu'un concept ne fait pas un projet et qu'on applaudira quand les entreprises annonceront leur venue.

Les débats qui entourent la venue de l'autoroute électronique dans notre société montrent à quel point la question est complexe. Les propos tenus par les médias écrits tendent souvent à promouvoir la grandiloquence du projet (création d'emplois, investissements colossaux, services révolutionnaires à domicile), à souligner les enjeux liés à la concurrence Stentor/ câblodistributeur et à la volonté d'une déréglementation massive puis à la promotion d'un mégaprojet (Futuropolis) suivie de sa dénonciation. Une étude critique de Mosco (1994) vient cependant tempérer ces propos sur le projet d'autoroute électronique. Mosco (1994) démontre que le discours actuel sur ce projet est un discours de type « spectacle », typique de ce qui précède une innovation technologique. Il émet certaines réserves quant à la déresponsabilisation de l'État en ce qui concerne la réglementation (ou la déréglementation) éventuelle de ces autoroutes.

Mosco (1994) trace un parallèle entre l'avènement de l'électricité dans les villes et celui de l'autoroute électronique. Dans les deux cas, dit-il, la période précédant l'implantation de la technologie a été marquée par un véritable spectacle social. En effet, il y a cent ans, l'annonce de l'électrification des villes a donné lieu aux États-Unis à des discours prospectifs étonnants, comparables à ce que l'on peut entendre de nos jours à propos de l'autoroute électronique.

Une des idées directrices de l'époque consistait à construire des lanternes gigantesques, d'un poids de 3 000 livres, produisant une luminosité équivalente à 1 million et demi de chandelles afin de projeter la nuit venue des messages dans les nuages. On affirmait alors que l'on pourrait diffuser les résultats d'élections dans le ciel. Quelques années plus tard, on annonça la venue de l'ère de la « publicité céleste ». L'électricité promettait d'illuminer le ciel dans un spectacle flamboyant. Cette phase « spectacle » de la nouvelle technologie ne dura que quelques années. À mesure que l'on découvrit des applications concrètes à l'électricité dans le domaine des affaires, de la vie militaire, sociale et culturelle, sa valeur « spectaculaire » diminua considérablement. L'avantage réel de l'électricité apparut dès qu'elle cessa d'être perçue comme la merveille du siècle pour devenir la préoccupation d'experts œuvrant dans l'électrification du transport et des communications ainsi que dans le fonctionnement et l'éclairage des usines, des maisons, des bureaux et des rues. En somme, explique Mosco (1994 : 4), l'électrification, comme d'ailleurs plusieurs autres technologies, a atteint son réel potentiel à partir du moment où l'on a cessé de la voir comme un spectacle. Cette idéologie du progrès nous laisse croire que ce que l'on dit de nos jours de l'autoroute électronique risque de ne pas correspondre à ce qu'elle deviendra demain.

En fonction de cette observation, Mosco trouve qu'il est inquiétant de voir que les tendances en matière de réglementation semblent s'orienter vers le constat suivant : laissons le marché décider. Si le marché décide à lui seul de l'avenir de l'autoroute électronique et des services qu'elle offrira, l'écart entre ceux qui peuvent et ont les moyens d'accéder à ces services et ceux qui ne peuvent pas (notamment les gens à faible revenu, les gens peu éduqués, les gens isolés sur le plan technologique et les petites entreprises en difficulté) s'élargira puisqu'il n'y aura pas de balises pour favoriser l'accès universel à ces services. L'auteur estime que l'État abandonne ses responsabilités traditionnelles dans ce secteur. Il cite, entre autres, l'exemple de la politique d'accès universel du téléphone qui a permis de raccorder presque 99 % des foyers canadiens au réseau téléphonique. Ce n'est pas la volonté des entreprises qui a permis de raccorder les régions éloignées au réseau mais c'est l'État. Aujourd'hui, le gouvernement ne peut plus offrir un monopole aux entreprises de télécommunications en contrepartie de l'obligation d'une universalité des accès.

Enfin, Mosco (1994) estime que quel que soit le type de réglementation qui verra le jour, l'individu doit demeurer le centre des préoccupations. Pour ce faire, il serait utile de présenter des recommandations pour la protection d'un « espace public électronique ». Ces recommandations devraient inclure les principes d'universalité, de diversité, d'accessibilité, de participation, d'équité et de choix. Ces principes sont certes plus faciles à saisir dans l'abstrait que d'en spécifier les modalités dans la pratique, mais les références à ces valeurs demeurent essentielles pour le développement d'un projet d'une telle envergure.

2.6 CONCLUSION

Nous avons examiné, dans ce chapitre, les principaux enjeux sociaux et politiques liés à l'usage de la communication informatisée à travers les réseaux de communication. Nous avons vu que les réseaux offrent un espace social véhiculant d'énormes potentialités en matière de liberté communicationnelle sur le plan du travail, de l'éducation et de la sociabilisation. Cependant, cet espace social ne garantit pas pour autant une communication démocratique. Le réseau peut devenir, par exemple dans un contexte organisationnel en crise, un lieu de haute surveillance! Dans la même optique, la prolifération de la communication informatisée favorisera-t-elle une plus grande centralisation ou, au contraire, une décentralisation qui stimulera un nouveau type de développement social, une « société communautaire »? L'accessibilité aux réseaux sera-t-elle universelle ou sera-t-elle destinée à une élite bien ciblée?

Dans la deuxième section du chapitre, nous avons porté notre attention sur la problématique de la sécurité des réseaux. La société exerce un contrôle social sur ses citoyens afin de traquer les manipulateurs et autres contrevenants à la loi, car ils constituent une menace à l'ordre social. Toutefois, il est légitime de revendiquer un droit à la discrétion et même à l'anonymat dans les communications informatisées. Le débat reste ouvert quant à savoir où trouver un juste et équitable milieu entre le contrôle social et le droit à la vie privée. Ce débat se prolonge aussi en ce qui a trait aux pratiques abusives potentielles qu'une société peut se permettre à l'égard des fichiers électroniques. Il existe des centaines de fichiers informatisés sur chaque citoyen et il est légitime de s'enquérir des garanties que l'État et les grandes entreprises proposent à cet effet. L'État dispose d'un puissant outil de contrôle social et il existe certaines pratiques douteuses impliquant la discrimination notamment en ce qui concerne la gestion par profil. Il est problématique de réduire un citoyen simplement à son appartenance à des catégories statistiques, il le sera encore plus quand toutes ces informations pourront circuler sur l'autoroute électronique.

Ces problèmes posent des questions juridiques nombreuses et précises dans divers domaines de la société. Nous traiterons de ces questions légales dans les deux prochains chapitres.

ASPECTS JURIDIQUES DE LA COMMUNICATION INFORMATISÉE : VIE SOCIALE

Par René LAPERRIÈRE
Groupe de recherche informatique et droit
Université du Québec à Montréal

3.1 **INTRODUCTION**

Comme nous l'avons vu, un domaine de la vie sociale qui suscite de nos jours des inquiétudes grandissantes dans les communications informatisées est celui de la protection de la vie privée, et particulièrement des renseignements personnels qui transitent par ces communications. Dès 1890, S. Warren et L. Brandeis, deux célèbres juristes américains, avaient défini la *privacy* comme étant « le droit d'être laissé seul » ou en paix[1]. Dans un monde en croissante interaction, elle porte désormais sur l'autonomie qu'une personne (et même par extension un groupe) est en droit d'assumer dans les choix concernant sa vie personnelle, celle de sa famille et ses rapports avec autrui[2].

La rapide croissance des communications informatisées, les prouesses techniques qu'on nous vante tous les jours et la fréquence de plus en plus élevée d'occasions où les citoyens sont à même de constater que leur nom et les renseignements les concernant ont circulé et ont été utilisés à leur insu et hors de leur contrôle, nous ont habitués à penser que nous n'avons plus de vie privée, d'intimité, que tout le monde peut à peu près tout savoir sur nous.

Des sondages récents[3] (Rule, 1980; Rubin et Dervin, 1989; Westin, 1993) ont d'ailleurs confirmé l'inquiétude grandissante du public face à ces phénomènes et aux atteintes à la vie

---

1. S. Warren et L. Brandeis, « The Right to Privacy », *Harvard Law Review*, n° 4, 1890, p. 193.

2. Voir le mot *privacy* dans : *Black's Law Dictionary*, 5ᵉ éd., 1979, p. 1075-1076. Aussi, dans la tradition européenne francophone, on peut citer deux ouvrages récents et importants : F. Rigaux, *La protection de la vie privée et des autres biens de la personnalité*, Bruxelles, Bruylant, et Paris, Librairie générale de droit et de jurisprudence, 1990, 849 p.; P. Kayser, *La protection de la vie privée*, Paris, Economica et Presses universitaires d'Aix-Marseille, 2ᵉ éd., 1990, 457 p.

3. Le plus fréquemment cité est celui de Louis Harris & Associates Inc. et Alan F. Westin, *The dimensions of Privacy. A National Opinion Research Survey of Attitudes Toward Privacy*, New York, Garland, 1981, 104 p. M. Westin a aussi effectué en 1993 un sondage pour le compte de la compagnie Équifax Canada Inc., cité par cette entreprise à l'appui de son mémoire devant la Commission de la culture de l'Assemblée nationale du Québec, le 2 mars 1993 (Journal des débats, Commission de la culture, CC-508), Ekos, et Équifax.

privée qui l'accompagnent. Pas une semaine ne se passe sans que des journaux décrivent les abus de communications informatisées et proposent des analyses tentant de saisir les phénomènes de la surveillance des personnes à travers la manipulation de l'information personnelle[4]. Des penseurs se joignent à eux pour pousser l'analyse et publier des ouvrages décrivant les résultats de leurs enquêtes, l'état de leurs réflexions et leurs tentatives de rattacher ce phénomène à l'évolution globale de notre société (Vitalis, 1988; Flaherty, 1989; Wilson, 1988).

Poussés par l'opinion publique et par les groupes de défense et de promotion des droits, particulièrement ceux des consommateurs, les législateurs ont emboîté le pas et adopté des lois de protection des renseignements personnels s'étendant graduellement aux activités impliquant des communications informatisées. Bref, la question préoccupe tant de monde qu'elle est devenue une question sociale importante et contemporaine (Laperrière et Patenaude, 1994). Après avoir positionné les problèmes sociaux qui découlent des communications informatisées, nous examinerons les législations qui ont été adoptées pour les résoudre, et terminerons en évoquant les grandes tendances et enjeux qui se dégagent de cette situation si difficile à contrôler.

3.2 LES ATTEINTES À LA VIE PRIVÉE PAR LES COMMUNICATIONS INFORMATISÉES

Les communications informatisées s'effectuent à partir d'ensembles de données qui ont été recueillies soit auprès de la personne concernée, soit auprès de tiers par des moyens qui impliquent souvent eux-mêmes des communications informatisées : l'ensemble de ces collectes constituent une accumulation phénoménale de renseignements sur

4. À cet égard, lire les révélations d'un journaliste de *Business Week*, Jeffrey Rothfeder, publiées sous forme d'ouvrage dans *Privacy for Sale*, Simon & Schuster, 1992. Au Québec, pour un portrait saisissant de la surveillance étatique au moyen de l'informatique au Québec, voir la série d'articles de Michel Venne, « L'État sait tout », *Le Devoir*, 8-12 février 1993.

les personnes. Ces renseignements sont ensuite rendus disponibles par divers moyens de divulgation, notamment l'accès direct et la transmission électronique. Parmi les problèmes délicats que posent ces communications se trouvent le maintien de la qualité des données et celui de la confidentialité grâce aux mesures de sécurité portant à la fois sur les données et sur les communications elles-mêmes.

3.2.1 **Accumulation et conservation des renseignements**

Pour qu'un renseignement fasse l'objet d'une communication informatisée, il faut qu'il ait été enregistré, généralement dans une banque de données. Celle-ci aura été constituée soit par un organisme public, soit par une entreprise privée, une association ou une coopérative, dans un but déterminé, dont le plus fréquent est de donner du service à la clientèle ou de permettre aux bénéficiaires de programmes étatiques de toucher leurs prestations ou de recevoir des services. Un problème important se posera lorsque les renseignements donnés à l'entreprise ou à l'organisme seront utilisés à des fins étrangères à celles pour lesquelles ils avaient été donnés en premier lieu par la personne concernée : il s'agit alors d'usages secondaires incompatibles, qui sont encouragés par la facilité avec laquelle les informations peuvent maintenant être traitées et communiquées par les ordinateurs et les télécommunications. Les détenteurs de banques de données sont ainsi constamment sollicités ou tentés de développer des usages nouveaux et imprévus lors de la cueillette des renseignements, et particulièrement de les vendre à autrui, sans que la personne concernée puisse d'aucune façon contrôler l'usage des renseignements qu'elle avait divulgués.

C'est la raison pour laquelle la source de la collecte des renseignements personnels est si importante. En principe, il faudrait que ces renseignements proviennent de la personne concernée : c'est ce qui arrive lorsqu'une personne sollicite un prêt, une prestation, un service. Mais souvent les détenteurs de banques de données obtiennent les informations personnelles de tiers, que ce soit des employeurs ou d'autres personnes ayant directement affaire à la personne concernée, ou que ce soit de tiers complètement étrangers à la personne, qui n'ont avec elle aucun rapport de parenté, d'emploi, d'appartenance ou de clientèle. Le meilleur et le plus important exemple en est le bureau de crédit, qui accumule de l'information secondaire de diverses sources, comme les banques, les compagnies de prêt, les palais de justice, ou son propre service de recouvrement de créance, et qui traite et revend cette information à ses membres ou à autrui sans avoir jamais eu de contact direct avec les personnes ainsi fichées.

Plus la source de la collecte est éloignée de l'individu concerné, plus il faut s'inquiéter de la qualité des renseignements ainsi accumulés, qui peuvent se retrouver avec des erreurs importantes, des inexactitudes, des insuffisances (puisqu'il faut simplifier pour ne retenir que les caractéristiques qui intéressent les décideurs). Les dossiers peuvent ne pas avoir été mis à jour, ou être incomplets. Il peuvent contenir trop d'informations dépourvues de pertinence par rapport à l'objet pour lequel ils ont été constitués. Cette information peut aussi être périmée par rapport à l'objet en question, mais avoir été indûment conservée au cas où elle pourrait servir encore ou être vendue à autrui. On comprendra que si l'individu concerné n'est même pas au courant de l'existence d'un dossier à son sujet, il ne puisse exercer quel que contrôle que ce soit sur la qualité des renseignements détenus sur son compte.

Les moyens de collecter l'information qui figurera au dossier peuvent aussi prêter flanc à la critique : ce sont souvent eux qui constituent les atteintes les plus graves à la vie privée. Dans certaines circonstances, on aura extorqué un consentement à la personne pour la forcer à révéler des informations sensibles à son sujet, sur ses caractéristiques personnelles, comme sa race, sa religion, ses appartenances, ses opinions, son état de santé, ses ressources financières, son passé, etc. Quelquefois on usera de séduction pour inciter la personne à révéler des renseignements sur elle-même en échange d'un service, comme le remplacement de ses cartes de crédit et pièces d'identité en cas de vol. Ailleurs, on lui demandera de se prêter à des tests, comme celui des détecteurs de mensonges, dont la scientificité est encore sérieusement mise en doute (Patenaude, 1990), ou à des tests génétiques, des analyses d'urine ou narco-analyses pour découvrir des drogues dans son système, ou même à l'hypnose. On la soumettra à l'espionnage électronique ou on lui imposera le port d'une carte ou d'un bracelet électronique repérant ses déplacements.

La plupart de ces moyens restent incontrôlés alors que la description qu'ils aident à construire de la personne concernée pourra être enregistrée avec ses degrés d'imprécision, d'erreur et parfois de biais. Quant à la durée de conservation de ces renseignements, elle dépasse souvent celle de la réalisation de l'objet immédiat de leur collecte, car ils pourraient un jour servir encore peut-être à d'autres fins, notamment commerciales. Toute cette information est souvent traitée à l'aide de techniques de statistique et de modélisation, pour établir des profils dans lesquels on classera les individus : elles serviront à constituer un « double informatique » de la personne, qui circulera largement et servira à prendre des décisions sur celle-ci, parfois de façon automatisée.

3.2.2 Divulgation et disponibilité des renseignements

Les renseignements accumulés ne servent pas qu'à la prise de décision immédiate au sujet de la personne concernée : ils peuvent aussi bien faire l'objet de consultations diverses et de communications de toutes sortes. Dans bien des cas, les entreprises et organismes détenant les renseignements préviennent la personne des divulgations qu'elles veulent en faire et requièrent son consentement. Mais bien souvent aussi, la personne est tenue dans l'ignorance des individus qui, à l'intérieur comme à l'extérieur de l'entreprise ou de l'organisme, auront accès à son dossier, particulièrement lorsque celui-ci est informatisé.

L'informatique et les télécommunications ont rendu infiniment plus facile la divulgation, autorisée ou non, des renseignements personnels. Ceci pose à la fois un problème de sécurité et un problème de légitimité. La forme volatile des renseignements informatisés et leur facilité de consultation par la micro-informatique appellent des mesures de sécurité non seulement physique (protection matérielle des installations contre l'incendie, l'inondation, le vol) et logiques (enregistrement de copies de sauvegarde, codes d'accès, protection des logiciels, protection contre les interceptions de l'extérieur) mais aussi organisationnelles (structuration de l'information en fonction des autorisations de consultation).

Évidemment, ce sont les mesures organisationnelles qui sont les plus délicates à implanter et les plus susceptibles d'être violées, étant donné que l'information personnelle suscite bien des convoitises. La journalisation, ou inscription systématique au dossier de toutes les consultations et interventions, permet de pallier en partie ce problème; mais on remarque une résistance dans bien des milieux à l'installer dans les systèmes. Dans l'état actuel du développement de l'informatique et des communications, on ne peut garantir l'étanchéité des mesures de sécurité; par ailleurs, malgré l'existence de telles mesures raisonnablement implantées, on doit encore constater que des fuites restent possibles en raison de l'insouciance dans la mise en œuvre de ces mesures ou de la malveillance de certaines personnes chargées de leur application.

Quant aux communications informatisées de renseignements personnels, elles peuvent prendre plusieurs formes : ou bien une entreprise ou un organisme public transmet des renseignements à l'extérieur, soit sur une bande magnétique ou une disquette, soit directement en ligne depuis le développement des technologies de communication informatisée. Ou bien, elle donne directement accès à sa banque de données à des organisations tierces : cette possibilité est facilitée par la mise en réseaux de banques de données, permettant à plusieurs organisations d'aller puiser dans les banques des autres sur une base de réciprocité. Les projets d'autoroute électronique, dont nous avons parlé dans le chapitre précédent, constituent non seulement des exploits techniques, mais ont précisément pour but de permettre la libre circulation de volumes gigantesques de données, dont particulièrement des renseignements personnels.

Quelques aspects particuliers méritent d'être signalés. Souvent, les communications dont on doit s'inquiéter s'effectuent au sein d'une même entreprise. Par exemple, des employés particulièrement sujets à l'absentéisme sont incités à s'inscrire à des programmes de désintoxication conçus pour les aider : si ce fait est connu d'autres services, il pourrait mener à de la discrimination envers ces employés, à une surveillance accrue et en bout de ligne à des mesures disciplinaires. Les employés d'un hôpital qui se font soigner à l'urgence du même hôpital devraient pouvoir compter sur une étanchéité des renseignements de bénéficiaire des services qui ne devraient pas se retrouver dans leur dossier du personnel. Le même principe d'étanchéité devrait s'appliquer aux fusions d'administrations ou d'entreprises, qui ne devraient pas automatiquement entraîner la fusion de fichiers qui peuvent avoir été constitués à des fins complètement étrangères. Le décloisonnement récent des institutions financières a entraîné de tels problèmes et s'est souvent résolu par une gestion à l'interne des conflits interdépartementaux et l'adoption de principes éthiques de gestion de l'information.

Autre problème d'importance internationale celui-là : le développement spectaculaire de flux transfrontières de renseignements personnels. Les grandes entreprises bancaires et de cartes de crédit, de même que les transporteurs aériens et les agences de voyage, ont un besoin vital de faire circuler les renseignements personnels sur leurs clients d'un pays à l'autre, dans des conditions sécuritaires, efficaces et rapides. D'autres ont vite emboîté le pas, depuis la police (Interpol) jusqu'aux compagnies d'assurance de personnes qui font systématiquement traiter leurs dossiers aux États-Unis, et aux bureaux de crédit qui étendent leur réseau partout sur notre continent. Une enquête du Groupe de recherche informatique et droit (GRID) (Laperrière et al., 1991, 1992)[5] a

---

5. Pour une étude détaillée des flux transfrontières de renseignements personnels sur les Canadiens, consulter : R. Laperrière, R. Côté, G. A. LeBel, P. Roy et K. Benyekhlef, *Vie privée sans frontières : Les flux transfrontières de renseignements personnels en provenance du Canada*, ministère de la Justice du Canada, 1991, 357 p. Sur les aspects juridiques de ces flux, voir : R. Laperrière, R. Côté, G. A. LeBel, « The Transborder Flow of Personal Data from Canada : International and Comparative Law Issues », *Jurimetrics Journal of Law, Science and Technology*, vol. 32, 1992, p. 547-569.

démontré que le secteur privé usait davantage de flux trans-frontières que le secteur public, que toutes sortes de données faisaient l'objet de ces échanges, même parmi les plus sensibles, qu'on y confondait souvent les finalités en faisant servir les renseignements personnels à des fins de marketing et de surveillance, et que peu de garanties de protection étaient données de part et d'autre lors de ces échanges.

Les exportations de renseignements vers des tiers pays qui les traitent à moindre coût, soit en raison de leur avance technologique comme les États-Unis, soit en raison de leur faible coût de main-d'œuvre comme les pays asiatiques, provoquent des réactions de défense de l'industrie locale; la constitution de paradis de données où ne s'applique aucun contrôle des usages et des communications des renseignements personnels entraîne des ripostes des organismes de surveillance des pays possédant des législations restrictives; et la possession par des entreprises et parfois des agences gouvernementales étrangères de quantités énormes de renseignements sur les citoyens d'un pays pose un grave problème de souveraineté nationale, puisque de nos jours l'exercice efficace du pouvoir passe de plus en plus par la détention d'une information adéquate, complète et bien traitée.

Le développement des communications informatisées a donné lieu à l'expansion rapide d'une véritable industrie du renseignement, comprenant toutes sortes d'intermédiaires : bureaux de crédit, sociétés de placements, courtiers et conseillers en valeurs et planificateurs financiers, experts en études de marché, experts en sinistres, agents courtiers et intermédiaires de marché en assurances, bureaux de renseignements médicaux, enquêteurs privés, fournisseurs de répertoires d'adresses, de systèmes de télésurveillance, agences de recouvrement, agences de placement de personnel, associations de propriétaires de logements et courtiers en information de toute sorte. Le marketing en particulier ne veut pas connaître de frontières et considère toutes les accumulations de renseignements, dans le privé comme dans le public, comme autant de mines à exploiter pour en tirer un maximum de plus-value liée à l'augmentation de la valeur marchande de l'information.

Ce développement a aussi entraîné des échanges en tous sens entre entreprises privées, entre organismes publics, et entre secteurs public et privé. Par exemple, les gouvernements comptent sur les agences de recouvrement et les bureaux de crédit (souvent propriétés d'une même entreprise, comme c'est le cas chez Équifax Canada Inc., qui possède des dossiers sur 15 millions de Canadiens en plus d'être une des trois entreprises du genre les plus puissantes aux États-Unis) pour leur fournir l'information relative à leurs débiteurs : en échange, ils doivent fournir à ces entrepreneurs une foule de renseignements pertinents à leurs enquêtes, et on leur confie souvent le recouvrement de leurs créances, quand ce n'est pas carrément la gestion de leurs données (par exemple, Équifax gère le service informatisé sur l'expérience en conduite automobile des assurés pour le compte du gouvernement du Québec). Cette interpénétration des renseignements recueillis à des fins très différentes selon qu'il s'agit de fonctions publiques de police, de santé, de gestion de bénéfices sociaux d'une part, et de fonctions privées liées à la maximisation du profit d'autre part, ne peut avoir pour effet qu'une confusion rendant encore plus complexe le contrôle du phénomène des échanges de renseignements.

En effet, le grand problème de tous ces développements de communications informatisées, c'est qu'elles risquent d'échapper complètement au contrôle que les individus concernés devraient exercer sur elles. Les communications appartiennent en quelque sorte aux opérations d'une entreprise, d'une association ou d'un organisme public, à leurs objectifs et leurs modes de gestion. Comment alors, pour le simple citoyen, intervenir efficacement pour empêcher ces organisations d'abuser des renseignements le concernant? En l'absence de toute législation, ou en complémentarité, certaines entreprises et associations, ainsi que certains organismes, ont adopté des règles internes, appelées codes d'éthique commerciale ou codes de conduite, dans le but d'établir des normes pour guider leur personnel et rassurer leur clientèle; mais ces règles sont d'application interne et volontaire, et ne donnent aux personnes concernées que le poids spécifique qu'elles représentent comme clientes de l'organisation, en leur demandant de faire confiance à la direction en cas de conflit.

Une autre mesure allant dans le même sens consiste à requérir le consentement des personnes pour que les renseignements recueillis soient communiqués à des tiers, et pour que l'entreprise ou l'organisme recueille lui-même auprès de tiers les renseignements requis pour offrir le service demandé : c'est ainsi que pratiquement tous les formulaires de demande de carte de crédit, d'assurance ou d'emploi comportent de telles clauses. Le problème fondamental de ces consentements, c'est que dans la plupart des cas la personne qui les donne n'a pas vraiment le choix de les refuser si elle veut maximiser ses chances d'obtenir le service ou la prestation demandée; dans les cas où elle pourrait effectivement exercer un tel choix, il n'est pas sûr qu'elle serait alors adéquatement informée de cette possibilité.

Faute de pouvoir supprimer carrément les banques de données et les communications informatisées, ce qui supprimerait du même coup les services qu'elles supportent, on aurait pu développer des mesures techniques d'anonymat des transactions, par des cartes prépayées ou des encodages, pour enrayer le mal à sa source en limitant la création même de renseignements personnels. Mais personne en Amérique du Nord n'a voulu suivre l'exemple européen en la matière. Ne pouvant compter sur l'autodiscipline des utilisateurs pour empêcher les abus et établir des mesures sécuritaires de gestion saine et transparente de ces informations et opérations très sensibles, les personnes et organisations préoccupées de la protection des renseignements personnels ont effectué ou réclamé des enquêtes[6] qui ont entraîné à plus ou moins long terme l'adoption de législations (Simitis, 1987) que nous allons maintenant examiner.

---

6. Les grandes enquêtes qui ont préparé la voie à l'adoption des lois canadiennes et québécoises sont : Canada, ministère des Communications et ministère de la Justice, Groupe d'étude sur l'ordinateur et la vie privée, *L'ordinateur et la vie privée*, Ottawa, Information Canada, 1972; Québec, Commission d'étude sur l'accès du citoyen à l'information gouvernementale et sur la protection des renseignements personnels, *Information et liberté : Rapport de la Commission*, 1981. Aux États-Unis, signalons une vaste étude contemporaine de l'adoption du *Privacy Act of 1974*, 5 U.S.C. 552a : United States Congress, Privacy Protection Study Commission, *Personal Privacy in an Information Society : Report of the Commission*, Washington, US Gov. Printing Office, 1977, 654 p.

3.3 LE TRAITEMENT JURIDIQUE DE CES PROBLÈMES

Le droit est souvent décrit comme un ensemble de normes formant un contrat social, comme s'il était le résultat d'une transaction entre groupes. Nous préférons le considérer à la fois comme instrument et comme enjeu de pouvoir. L'intervention de l'État et du système juridique dans le domaine des communications informatisées peut s'expliquer de multiples façons, aussi bien par des considérations électoralistes que par le désir des gouvernements de contrôler les flux économiques reposant sur des données dont ils ont grand besoin pour assurer leur gestion, et qu'ils produisent aussi en grande quantité avec le désir de leur assurer le plus grand nombre possible de fonctions, sinon la plus grande rentabilité.

Évidemment, les interventions législatives spécifiques se surimposent à un cadre juridique préétabli, de droit commun, préoccupé principalement de protection de la propriété privée; et les renseignements personnels sont loin d'être considérés comme la propriété de la personne concernée. Tout au contraire, ayant été recueillis par l'entreprise ou l'organisme et étant en leur possession, ils font partie de la propriété de ces derniers. Mais les renseignements personnels sont aussi assujettis aux énoncés de droits fondamentaux pertinents, que l'on trouve dans les Chartes et au Code civil, et ils peuvent faire l'objet de dispositions spécifiques dans des lois touchant certains secteurs d'activité publique ou privée.

3.3.1 La Loi québécoise sur l'accès aux documents des organismes publics et sur la protection des renseignements personnels

Adoptée en 1982, la Loi québécoise sur l'accès aux documents des organismes publics et sur la protection des renseignements personnels réunit en un même instrument à la fois les règles sur la protection des renseignements personnels et celles qui touchent l'accès à l'information. Avant de passer à l'examen des règles relatives à la communication des données, il faut expliquer la structure et les grandes lignes de cette loi.

Après un premier chapitre (les parties d'une loi sont appelées « chapitres » en termes juridiques; il ne faut donc pas confondre avec les chapitres de cet ouvrage) consacré à en définir le champ d'application (les organismes publics seulement) et l'interprétation, le deuxième chapitre établit le principe de l'accès aux documents de ces organismes publics : le droit d'accès de toute personne (section I) est assorti de nombreuses restrictions (section II) protégeant de l'accès un très grand nombre de documents, qui peuvent contenir des renseignements personnels qui deviennent alors inaccessibles à la personne qu'ils concernent : nous y reviendrons. Ce chapitre est complété par des règles fixant la procédure d'accès.

Le troisième chapitre porte sur la protection des renseignements personnels : c'est celui qui nous intéresse le plus. À peine énoncé cependant, le principe de la confidentialité des renseignements personnels souffre de nombreuses exceptions, réparties un peu partout dans la loi et que nous analyserons en détail. La première section du troisième chapitre pose le principe du caractère confidentiel des renseignements nominatifs, définis comme « les renseignements qui concernent une personne physique et permettent de l'identifier » (art. 54). Certains renseignements possèdent un caractère public, de sorte qu'ils ne peuvent être protégés par la confidentialité. Ainsi, les articles 55 et 57 visent en particulier certains renseignements concernant les membres des organismes publics ou de leur personnel, les personnes bénéficiant d'un avantage économique conféré par un tel organisme et les détenteurs de permis. D'autres renseignements liés à l'administration de la justice sont exclus de l'application de la loi, puisqu'ils répondent à un régime de publicité différent dicté par d'autres lois (le Code civil et le Code de procédure civile). L'article 2 de la loi indique que les registres de l'état civil et des droits personnels et réels mobiliers échappent à l'application de la loi; les renseignements judiciaires y échappent aussi parce que les tribunaux ne sont pas couverts par la définition d'organisme public.

La deuxième section de ce chapitre établit des normes relatives à la collecte, à la conservation et à l'utilisation des renseignements nominatifs. En principe, seuls les renseignements nominatifs nécessaires à l'exercice des attributions de l'organisme ou à la mise en œuvre d'un programme dont il a la gestion peuvent être recueillis, en informant dûment la personne de ses droits, ou en avisant la Commission d'accès à l'information s'ils sont recueillis auprès d'une entreprise privée. Cependant, une série d'exceptions permet la communication de renseignements nominatifs sans le consentement de la personne concernée, et bien souvent à son insu. La troisième section définit des règles d'établissement et de gestion des fichiers, qui doivent comprendre tous les renseignements personnels recueillis par l'organisme, garder ces renseignements à jour, exacts et complets pour servir aux fins pour lesquelles ils sont recueillis et pour une durée limitée à l'accomplissement de leur objet. Le gouvernement peut autoriser par décret l'établissement de fichiers confidentiels, à usage policier, qui deviennent inconsultables.

La personne concernée par un renseignement nominatif possède, en vertu de la section IV du troisième chapitre, un droit d'accès gratuit aux renseignements la concernant; mais ce droit est aussitôt limité par une série de restrictions qui s'ajoutent aux restrictions générales à l'accès énoncées à la section II du chapitre II (ci-dessus). Comme on le constate, cela commence à être fort complexe, et l'information publique semble bien protégée contre la curiosité du public et des personnes concernées. La loi prévoit aussi un droit de rectification et des dispositions procédurales pour l'exercice du droit d'accès et de rectification.

La mise en œuvre de la loi est confiée à une Commission d'accès à l'information, dont le chapitre IV prévoit la constitution et l'organisation. La CAI, qui relève à la fois de l'Assemblée nationale et d'un ministre[7], exerce de multiples

---

7. Le président et les membres de la CAI sont nommés sur proposition du Premier ministre par l'Assemblée nationale, qui fixe aussi leur rémunération et qui reçoit ses rapports annuels et quinquennaux. Le ministre des Communications veillait à l'administration courante de la CAI jusqu'en décembre 1993, alors que le nouveau gouvernement a placé cette fonction sous la responsabilité du ministre de la Justice.

fonctions[8] : adjudication des demandes de révision, surveillance et enquête, avis et conseils au gouvernement et aux organismes. Elle possède des pouvoirs d'ordonnance pour prescrire les conditions de gestion des fichiers et de mise en œuvre des normes législatives et peut accorder des autorisations de recevoir communication de renseignements personnels à des fins d'étude, de recherche ou de statistique.

Outre le recours en révision des décisions d'organismes publics refusant l'accès ou la rectification, en vertu duquel la CAI peut émettre des décisions exécutoires comme des jugements de cour, et appelables sur des questions de droit ou de compétence devant la Cour du Québec, la loi prévoit des sanctions, des recours en dommages devant la Cour supérieure et des dispositions édictant la prépondérance de cette loi sur toutes les lois du Québec, sauf dispositions plus favorables d'autres lois et sauf exception expressément énoncée dans une autre loi.

Qu'en est-il plus particulièrement de la communication informatisée de renseignements personnels dans cet ensemble de dispositions? Le grand principe à retenir, c'est que les renseignements nominatifs détenus par un organisme public sont confidentiels et ne peuvent être communiqués à quiconque, sauf avec le consentement de l'intéressé ou avec l'autorisation de la loi. Déjà la question du consentement pose problème, parce qu'aucune disposition dans la loi ne vient le qualifier. On présume que toute personne peut consentir librement, sans tenir compte des contraintes, surtout économiques, qui peuvent affecter un tel consentement lorsque la personne qui a un besoin essentiel de biens, de services ou d'emploi n'a pas

---

8. Cette multiplicité de mandats avait été critiquée dès 1991 par le GRID dans : R. Laperrière, *La protection juridique des renseignements personnels dans le secteur privé québécois*, mémoire présenté à la Commission des institutions de l'Assemblée nationale, le 13 novembre 1991. L'argument a été repris dans une contestation que Hydro-Québec a lancée en Cour supérieure contre une ordonnance de la Commission d'accès à l'information, la société d'État soutenant que ces multiples mandats contreviennent à la Charte des droits et libertés de la personne : voir M. Venne, « Hydro-Québec attaque en cour le chien de garde de la vie privée », *Le Devoir*, 22 septembre 1993.

vraiment le choix de refuser de donner des renseignements et de consentir à leur communication. La loi aurait pu prévoir au moins des dispositions générales indiquant la qualité requise des consentements, comme on l'a fait pour le secteur privé; elle aurait aussi pu prescrire les circonstances précises où un consentement n'est pas valide parce que présumé donné sous pression (comme on a pris la peine de le faire dans la Loi sur la protection du consommateur).

Signalons ici qu'en matière de divulgation à l'intérieur de l'organisme public, quel qu'en soit le nombre de bureaux, quelles que soient les réorganisations administratives fusionnant les fichiers, aucune disposition de la loi ne vient les limiter, sauf l'article 62 qui prescrit que seules les personnes qui ont qualité pour recevoir un renseignement nominatif au sein d'un organisme peuvent y avoir accès. L'article 76 oblige les organismes publics à faire à la CAI une déclaration mentionnant notamment les catégories de personnes qui auront accès au fichier et les mesures de sécurité prises pour assurer le caractère confidentiel des renseignements nominatifs. Il existait deux articles prévoyant la journalisation des accès, par laquelle toute consultation des dossiers devait être enregistrée[9], mais ces articles ont été abrogés en 1990.

En ce qui concerne les exceptions permettant aux organismes publics de communiquer des renseignements personnels sans le consentement des personnes concernées, elles sont nombreuses. L'article 59 en énumère déjà un bon nombre : les renseignements personnels peuvent être communiqués sans restriction au procureur de l'organisme ou au Procureur général dans le cadre d'une poursuite pénale ou d'une procédure judiciaire, à la police, dans une situation d'urgence, dans le cadre de recherches autorisées par la CAI, à une personne impliquée dans un événement ayant fait l'objet d'un rapport de police, sous réserve de la protection des témoins, des

---

9. Dans son Rapport de 1990-1991, la CAI fait état d'une enquête menée auprès de la CSST, dont le fichier est accessible à 2 000 personnes et dont des renseignements ont été transmis à un éventuel employeur. Elle déplore l'absence de journalisation. La Commission donne un délai de 5 ans à la CSST pour sécuriser son système informatique. Voir aussi le Rapport annuel 1989-1990, p. 36-37.

dénonciateurs et de la santé et sécurité des personnes impliquées. Ces communications doivent répondre aux prescriptions de l'article 60, concernant notamment la vérification de la finalité pour laquelle le renseignement est requis et l'obligation pour l'organisme d'enregistrer la demande de communication. De plus, les corps de police peuvent se communiquer des renseignements personnels entre eux, sans aucune restriction ni obligation.

Une autre série d'exceptions permet aux organismes publics de communiquer des renseignements personnels sans le consentement des personnes concernées : lorsque la communication est nécessaire à l'application d'une loi au Québec, à l'application d'une convention collective ou autre document au même effet, à l'exercice d'un mandat confié par l'organisme, à l'exercice des attributions de l'organisme receveur ou à la mise en œuvre d'un programme géré par cet organisme, ainsi que dans des circonstances exceptionnelles. De plus, les comparaisons, couplages ou appariements de fichiers peuvent justifier des communications de renseignements sans consentement, lorsqu'elles sont nécessaires à l'application d'une loi. Les communications sous certains articles doivent être inscrites dans un registre[10] qui peut être consulté par le public, alors que les autres communications en vertu d'autres articles doivent s'effectuer dans le cadre d'une entente écrite mentionnant les moyens mis en œuvre pour assurer la confidentialité et soumise à la CAI pour approbation, sauf pour le gouvernement qui peut passer outre.

Ces dernières dispositions peuvent sembler établir des formalités empêchant les abus de communications; mais il faut bien voir qu'elles sont tout de même formulées en termes très généraux. Le critère de nécessité en particulier, qui est central dans plusieurs dispositions, peut être interprété restrictivement, comme le voudrait la CAI, ou plus largement comme ce semble être la pratique d'une foule d'organismes et de certains

---

10. Dans son Rapport de 1989-1990, au titre de la vérification et de la recherche appliquée, la CAI soupçonne que plus de la moitié des organismes n'ont pas de registre, contrairement à l'art. 67.3 de la loi.

juges de la Cour du Québec[11], pour lesquels l'utile se confond avec le nécessaire et pour lesquels il est difficile de concevoir ce qui, dans les activités d'un organisme public, échapperait à la finalité de l'application de la loi ou de la mise en œuvre d'un programme. De plus, un organisme qui veut échapper aux formalités requises pour effectuer des couplages ou appariements de fichiers peut soit procéder par vérification épisodique dossier par dossier en consultant les fichiers d'un autre organisme public, soit tout simplement invoquer l'article 67 formulé en termes si larges (la communication doit être « nécessaire à l'application d'une loi au Québec ») qu'une interprétation la moindrement complaisante lui permettrait de justifier pratiquement n'importe quelle communication informatisée de renseignements personnels.

Signalons en outre que dans les cas où les communications de renseignements sont permises à un organisme, ces communications sont discrétionnaires et elles ne peuvent en principe être faites qu'à la condition que le renseignement requis soit « nécessaire » à l'exercice des attributions de l'organisme receveur ou à la mise en œuvre d'un programme dont il a la gestion. Mais il n'existe ici aucun moyen de vérifier la nécessité, sauf à la suite d'une enquête de la part de la CAI. Dans son Rapport annuel de 1989-1990, en donnant un avis sur un projet d'entente de communication de renseignements personnels entre le ministère de la Main-d'œuvre, de la Sécurité du revenu et de la Formation professionnelle et le bureau de crédit Acrofax (ancêtre d'Équifax Canada), la Commission se dit consciente qu'elle ne peut interdire la collecte systématique de renseignements auprès de tiers. Mais ne peut-elle pas en vérifier la nécessité?

On aurait pu croire qu'avec l'encadrement juridique mis en place par la Loi sur l'accès, on arriverait à contrôler l'accumulation des renseignements personnels et leur diffusion. Ce

---

11. À titre d'exemple, voir *Bellerose c. Université de Montréal*, [1988] C.A.I. 377, où la Cour confirme la décision de la CAI statuant que l'organisme est autorisé à recueillir le numéro de téléphone personnel et confidentiel de certains de ses employés : ce renseignement n'est pas indispensable mais « plus qu'utile ».

n'est pas le cas. Les interprétations judiciaires et quasi-judiciaires du concept de nécessité ne sont pas suffisamment rigoureuses. Aucun règlement précis n'établit ce qui devrait et ce qui ne devrait pas être colligé et transmis comme renseignement. Il n'y a même pas dans la loi une disposition particulière visant les renseignements sensibles ayant trait aux motifs de discrimination énoncés à l'article 10 de la Charte des droits et libertés. En conséquence, il est de notoriété publique que personne ne peut plus contrôler les communications de renseignements personnels effectuées par les quelque 3 600 organismes publics du Québec, ou même en établir la cartographie. De toute façon, les projets d'autoroute électronique ne prévoient ni garde-fous ni feux de circulation.

Faute de pouvoir compter clairement sur la CAI pour restreindre et surveiller efficacement les communications informatisées de renseignements personnels, le citoyen ordinaire dispose-t-il de recours? Les multiples mandats de la CAI peuvent la « neutraliser » lorsqu'ils entrent en conflit. Par exemple, comment la Commission peut-elle juger impartialement lorsque dans un dossier elle a déjà conseillé l'organisme public dans un sens? Comment la CAI peut-elle prendre fait et cause pour la protection des renseignements personnels et des droits fondamentaux des individus face à l'État lorsqu'elle est appelée à trancher quasi-judiciairement entre les citoyens et les organismes publics? Ces contradictions avaient été relevées et résolues lors de la création du Tribunal des droits de la personne, constituant une instance judiciaire spécialisée distincte de la Commission des droits de la personne et renforçant le rôle de défense et de promotion des droits dévolu à la Commission, qui d'ailleurs n'avait jamais exercé de pouvoirs quasi-judiciaires, mais dont les décisions terminant une enquête interne pouvait sceller le sort des plaintes.

Les recours en révision concernent des décisions refusant l'accès aux documents d'un organisme public ou aux renseignements personnels qu'il contient; ils peuvent aussi concerner une demande de rectification, ou contester les usages ou les communications de renseignements pratiqués par l'organisme. L'article 141 de la Loi québécoise sur l'accès aux documents des organismes publics et sur la protection des renseignements personnels donne à la CAI le pouvoir d'ordonner à un organisme public « de rectifier, compléter, clarifier, mettre à jour ou effacer tout renseignement nominatif ou de cesser un usage ou une communication de renseignements nominatifs ». La CAI peut aussi être saisie d'une plainte d'un citoyen l'invitant à faire enquête dans des cas relativement précis (fichiers confidentiels, dossiers d'adoption, dossier détenu par le curateur public) ou de façon plus générale sur des fichiers de renseignements personnels. Le champ couvert semble être assez étendu; encore faut-il que le citoyen soit adéquatement informé qu'il existe des renseignements personnels le concernant (ce qu'exclut l'existence de fichiers confidentiels) et qu'il puisse y avoir accès pour en connaître le contenu et exercer ses droits. On n'est jamais si bien servi que par soi-même, lorsqu'il s'agit de faire valoir ses intérêts.

Or c'est ici que le bât blesse. Les innombrables exceptions, restrictions et exemptions permettant aux organismes publics de refuser l'accès aux renseignements personnels maintiennent un régime extensif de secret d'État (Saul, 1993), largement discrétionnaire au demeurant. Qu'on en juge : outre les documents qui échappent à l'application de la loi (voir ci-dessus) et les notes personnelles, les fichiers confidentiels (de police) peuvent être inconsultables, de même que les renseignements personnels contenus dans des avis ou recommandations et les renseignements de santé dont la communication pourrait, de l'avis du médecin traitant, causer un préjudice grave pour la santé de la personne concernée. On protège aussi de l'accès les renseignements concernant de tierces personnes.

De plus, l'État se protège résolument de toute indiscrétion du public dans une série de 24 articles de restrictions au droit d'accès aux renseignements ayant des incidences sur les relations intergouvernementales, sur les négociations entre organismes publics, sur l'économie, ce qui est très large puisque l'exception vise entre autres les emprunts, les transactions, les taxes, les secrets industriels, les négociations contractuelles ou collectives. On se rappellera, entre autres affaires célèbres, qu'Hydro-Québec ayant refusé de dévoiler à la population québécoise la teneur de contrats « secrets » accordant des tarifs préférentiels à certaines entreprises privées, celle-ci leur fut livrée par des postes de télévision américaine.

Les restrictions visent aussi les renseignements ayant des incidences sur l'administration de la justice et la sécurité publique permettant de soustraire à la connaissance du public ou des individus concernés les renseignements policiers ou intervenant dans un processus judiciaire ou quasi-judiciaire, de même que des renseignements ayant des incidences sur les décisions administratives ou politiques, ce qui comprend les décisions et les délibérations du Conseil exécutif, du Conseil du trésor, des comités ministériels, certaines opinions juridiques, les analyses qui risqueraient vraisemblablement d'avoir un effet sur une procédure judiciaire, les documents du bureau d'un député, les mémoires de délibérations des séances du conseil d'administration de l'organisme, les versions préliminaires ou projets de textes législatifs ou réglementaires et les analyses s'y rapportant, les avis ou recommandations produits par l'organisme, ses membres ou son personnel, les avis ou recommandations qui lui ont été faits par un autre organisme public, une analyse produite à l'occasion d'une recommandation faite dans le cadre d'un processus décisionnel en cours, et une épreuve destinée à l'évaluation des connaissances. Enfin, les renseignements ayant des incidences sur la vérification peuvent être inaccessibles.

La jurisprudence de la CAI abonde en illustrations de cas où les organismes publics font flèche de tout bois pour éviter de communiquer des renseignements et être ainsi soumis au regard du public, qui après tout avec ses taxes maintient le système en fonctionnement. Les délibérations secrètes, les contrats secrets et les avis et recommandations de coulisses sont particulièrement protégés, alors qu'ils devraient en saine démocratie faire l'objet de débats publics. Pour le citoyen, certains renseignements le concernant sont soustraits à sa connaissance dès qu'ils tombent sous l'une ou l'autre de ces restrictions, ce qui peut se révéler particulièrement odieux lorsqu'on se base sur ces « renseignements » pour lui nier un emploi, un service, un bénéfice ou un avantage auquel il aurait droit. Comment alors, dans l'ignorance même de l'existence ou de la teneur d'un renseignement le concernant, le citoyen pourrait-il en contrôler la communication informatisée?

Personne, sauf la CAI, n'a encore tenté d'évaluer la mise en œuvre des dispositions de la Loi sur l'accès (Québec, CAI, 1987, 1992). La jurisprudence de la Commission est surabondante, puisqu'elle considère que l'adjudication constitue son mandat principal[12]. Ses décisions portent sur de multiples points d'interprétation de la trentaine d'articles de fond dont l'interprétation ou l'application est le plus souvent contestée. La lecture des rapports annuels de la CAI donne aussi une idée de ses multiples interventions. Avec un personnel d'une trentaine d'employés et cadres, la Commission ne peut certes pas faire de miracle et surveiller les milliers de communications informatisées qui se font chaque jour entre organismes publics et avec les entreprises privées.

Mais son travail le plus important reste sans doute à nos yeux celui de prévention, par l'examen de l'application des normes de gestion des renseignements prévus par la loi. À ce chapitre, l'intervention des citoyens peut se faire par l'intermédiaire de certains regroupements de défense et de promotion de leurs droits; mais rien dans la loi ne leur donne un rôle quelconque ou n'oblige la CAI à les consulter et à les entendre publiquement avant de donner ses avis à l'autre partie impliquée, soit le gouvernement et les organismes publics. Citons, à titre d'exemple, les groupes qui ont comparu devant la Commission de la culture lors des discussions sur les lois de protection des renseignements personnels : le Service d'aide au consommateur de Shawinigan, la Confédération des syndicats nationaux, l'Organisation éducation et information logement, le Regroupement des organismes du Montréal ethnique pour le logement, le Regroupement des comités logement et associations de locataires du Québec, Information-ressources Femmes et logement, le Bureau d'animation et information logement du Québec métropolitain et la Ligue des droits et libertés.

---

12. « Bien qu'elle fut (*sic*) instituée en décembre 1982, la Commission d'accès à l'information n'a commencé à exercer son *mandat principal* d'adjudication qu'en juillet 1984. » Ce sont là les premières lignes du premier Rapport annuel de la CAI pour l'année 1984-1985. Pour la seule l'année 1990-1991, les statistiques sur l'adjudication rapportées indiquent que la CAI a rendu 127 décisions, à partir de 270 demandes de révision de refus d'accès aux documents administratifs et de 109 demandes de révision de refus d'accès aux renseignements nominatifs, plus 9 demandes de rectification de renseignements nominatifs, 4 demandes de tiers et 3 requêtes contre des demandes abusives.

3.3.2 La Loi québécoise sur la protection des renseignements personnels dans le secteur privé

Adoptée à l'unanimité par l'Assemblée nationale du Québec le 15 juin 1993, et entrée en vigueur pour l'essentiel le 1er janvier 1994 en même temps que le nouveau Code civil du Québec, la Loi québécoise sur la protection des renseignements personnels avait été précédée de nombreuses études et discussions en commissions parlementaires qui toutes réclamaient une régulation juridique des activités des entreprises privées dans la manipulation des renseignements personnels. Cette loi, qui vise à mettre en application les articles 35 à 41 du Code civil, ayant trait au respect de la réputation et de la vie privée, reprend en grande partie les concepts et la structure de la Loi d'accès, de sorte que nous allons en examiner les ressemblances et les différences.

D'abord, le champ d'application de la loi de 1993 vise toutes les personnes, physiques comme morales, qui recueillent, détiennent, utilisent ou communiquent à des tiers des renseignements personnels : mais la plupart de ses dispositions concernent les entreprises, notion introduite au nouveau Code civil et dont l'extension, quoique non encore définie par la jurisprudence, semble assez large pour couvrir en pratique toutes les activités reliées aux banques de données. Il n'est évidemment pas question d'accès généralisé aux documents des entreprises, mais seulement d'un accès limité aux renseignements portant sur des personnes physiques.

Les règles sur la collecte des renseignements personnels sont beaucoup mieux articulées que celles de la Loi sur l'accès. D'abord, l'entreprise doit avoir un intérêt sérieux et légitime à constituer un dossier. Elle doit inscrire l'objet du dossier, c'est-à-dire la finalité à laquelle sont destinés les renseignements qu'il contient. Comme dans la Loi sur l'accès, seuls les renseignements nécessaires à l'accomplissement de l'objet peuvent être recueillis; mais la collecte doit aussi se faire par des moyens licites. La collecte auprès de tiers est un peu mieux balisée, puisque faute de consentement de la personne concernée, elle doit être autorisée par la loi, sauf exception dans l'intérêt de la personne ou pour s'assurer de l'exactitude des renseignements, formulation qui pourrait conduire à des abus puisque les cas visés ne peuvent être précisés par réglementation. Autre différence notable : la source des renseignements doit être inscrite pour faire partie du dossier, sauf dans les cas d'enquêtes. Une nouveauté digne d'intérêt : un demandeur d'emploi, de bien ou de service ne peut être pénalisé du seul fait qu'il a refusé de fournir des renseignements non nécessaires, dont la collecte n'est pas autorisée par la loi : en cas de doute, le renseignement est considéré non nécessaire, mais aucune présomption ne vient aider le demandeur si l'entreprise invoque une autre raison pour lui refuser sa demande.

Le principe de la confidentialité des renseignements personnels n'est pas affirmé comme tel dans la loi; mais la section III intitulée « Caractère confidentiel des renseignements personnels » en définit le cadre juridique. Des mesures de sécurité suffisantes doivent être prises et appliquées par l'entreprise, mais ne peuvent être imposées par réglementation comme c'est possible en vertu de la Loi sur l'accès. La qualité exigée des renseignements est beaucoup moindre que sous l'article 72 de la Loi sur l'accès : les dossiers doivent être exacts et à jour (pas nécessairement complets) seulement au moment où l'entreprise les utilise pour prendre une décision relative à la personne concernée, et non pour toute utilisation, comme leur communication à des tiers.

Les communications de renseignements sont un peu mieux balisées que sous la Loi sur l'accès. Le même principe est affirmé : ces communications doivent être autorisées par la personne concernée ou par la loi et leur utilisation doit être pertinente à l'objet du dossier. Contrairement à la Loi sur l'accès, la qualité du consentement est spécifiée ici à l'article 14 : le consentement à la communication ou à l'utilisation doit être manifeste, libre, éclairé, spécifique et pour une durée limitée. Autre point sur lequel la Loi sur l'accès est silencieuse : les flux transfrontières de renseignements personnels font l'objet d'obligations particulières à l'article 17, qui prescrit que l'entreprise doit prendre tous les moyens raisonnables pour s'assurer que les renseignements transmis à l'extérieur du Québec ne seront pas utilisés de façon non pertinente ou communiqués à des tiers sans le consentement de la personne ou l'autorisation de la loi, bref qu'ils recevront une protection équivalente hors du Québec.

Mais toute bonne chose a des limites : il fallait prévoir des cas de communication à des tiers sans le consentement des personnes concernées : c'est l'article 18 qui y pourvoit, et de façon extensive. D'abord, on retrouve l'équivalent de l'article 59 de la Loi sur l'accès dans les 8 premiers paragraphes du premier alinéa de l'article 18. Même si on y spécifie ici et là, à titre de balise, que le renseignement doit être nécessaire et requis dans l'exercice des fonctions de la personne qui le reçoit, il n'en demeure pas moins que peuvent le recevoir : le procureur de l'entreprise (ce devrait être normal, mais seulement pour des fins juridiques précises); le procureur général et la police (ce devrait être possible seulement avec un mandat de perquisition délivré par un tribunal); toute « personne à qui il est nécessaire de communiquer le renseignement dans le cadre de l'application de la loi ou d'une convention collective », formulation très large et très évasive dans sa première partie surtout; tout organisme public le requérant dans l'exercice de ses attributions ou la mise en œuvre d'un programme dont il a la gestion, formulation encore plus large permettant pratiquement n'importe quelle communication de renseignements ayant un lointain rapport de pertinence avec les fonctions de l'organisme (cette formulation fait écho au laxisme de l'article 66 de la Loi sur l'accès).

Nous passerons sur les exceptions concernant les situations d'urgence et les autorisations de communications pour fins d'étude, de recherche ou de statistique, qui reprennent les dispositions de la Loi sur l'accès. Ajoutons à tout cela un sauf-conduit pour les entreprises de recouvrement de créances à qui l'on peut communiquer tout renseignement (n'oublions pas qu'elles peuvent être liées à des bureaux de crédit, comme c'est le cas chez Équifax Canada) et une autorisation générale pour les agences d'investigation, les services internes de sécurité et la police pour s'échanger des renseignements dans le cadre de leurs enquêtes.

De plus, en ce qui concerne les listes nominatives (listes de noms, d'adresses ou de numéros de téléphone de personnes physiques), elles peuvent être communiquées à des tiers sans consentement pour des fins de prospection commerciale ou philanthropique, pourvu que les personnes concernées puissent avoir une occasion valable de faire retrancher leur nom de la liste avec diligence; toutefois, de telles transmissions doivent être préautorisées par les employés, les clients ou les membres de l'entreprise, sauf lorsque l'entreprise utilise elle-même sa liste pour faire de la prospection, auquel cas elle peut procéder sans autorisation mais doit accorder aux personnes une occasion valable de refuser une telle utilisation. Aucun droit semblable de retrait d'une liste nominative n'est prévu dans le secteur public : de la sorte, la fondation privée d'un hôpital public qui veut solliciter les patients de cet hôpital ou leurs proches en utilisant les listes de l'établissement peut le faire sans que l'hôpital soit tenu d'accorder aux personnes un droit de retrait de la liste.

La loi de 1993 accorde aux personnes concernées un droit d'accès à leur dossier, qui comprend aussi le droit de faire rectifier les renseignements inexacts, incomplets ou équivoques et celui de faire supprimer les renseignements périmés, non justifiés par l'objet du dossier, ou illicitement obtenus, et tout ceci gratuitement, sauf des frais raisonnables pour la transcription, la reproduction ou la transmission de ces documents. Le Code civil prescrit aussi que la rectification soit notifiée à toute personne à qui le renseignement contesté a été transmis dans les six mois précédents, de même qu'à la personne ou l'entreprise de qui il provient.

Ici aussi, on a prévu des restrictions à l'accès, moins nombreuses il est vrai que dans la Loi sur l'accès. Celles-ci concernent uniquement les renseignements de santé lorsque leur connaissance pourrait être dommageable à la personne concernée et dans le cas des adolescents. La loi protège aussi les enquêtes criminelles et pénales ainsi que les procédures judiciaires d'accès qui pourraient nuire au processus. Si la divulgation risque de révéler un renseignement personnel concernant un tiers et susceptible de lui nuire sérieusement, l'accès peut être refusé : cette formulation assez large rejoint l'article 88 de la Loi sur l'accès et pourrait par extension être utilisée pour restreindre la communication des avis et recommandations ainsi que des analyses. Heureusement, on n'avait pas ici le prétexte du secret d'État pour exclure un grand nombre de documents de l'accès général au public, et donc de la possibilité concrète pour une personne de connaître et de faire rectifier ou supprimer les renseignements la concernant et figurant dans de tels documents, comme c'est le cas à la section II du chapitre II de la Loi sur l'accès. Il faut comprendre que les citoyens n'ont pas généralement accès aux documents administratifs des entreprises privées, mais que quand ils sont concernés par les renseignements y figurant, on ne peut leur opposer tous ces petits secrets d'État pour leur en refuser l'accès.

Autre innovation de la loi de 1993 : quelques obligations sont imposées aux agents de renseignements personnels, ou bureaux de crédit, qui constituent le début timide d'une réglementation sectorielle. Tout agent est tenu de s'inscrire auprès de la CAI, d'établir des modalités d'opérations propres à garantir que les renseignements qu'il communique sont à jour et exacts et des règles de conduite pour faciliter l'accès des personnes concernées à leur dossier tout en en protégeant la confidentialité, et de publiciser dans les journaux, à tous les deux ans, ses activités et les droits des personnes fichées. Ces règles minimales, ne s'appliquant qu'à une partie de l'industrie du renseignement, ne peuvent être complétées par une réglementation conséquente, puisque l'article 90 ne donne un tel pouvoir au gouvernement que pour des objets mineurs, notamment l'imposition de frais qui pourraient bien rendre les recours moins accessibles.

Les recours, brièvement, sont de deux ordres. La CAI peut entendre et décider des demandes d'examen de mésentente, qui ne concernent que l'accès et la rectification ou le retrait d'une liste nominative. Pour le reste, comme dans la Loi sur l'accès, il faut procéder par plainte à la CAI, qui peut aussi ouvrir une enquête de sa propre initiative. Ces procédures peuvent aboutir à des ordonnances exécutoires comme des jugements de cour et appelables devant la Cour du Québec. Les peines pour infraction à la loi sont plus sévères que dans le secteur public et peuvent aller jusqu'à 20 000 $ en cas de condamnation pour récidive. Ici, les administrateurs, dirigeants ou représentants des personnes morales qui ont approuvé l'infraction peuvent être condamnés personnellement à la même peine (qui sera sans doute prélevée dans le budget de l'entreprise, à moins que la corporation ne s'y oppose...).

Cette nouvelle loi n'a pas encore subi l'épreuve du temps. Elle est un peu plus moderne que la Loi sur l'accès, et a sans doute bénéficié de l'expérience accumulée sous cette dernière. La CAI n'est pas aussi ancrée dans la culture du secteur privé qu'elle ne l'est dans celle du secteur public : peut-être sera-t-elle plus indépendante et plus créatrice dans l'application de cette loi. Chose certaine, la loi ne vient pas bousculer les habitudes de l'industrie : elle lui demande de faire un peu attention. Les bureaux de crédit, particulièrement Équifax qui fait une bonne proportion de son chiffre d'affaires avec les organismes publics québécois, ne seront pas inquiétés outre mesure. On ne touche pas aux renseignements accumulés dans le passé, et les règles d'accumulation, de gestion et de communication des renseignements restent assez lâches, faute de possibilité de les définir plus strictement par champs d'activités grâce à des réglementations sectorielles. Les restrictions à l'accès sont assez restreintes, mais les exceptions d'autorisation pour les communications restent largement ouvertes et permettent des variations infinies sur le thème de la libre circulation des données, aussi bien « à la mitaine » dans l'ombre des corridors que sur les super autoroutes électroniques que l'on s'apprête à construire à grands frais. L'échange électronique de données (EDI) sert de modèle : les préoccupations de protection des renseignements personnels semblent fondamentalement étrangères aux grandes manœuvres financières et aux prouesses techniques de demain. Face à ces réalités, les lois pâlissent, font figure de frein inutile et désuet, prétendent imposer des limites au super-marché de l'information.

3.3.3 Les autres lois pertinentes

Nous nous en voudrions de terminer cet exposé de la législation sans avoir examiné brièvement les autres lois pertinentes à la protection des renseignements personnels. Et d'abord, mentionnons l'existence de la Loi fédérale sur la protection des renseignements personnels : adoptée en 1982, en même temps que la Loi sur l'accès à l'information, elle reprenait et complétait la Partie IV de la Loi canadienne sur les droits de la personne qui constituait le premier énoncé législatif structuré en la matière au Canada, donnait aux personnes physiques un droit d'accès aux renseignements les concernant et instituait un Commissaire à la vie privée se rapportant au Parlement. La loi fédérale s'applique uniquement aux organismes publics fédéraux énumérés dans son Annexe; elle ne s'applique pas aux documents déjà accessibles au public ni aux renseignements confidentiels du Conseil privé.

La principale différence que présente cette loi par rapport à la loi québécoise tient aux recours des personnes et aux pouvoirs conférés au Commissaire : celui-ci n'a pas de pouvoir d'adjudication : il reçoit les plaintes ou prend lui-même l'initiative de plaintes et mène des enquêtes se concluant par un rapport et des recommandations. Il peut examiner les fichiers déclarés inconsultables par le gouvernement. Si l'organisme refuse toujours l'accès, le demandeur ou le Commissaire peuvent alors s'adresser à la Cour fédérale de première instance pour faire appliquer la loi. De plus, le président du Conseil du trésor est désigné comme ministre responsable de la mise en œuvre de la loi, ce qui permet une coordination d'ensemble par l'adoption de directives et de divers contrôles, ce qui n'existe pas au Québec où tout se fait au cas par cas. Les possibilités de réglementation, d'ailleurs, sont un peu plus diversifiées qu'au Québec.

Sur le plan des droits, la loi définit les renseignements personnels comme ceux concernant un individu identifiable, avec de nombreuses illustrations inclusives. Les renseignements recueillis doivent avoir un lien direct avec les programmes ou les activités de l'institution fédérale, ils doivent l'être prioritairement auprès de l'individu concerné, sauf exception; ils doivent être à jour, exacts et complets dans la mesure du possible et conservés pour une durée définie; ils ne peuvent servir qu'aux fins pour lesquels ils ont été recueillis ou à des usages compatibles, ce qui laisse une porte grande ouverte pour toutes sortes de communications ou usages.

L'article 8 définit les exceptions permettant la communication de renseignements personnels sans le consentement des personnes concernées : pour des usages compatibles ou des fins conformes à la loi, pour répondre aux ordonnances d'un tribunal, pour des enquêtes ou des poursuites, pour donner suite à des accords intergouvernementaux ou internationaux, pour usage par les parlementaires, pour vérification interne, pour dépôt aux archives publiques, pour des travaux de recherche ou de statistique, ainsi que pour le recouvrement ou l'acquittement de créances (noter la même exception au Québec pour le secteur privé, qu'on ne trouve pas spécifiquement pour le secteur public, où la communication serait certainement considérée « nécessaire » en ce cas). Les communications sans consentement sont aussi permises pour des raisons d'intérêt public justifiant nettement une éventuelle violation de la vie privée, et dans les cas où l'individu concerné en tirerait un avantage certain : ces formulations assez laxistes trouvent un peu leur équivalent dans les articles 6 et 18 de la loi québécoise de 1993, mais sont un peu plus strictement délimitées pour le secteur public par les articles 64 et 67 de la Loi sur l'accès. Toutes ces transmissions doivent être enregistrées si elles s'écartent des usages indiqués au Répertoire et faire l'objet d'un avis au Commissaire.

Comme on le constate, la loi fédérale est structurée comme la loi québécoise sur l'accès, avec des principes et de nombreuses exceptions. Ajoutons que le droit d'accès est assorti d'un droit de rectification et de transmission des corrections, et que les renseignements visés par le secret professionnel des avocats et des médecins sont spécialement protégés. Il est difficile de dresser un bilan comparatif de la mise en œuvre de cette loi par rapport à son équivalent québécois, en raison des différences de traditions des institutions et de cultures juridiques. Le Commissaire fédéral semble avoir les coudées plus franches pour la défense et la promotion de la protection des renseignements personnels, n'étant pas contraint par l'exercice de pouvoirs d'adjudication; mais la Commission d'accès à l'information n'aurait peut-être aucune autorité si elle ne disposait de pouvoirs quasi-judiciaires pour faire accepter ses décisions.

Terminons ce tour d'horizon par une brève mention des autres normes législatives de protection des renseignements personnels. La constitution canadienne, dans la Charte canadienne des droits et libertés(1982) ne prévoit rien sur la protection de la vie privée. Toutefois, sur la base de l'article 8, la jurisprudence a reconnu un droit limité à la vie privée en ce qui concerne la protection contre les perquisitions et saisies abusives. Par exemple, la Cour a requis l'obtention d'un mandat pour autoriser une perquisition dans les locaux d'affaires d'une entreprise de presse. Dans l'affaire *R. c. Dyment*, le juge La Forest s'est même fondé sur les commentaires du Groupe d'étude sur l'ordinateur et la vie privée (Canada, 1972) concernant les attentes raisonnables de confidentialité, pour reconnaître un droit à la vie privée dans le domaine de l'information.

Cependant l'affirmation de ce droit par la Cour suprême n'a pas suffi à interdire à la police, en 1993, de perquisitionner sans mandat dans les fichiers d'une entreprise de distribution d'électricité dans le but de dépister une culture illégale de chanvre indien. Dans cette affaire récente, la police a pu vérifier directement depuis un terminal d'ordinateur relié à celui de la compagnie d'électricité la consommation d'électricité à une adresse donnée. Le juge Sopinka, s'exprimant pour la Cour, était d'avis que l'attente raisonnable des particuliers en matière de vie privée devait être pondérée par le droit de l'État d'assurer l'application de la loi, et que l'on ne pouvait raisonnablement prétendre que les dossiers informatisés faisant état du niveau de consommation d'électricité dans une résidence pouvaient dévoiler des détails intimes de la vie ou du mode de vie de son occupant, ni qu'ils étaient confidentiels, ni que l'accusé pouvait en attendre raisonnablement une protection de sa vie privée. De plus, la perquisition n'a pas eu lieu dans une résidence privée, n'a pas violé la confidentialité de dossiers constitués par un individu, et la gravité de l'infraction reprochée militait en faveur de la conclusion que les exigences de l'application de la loi l'emportaient sur le droit de l'accusé au respect de sa vie privée.

La juge McLachlin, tout en étant d'accord avec le résultat de l'appel, en raison de la suffisance de la preuve à l'appui de l'accusation, différait d'opinion précisément sur la question du droit de la police de fouiller dans les dossiers informatisés d'entreprises de services publics. Pour elle, il existait une attente raisonnable que ces renseignements soient gardés confidentiels : rien dans la preuve ne révélait qu'ils étaient accessibles au public, et il était possible d'en tirer « beaucoup de renseignements sur le mode de vie d'une personne, et notamment sur le nombre de personnes qui occupent une maison ainsi que sur le genre d'activités auxquelles elles se livrent vraisemblablement ». Elle ajoutait que les ordinateurs devraient être considérés comme des endroits privés en raison de la nature privée des données qui y sont emmagasinées.

Malheureusement, et ceci dit en toute déférence, la majorité des juges de la Cour suprême du Canada se sont montrés insensibles aux dimensions évoquées par la juge McLachlin, et ont négligé de considérer les dangers spécifiques que fait courir la consultation incontrôlée de véritables fichiers de population. En somme, la protection des renseignements personnels par le biais de l'interprétation judiciaire des dispositions de la Charte canadienne des droits et libertés donne des résultats aléatoires, basés sur les circonstances particulières des affaires entendues et tenant peu compte des enjeux apparus avec l'informatique et la télématique.

Quant à la Charte québécoise des droits et libertés de la personne, son article 5 vise à protéger la vie privée, en termes tout aussi généraux d'ailleurs que l'article 3 du Code civil du Québec. Le nouveau Code civil comprend, nous l'avons vu, des dispositions générales concernant le respect de la réputation et de la vie privée, contenues au chapitre troisième du Livre premier sur les personnes. Ces dispositions énoncent plus que des principes : elles attribuent des droits qui sont repris en tout ou en partie dans la loi de 1993 pour le secteur privé. Le Code civil pourrait s'appliquer directement dans des cas où les deux autres lois auraient laissé des trous, notamment aux personnes qui ne constitueraient pas des entreprises : mais les recours disponibles sont peu accessibles, puisqu'il faut s'adresser aux tribunaux ordinaires pour obtenir des redressements, ce qui peut être long et coûteux. Le Code criminel canadien a été amendé en 1985 pour inclure des dispositions spécifiques réprimant les usages non autorisés d'ordinateurs et les méfaits concernant les données, ce qui a pour effet de protéger la confidentialité des renseignements personnels et d'en restreindre les communications informatisées non autorisées. Signalons enfin que certaines lois sectorielles, comme la Loi sur les services de santé et les services sociaux, comprennent des dispositions particulières visant les renseignements personnels et établissant des règles de confidentialité plus spécifiques.

Le bilan que l'on peut dresser de toutes ces dispositions législatives, c'est qu'elles éparpillent dans de nombreux instruments les principes de protection des renseignements personnels, en établissant des règles diversifiées par grands secteurs. Par contre, ces règles restent floues et mettent l'accent bien davantage sur l'accès et l'information des personnes que sur le contrôle de l'information et particulièrement la circulation des renseignements, qui peuvent s'échapper par de multiples trous pratiqués dans le texte des lois. Tant que des règlements plus précis ne viendront pas spécifier les types de renseignements qui ne doivent pas être recueillis ou communiqués, l'accumulation et la circulation de l'information personnelle iront croissant.

3.4 **CONCLUSION**

Après avoir fait ce tour d'horizon des solutions juridiques ou, pour mieux dire, du cadre juridique dont on a entouré la question de la protection des renseignements personnels, on doit se demander légitimement si ces solutions ou si ce cadre répondent de façon adéquate aux besoins sociaux ressentis lors de leur adoption et qui se sont développés depuis. Les lois ont-elles réussi à enrayer les tendances dénoncées alors, et sont-elles équipées pour faire face à l'avenir? Quatre thématiques peuvent être évoquées pour apprécier le rôle fondamental ou conjoncturel des lois de protection des renseignements personnels dans l'évolution sociale provoquée par les nouvelles technologies de l'information et des communications.

D'abord, la marchandisation généralisée de l'information est un phénomène qui s'est répandu comme une traînée de poudre à la faveur des avancées spectaculaires dans les domaines du stockage de l'information et de sa communication. Des sommes impressionnantes de renseignements, qui auraient exigé autrefois des milliers de jours de travail à accumuler et autant à communiquer, peuvent transiter sur les réseaux en temps réel ou être gravés sur disques compacts périodiquement mis à jour. Le coût marginal de production de cette information est en chute libre, de sorte que sa disponibilité sur le marché monte en flèche. Parallèlement à ce phénomène, la croissance de l'industrie du logiciel de traitement permet d'effectuer sur des masses énormes de renseignements des opérations de repérage, de tri, de profil et de les allier à des opérations d'adressage, de composition téléphonique automatisée, de décision automatique, qui font de l'information brute une marchandise échangeable sans égard à sa valeur fondamentalement humaine, mais uniquement en considération de son prix sur le marché.

Les individus sont ainsi réduits à des bits d'information circulant dans les réseaux, que l'on se vend ou que l'on s'échange pour gérer son organisme, son entreprise, son association. Autre phénomène troublant : plus l'information standardisée s'accumule sur les individus, plus les renseignements sensibles, plus difficiles à trouver dans les grandes banques de données, acquièrent de la valeur. Les personnes qui les acquièrent et qui les transmettent doivent le faire souvent à l'encontre des dispositions de la loi, ou de manière non interdite mais considérée illégitime par le public, de sorte que se développe un marché noir de l'information, aggravant le potentiel de préjudice que la circulation de cette information peut engendrer[13]. Sur un plan plus global, les gouvernements cherchent à sous-contracter leurs opérations de traitement de l'information, sinon à les privatiser totalement, ce qui met sur le marché des « mines de renseignements » où l'entreprise privée ira puiser uniquement dans le but de dégager des profits privés : cette logique nous mène directement à une perte de pertinence de l'information recueillie à des fins publiques et exploitée à des fins privées. Étrangement dans ce marché, peu de gens semblent considérer que l'information sur les personnes ne devrait pas pouvoir faire l'objet d'appropriation sans que la personne concernée soit impliquée et puisse exercer un certain contrôle sur l'information qui la touche.

---

13. Voir Rothfeder, et Venne, note 4.

Mais si les personnes en tant qu'individus sont affectées par les divers abus résultant de l'usage et de la communication informatisée des renseignements les concernant, elles le sont aussi et encore davantage par leur appartenance à des groupes et à la société tout entière. On doit s'interroger sérieusement sur le genre de société que permet l'usage abusif des nouvelles technologies de l'information et de la communication. Société de surveillance, notent certains auteurs[14], dans laquelle le quadrillage des populations nous plonge dans un univers où nos moindres gestes ou transactions sont épiés, enregistrés, et rendus accessibles au monde entier et particulièrement aux organisations qui ont les moyens d'analyser ces masses de renseignements. Les conséquences politiques et sociales de ce système de surveillance sont profondes : méfiance généralisée, perte d'autonomie face au contrôle des renseignements circulant sur soi, conviction qu'on ne peut plus rien cacher au gouvernement, à l'assureur ou au banquier, impossibilité de faire corriger des erreurs qui se répandent dans les systèmes interreliés, crainte que la connaissance par autrui de nos habitudes de vie et de nos opinions, révélées par nos diverses transactions, amène encore plus de discrimination à notre égard. La surveillance généralisée tend à asservir l'individu aux pouvoirs dominants et à paralyser son action politique.

Ceci nous amène plus largement, au delà de la prophylaxie sociale installée par la surveillance, à la mise en place de contrôles sociaux[15], qui permettent grâce à des techniques de profilage, d'identification et de suggestion publicitaire ou autre, de modeler les comportements des consommateurs, des usagers, des bénéficiaires, dans le sens des attentes des décideurs. Des populations entières sont ainsi typées, analysées, sollicitées et pressurées par les techniques les plus raffinées du marketing et par des campagnes ciblées, pour réagir positivement aux conditionnements qui les entraînent à agir de la façon voulue. On n'est plus dans *1984*, mais dans *Le meilleur des mondes*, où la séduction remplace la contrainte, et où les pressions les plus efficaces sont culturelles et idéologiques.

---

14. Voir Flaherty, note 5.
15. Voir Wilson, note 5.

On voit ici toute l'importance de l'informatique, dont la fonction principale est le traitement et la manipulation de l'information, et des communications, qui permettent des échanges extensifs de renseignements et de logiciels de traitement.

Ces développements dépassent les frontières de nos villes et de nos pays : ils participent d'un mouvement plus généralisé de développement mondial des technologies de l'information et de la communication, grâce auquel les renseignements circulent librement et sont utilisés pour établir et consolider une domination technologique des nations riches sur les autres. Les pays les plus développés, en offrant de traiter l'information venant des moins nantis, empêchent les industries locales dans le domaine des NTIC de prendre leur envol; ces pays à forte avance technologique deviennent des percepteurs de droits de propriété intellectuelle faisant effectuer ailleurs le travail servile ou polluant, et conservant pour eux les emplois les plus créatifs et les mieux rémunérés, en plus d'accroître constamment l'écart technologique qui les sépare des autres pays moins techniquement développés. Mais ces phénomènes ne fonctionnent pas à sens unique : les transferts technologiques, ou la circulation des connaissances, inévitables même dans des situations d'exploitation, et la facilité d'imiter et de copier qui accompagne la liberté de circulation vitale à l'expansion des marchés, peut se retourner à terme contre les intérêts mêmes de ceux qui ne peuvent tout contrôler sur de si vastes marchés.

Nous l'avons vu, nos lois sont loin de pouvoir donner une réponse satisfaisante à ces problèmes, et les négociations sur le plan mondial visent plutôt la libéralisation des marchés que la consolidation des protections et des droits des personnes. Tout ceci pose des enjeux sérieux pour la démocratie, un des modes de fonctionnement que se sont données nos sociétés pour mieux répartir à la fois les biens, le pouvoir, mais aussi les chances et les connaissances. Les communications informatisées, en transformant la vie sociale suivant les tendances notées, changent à la fois les contenus de la vie démocratique et ses modes d'exercice. Dans la société transparente où la majorité est exposée à tous les conditionnements, mais où le pouvoir est concentré aux mains de ceux et celles qui contrôlent les systèmes et les appareils (aux deux sens du terme), la démocratie formelle, celle des institutions juridiques, peut continuer à fonctionner à vide sur la base de ses grands principes. Si le droit n'est qu'un cadre distribuant quelques recours individuels mais ne permettant pas une intervention significative des citoyens et citoyennes dans les décisions techniques et leur contrôle, la démocratie restera une illusion, le pouvoir échappant au peuple pour se concentrer dans une élite technicienne. À cet égard, le traitement réservé aux renseignements personnels constitue un reflet assez exact du traitement réservé aux personnes elles-mêmes par les institutions qui régissent notre vie sociale.

Les communications affectent les individus dans toutes les sphères de leur vie sociale. Dans le prochain chapitre, nous verrons comment leur insertion dans le travail de certaines personnes amène également certains problèmes juridiques.

ASPECTS JURIDIQUES DE LA COMMUNICATION INFORMATISÉE : EMPLOI ET TRAVAIL

Par René LAPERRIÈRE
Groupe de recherche informatique et droit
Université du Québec à Montréal

4.1 INTRODUCTION

Nous avons vu que la communication informatisée s'est répandue dans de multiples domaines de la vie sociale. S'il en est un où elle produit des effets et des changements importants, c'est bien celui de l'emploi et du travail. Non seulement son application dans certains secteurs du travail vient modifier les conditions de travail de salariés de plus en plus nombreux, mais encore elle contribue à restructurer le marché du travail, à créer de nouveaux emplois et à en éliminer encore plus. Les organisations de salariés et de professionnels n'échappent pas à ces bouleversements.

On assiste alors à l'adaptation des normes juridiques aux réalités induites par l'utilisation de nouvelles technologies de l'information et de la communication, et même à l'apparition de nouvelles normes adaptées à ces développements. Du point de vue organisationnel, le syndicalisme et les corporations professionnelles appuyant leur structure et leurs modes d'action sur la reconnaissance étatique et le droit subissent la même évolution lente qui modèle leur identité et leur intervention.

4.2 L'EMPLOI ET L'ORGANISATION DU TRAVAIL

4.2.1 Les problèmes d'emploi reliés aux communications informatisées

Le problème probablement le plus grave apporté dans notre société moderne par l'informatisation est sans doute celui de ses effets sur le volume de l'emploi. Les ordinateurs sont introduits dans tous les secteurs, et particulièrement dans le secteur tertiaire, pour supprimer des emplois, réaliser ainsi des économies et accroître la productivité des facteurs de production (capital, incluant les machines, et main-d'œuvre).

Certains auteurs ont voulu apaiser les craintes en prétendant que le secteur de la production de matériel et de logiciel informatique et de télécommunication nécessités par « la

révolution informationnelle » allait créer de nouvelles occupations et rétablir le plein emploi. Mais l'informatisation de
la production de biens et de services n'a fait qu'aggraver la
crise inaugurée en 1973 et grimper les taux de chômage réel
à des niveaux bientôt comparables à ceux de la grande crise
des années 1930. En conséquence, c'est la « société duale »
qui s'établit tranquillement, en rejetant de plus en plus de
monde des emplois productifs et rémunérateurs. Les communications informatisées, pour leur part, ont rendu possible
l'exportation des emplois dans des pays du tiers monde, particulièrement asiatiques, où les salaires et les conditions de
travail sont beaucoup moindres qu'au Canada, mettant ainsi
en péril non seulement notre niveau d'emploi mais aussi notre
niveau de revenus et par conséquent notre « niveau de vie ».

Cette diminution générale de l'emploi entraîne des conséquences fâcheuses sur la structure et la répartition de l'emploi.
Alors que pour le secteur primaire l'exode rural se poursuit,
les industries se robotisent et le secteur tertiaire des services
s'informatise et se branche en réseaux : au lieu de continuer
à absorber le surplus de main-d'œuvre dégagé par les autres
secteurs, il rejette lui-même dans le non-emploi, les études
prolongées, les pré-retraites, une proportion de plus en plus
considérable de ses travailleurs et travailleuses. En même
temps, on investit des sommes colossales, surtout dans le
secteur public, pour informatiser les données et établir des
autoroutes électroniques, sans même s'assurer que ces investissements qui remplacent des salaires seront rentables, même
à long terme.

Dans cette course à la productivité à tout prix, que l'on justifie
par la concurrence mondiale sur les produits et services,
on restructure l'emploi pour créer une société à deux vitesses : celle de l'élite instruite et des techniciens des grandes et
moyennes corporations et des organismes publics, concevant
et vendant les systèmes, ou manipulant l'informatique et
les communications; et celle des petits emplois précaires,
déqualifiés et mal payés ne consistant qu'en tâches d'exécution
ou rejetés en marge du système dans des travaux manuels ou
des petites entreprises de commerce, de services d'entretien
ou de sous-traitance. Comme il faut s'y attendre, les femmes,

les jeunes, les vieux, les handicapés et les membres des minorités ethniques se retrouvent dans des ghettos d'emplois caractérisés par la précarité et de piètres conditions de travail. L'application des communications informatisées mène à la centralisation de contrôles permettant au sein d'une entreprise, d'un conglomérat, d'un organisme public de maintenir une certaine cohérence d'ensemble au système productif et de servir comme puissant instrument de parcellisation et de hiérarchisation des tâches.

Ces contrôles s'effectuent notamment par la communication, à des banques centralisées ou en réseaux, de données recueillies lors de tests ou de questionnaires d'embauche ou en cours d'emploi. Le degré d'indiscrétion de ces tests ou questionnaires est ahurissant : certains employeurs veulent connaître toutes les caractéristiques des demandeurs d'emploi, y compris leurs antécédents scolaires, judiciaires, leur état de santé et même leur profil génétique. Les communications informatisées servent aussi à relayer des informations recueillies auprès de tiers, tels les bureaux de crédit, le bureau de renseignements médicaux des assureurs de personnes, les agences de renseignement de toutes sortes, les autres employeurs ou les autres succursales du même employeur. Il existe même un marché noir du renseignement permettant aux employeurs peu scrupuleux d'obtenir des informations sensibles en provenance des organismes du secteur public.

En matière de formation et de qualification de la main-d'œuvre, l'informatique a évidemment amené de nouveaux besoins, et le secteur des communications n'échappe pas à la règle. Sans qu'une nouvelle profession n'émerge encore de ces développements, on voit apparaître de plus en plus de « courtiers d'information », spécialistes des communications informatisées, qui emploient une équipe de gens formés à ces nouvelles techniques. Dans les entreprises et les organismes publics, nombre d'emplois traditionnels sont remplacés par un plus petit nombre d'emplois mieux qualifiés dans le domaine de la télématique, dont l'accès est réservé à ceux qui peuvent se prévaloir d'une formation adéquate; ou alors les emplois existants sont enrichis et les employés vont chercher une formation additionnelle pour répondre aux qualifications exigées.

Sur le plan de l'organisation du travail, l'informatique peut amener en certains endroits une centralisation de la direction en raison de la structuration de l'information organisationnelle : il s'agit évidemment de choix conscients de gérer l'entreprise ou l'organisme de façon hiérarchisée plutôt que par la coopération des diverses unités et de leurs responsables. Mais l'effet des communications informatisées se fait surtout sentir lorsqu'elles permettent de décentraliser les lieux de travail : le télétravail, généralement à domicile mais quelquefois à partir d'« antennes » installées sur le territoire en réseaux, commence à s'implanter comme une nouvelle forme de travail à domicile. Celle-ci, comme les formes qui l'ont précédée dans le secteur manufacturier en particulier, pose une série de problèmes concrets tenant à l'isolement des travailleurs et à l'absence d'un lieu commun de travail, d'un « milieu » de travail permettant les contacts sociaux et le cas échéant l'organisation et l'action syndicales.

4.2.2 Le traitement juridique des problèmes d'emploi

Dans notre système économique capitaliste, il n'existe aucune loi spécifique accordant aux personnes un droit à l'emploi. Même la Charte québécoise des droits et libertés de la personne[1] n'établit pas de droit à l'emploi ou au revenu, mais simplement un droit à un salaire raisonnable tel que la loi le prescrit. Le Code civil du Québec (1991) pour sa part traite du contrat de travail en laissant les parties libres d'y inclure les conditions de travail sur lesquelles elles peuvent s'entendre (ou que l'une est obligée d'accepter) : nulle part il n'y est fait mention que quiconque dans la société aurait la responsabilité de fournir du travail à d'autres. L'emploi, de même que l'organisation du travail, est donc laissé à la discrétion des entreprises privées ou des organismes publics, ou encore des coopératives, puisque les salariés acceptent de travailler sous la direction ou le contrôle de l'employeur. La loi ne régit aucunement les décisions d'implantation des entreprises dans

---

1. Charte des droits et libertés de la personne, L.R.Q., chapitre C-12, art. 46 : « Toute personne qui travaille a droit, conformément à la loi, à des conditions de travail justes et raisonnables et qui respectent sa santé, sa sécurité et son intégrité physique ».

telle ou telle région, ni les décisions d'implantation de l'informatique au sein des entreprises, organismes publics, associations ou coopératives.

Ce que la loi régit un peu par contre, c'est la protection de l'emploi et le licenciement collectif. Certaines dispositions de la Loi sur les normes du travail empêchent les employeurs de congédier ou licencier les travailleurs pour certaines causes, notamment sans cause juste et suffisante; mais l'informatisation n'est pas mentionnée comme cause illégitime de licenciement, ni le manque de qualification comme cause illégitime de congédiement. La Loi sur les normes du travail ne fait pas non plus de distinction reliée à l'informatique lorsqu'il s'agit de prévoir le versement d'indemnités de licenciement, non plus d'ailleurs que le Code civil en matière de délai de congé.

La Loi sur la formation et la qualification professionnelles de la main-d'œuvre complète cette protection minimale sur le plan collectif en prévoyant à son article 45 que les entreprises doivent donner au ministre (et même pas au syndicat) un préavis de deux à quatre mois en cas de licenciement collectif, qui peut être effectivement causé par l'informatisation de l'entreprise. La loi prévoit aussi la formation d'un comité de reclassement, devenue obligatoire depuis 1992 sur demande de la Société québécoise de développement de la main-d'œuvre (Vallée, 1986). Nous ne traiterons pas des règles spécifiques s'appliquant à l'industrie de la construction et au secteur public, régis par des lois particulières[2] et où la tendance actuelle est à la déréglementation et à la suppression de postes (alors que rien ne limite l'investissement en équipements informatiques, au contraire).

Les seules normes juridiques qui peuvent avoir quelque effet pratique sur les problèmes d'emploi et d'organisation du travail, dans l'entreprise privée ou l'organisme public, sont celles qui sont appliquées par les syndicats à la suite de leur inclusion dans des conventions collectives négociées en vertu du Code

---

2. Loi sur les relations du travail, la formation professionnelle et la gestion de la main-d'œuvre dans l'industrie de la construction, L.R.Q., c. R-20; Loi sur le régime de négociation des conventions collectives dans les secteurs public et parapublic, L.R.Q., C. R-8.2.

du travail. Chaque convention peut contenir des dispositions concernant le volume, la structure de l'emploi, l'organisation du travail, ainsi que des règles protégeant l'emploi, notamment en contrôlant l'embauche, en faisant respecter l'ancienneté dans les licenciements et les rappels au travail, en mettant sur pied une procédure de griefs et d'arbitrage pour résoudre les conflits découlant des problèmes de travail liés à l'informatisation.

C'est ainsi par exemple que pourra être annulé, dans certaines circonstances, le congédiement d'un travailleur qui ne maîtriserait pas suffisamment le travail informatique. Dans ce cas, il faut en principe que l'employeur ait donné au salarié une formation adéquate pour lui permettre de remplir les fonctions exigées. La jurisprudence arbitrale (depuis 1990, ces affaires relèvent de la juridiction des commissaires du travail) sous la Loi sur les normes du travail, en cas de congédiement sans cause juste et suffisante, rejoint celle des arbitres de griefs issus des conventions collectives. Signalons enfin que les conventions collectives peuvent suppléer à la faiblesse des dispositions de la loi sur les normes et de la loi sur la formation et la qualification professionnelles, notamment en prévoyant des formalités de fin d'emploi et de recyclage de la main-d'œuvre.

4.3 LES CONDITIONS DE TRAVAIL

4.3.1 Les problèmes de travail reliés aux communications informatisées

Dans un environnement informatisé, les salariés ayant une expertise particulière peuvent être appelés à contribuer à des créations, particulièrement dans le domaine des logiciels, et même dans certains cas à des inventions. Se pose alors toute la question de la propriété de ces créations ou inventions : dans quelle mesure le salarié peut-il en réclamer la paternité et en tirer profit, de concert évidemment avec l'employeur qui l'a appuyé de ses investissements et de son encadrement? Le salarié œuvrant dans le domaine de la communication informatisée peut-il participer sérieusement aux bénéfices générés par son initiative et son esprit d'invention?

Dans l'exécution de son travail, le salarié doit observer certaines obligations, principalement celle de la confidentialité, qui vise à la fois à protéger les informations à valeur commerciale de son employeur et les renseignements personnels dont la divulgation pourrait causer du tort aux personnes concernées. Cette obligation est particulièrement importante dans le domaine des communications informatisées, dont la sécurité doit être assurée, surtout lorsqu'il s'agit de renseignements personnels. Les divulgations non autorisées par des salariés à des concurrents ou à des tiers sont souvent identifiées comme un danger plus grand pour l'entreprise que l'espionnage industriel effectué de l'extérieur (voir le cas des « crypto rebelles » au chapitre 2).

L'obligation de confidentialité se prolonge aussi au-delà de l'expiration du contrat de travail, et particulièrement lorsque le salarié quitte son employeur pour aller lui faire concurrence dans une autre entreprise. Il peut se poser aussi à cette occasion certains problèmes reliés à la propriété des droits sur les œuvres créées par l'employé alors qu'il était à l'emploi de son ex-employeur.

D'autres obligations incombent au salarié en ce qui concerne le respect de la propriété de l'employeur. Dans quelle mesure le salarié peut-il, par exemple, utiliser le matériel de communication informatique de son employeur à des fins personnelles? À quoi s'expose-t-il en cas d'utilisation non autorisée de ces installations, ou lorsqu'il intervient au niveau des données, particulièrement des données personnelles, pour les consulter, les modifier ou les détruire illégitimement? Ces irrégularités peuvent prendre une telle ampleur qu'elles se transforment en « criminalité informatique » ou « criminalité de col blanc ».

Les employés n'ont pas que des obligations, ils ont aussi des droits. Et d'abord, des droits reliés au traitement des renseignements que l'employeur détient sur leur compte, généralement dans les dossiers d'employés. Peut-on contrôler la pertinence et la qualité de l'information figurant à ces dossiers? Les salariés y ont-ils accès, et peuvent-ils les faire rectifier? L'employeur peut-il s'en servir non seulement pour des fins de gestion des salaires, mais aussi pour la sélection, la discipline, la vente ou la prospection commerciale, ce dernier usage se multipliant grâce aux facilités offertes par l'informatisation des dossiers?

Nous avons vu au chapitre 2 que les communications informatisées peuvent aussi constituer une méthode moderne de surveillance du travail. L'informatique permet en effet d'enregistrer les moindres mouvements de l'opérateur et de calculer sa vitesse, sa productivité, tout en surveillant la pertinence de son travail, les appels personnels, les temps morts... L'employeur peut-il avoir accès au courrier électronique de ses employés, ou ceux-ci bénéficient-ils d'un droit à la confidentialité dans leurs communications avec l'extérieur depuis leur lieu de travail?

Le travail sur ordinateur peut entraîner des problèmes physiques, de posture et de vision, résultant de l'aménagement des lieux de travail. Ce travail peut aussi causer des troubles physiques plus généraux : gastriques, cardiaques, céphaliques, émotionnels et des problèmes psychiques reliés à la charge de travail, au manque de maîtrise, au manque de formation, à l'isolement, à la monotonie de la tâche, à la surveillance. Le stress accumulé par le travail effectué sur ordinateur dans le domaine des communications produit des problèmes de santé : dans quelle mesure ces affections sont-elles reconnues comme maladies professionnelles et indemnisées en conséquence? Et peut-on prendre des moyens d'empêcher préventivement que des dommages soient causés à la santé par l'environnement informatique?

4.3.2 Le traitement juridique de ces problèmes

Le droit apporte des réponses assez variées à cet ensemble de problèmes. Nous les décrirons en suivant la structure des lois, à commencer par la Charte québécoise des droits et libertés de la personne, qui prévoit que toute personne a droit à la sauvegarde de sa dignité, de son honneur, de sa réputation, ainsi qu'au respect de sa vie privée et au secret professionnel. Ces droits, qui s'appliquent aussi bien aux salariés dans leurs rapports de travail avec leur employeur, sont décrits et encadrés par des conditions d'exercice et des recours dans diverses lois.

Le Code civil du Québec en énonce quelques-uns dans ses articles 35 à 41, de droit nouveau, portant sur le respect de la réputation et de la vie privée. Ces articles créent des obligations pour les employeurs à l'égard des renseignements recueillis sur leurs salariés, qui doivent être pertinents à l'objet du dossier, c'est-à-dire en pratique qu'ils ne doivent concerner que le travail et non la vie personnelle du salarié. Ces renseignements ne peuvent être utilisés à des fins incompatibles ni être communiqués à des tiers sans le consentement de l'intéressé. Le Code prévoit un droit d'accès des personnes à leur dossier et un droit de rectification des inscriptions inexactes, incomplètes ou équivoques, périmées ou non justifiées par l'objet du dossier.

Ces dispositions, qui s'imposent à tous les employeurs, sont complétées dans le secteur privé par la Loi sur la protection des renseignements personnels dans le secteur privé (1993), d'adoption toute récente, qui en précise la portée et qui offre, en matière d'accès et de rectification des dossiers, des recours devant la Commission d'accès à l'information plus adéquats que les recours judiciaires ordinaires découlant du Code civil. Ces règles rappellent celles qui prévalent dans le secteur public depuis l'adoption en 1982 de la Loi sur l'accès aux documents des organismes publics et sur la protection des renseignements personnels.

Notons aussi que le Code civil, par la même occasion, fait aux salariés l'obligation de respecter la vie privée et la confidentialité des renseignements concernant les personnes sur les dossiers desquelles ils travaillent dans leurs communications informatisées. Cette obligation est précisée avec force détails dans les deux lois de protection des renseignements personnels mentionnées : la défaillance du salarié d'observer les règles entraîne la responsabilité civile et pénale de son employeur, qui peut en retour prendre des mesures disciplinaires contre l'employé en défaut. Dans la même veine, pour le secteur privé, l'article 10 de la nouvelle loi oblige l'employeur à prendre et appliquer des mesures de sécurité propres à assurer le caractère confidentiel des renseignements, ce qui vaut autant à l'égard des dossiers des employés qu'à l'égard des manipulations et communications informatisées de données concernant des tiers par les employés.

Dans les deux lois de protection des renseignements personnels, le respect des droits des salariés et de la confidentialité des données les concernant est une notion toute relative, car une série impressionnante d'exceptions permettent à un employeur soit de refuser à son employé d'avoir accès à son dossier, en tout ou en partie, soit d'en communiquer la teneur à divers organismes (comme la police) ou même diverses entreprises (comme les entreprises de recouvrement de créance) sans le consentement de la personne intéressée. Les organismes publics possèdent aussi, comme les enquêteurs privés, de multiples possibilités de s'échanger des renseignements sur les personnes, notamment les employés. Cet état de fait a toujours existé mais il devient plus sérieux avec les communications informatisées qui permettent de fournir plus de renseignements à une plus grande vitesse.

La nouvelle loi touchant le secteur privé comprend aussi une série de dispositions novatrices qui permettent à l'employeur de vendre la liste de ses employés, comprenant leur nom, leur adresse et leur numéro de téléphone, à une entreprise de prospection commerciale ou philanthropique (ce qui comprend les associations et organismes publics ou privés sans but lucratif), à la condition qu'il ait, avant cette communication, « accordé aux employés l'occasion valable de refuser que ces renseignements soient utilisés par un tiers à des fins de prospection commerciale ou philanthropique ». Il peut utiliser cette liste sans le consentement des employés, par exemple pour leur expédier des prospectus, à la condition de leur fournir encore une fois, mais pas nécessairement avant, l'occasion valable de refuser que leur nom soit utilisé à ces fins.

Pour en terminer avec le Code civil, notons dans le domaine du contrat de travail que rien ne peut empêcher l'employeur d'exercer une surveillance de ses employés, sauf l'énoncé du principe général du respect de la vie privée, l'article 36 du

Code caractérisant comme une atteinte le fait d'« intercepter ou utiliser volontairement une communication privée » ou celui de « surveiller sa vie privée par quelque moyen que ce soit ». Mais, argumenteront les employeurs, les communications sur les lieux de travail ne sont pas censées être privées, de sorte que leur surveillance par l'employeur ne contreviendrait pas à l'article 36.

Quant à la question de la concurrence, elle est traitée plus en détail à l'article 2089 du Code civil, qui stipule que le salarié peut accepter par contrat de ne pas concurrencer son employeur pendant un temps, pour un territoire et dans un domaine raisonnablement limités par la protection des intérêts légitimes de l'employeur. Dans les emplois de l'informatique, la coutume des employeurs est de faire signer de telles clauses contractuelles à l'embauche, dont il arrive que certaines soient annulées par les tribunaux en raison de leur caractère excessif portant atteinte au principe de la liberté du travail[3].

La question de la propriété des créations de salariés en matière de logiciels, qui peut avoir une incidence sur le travail des informaticiens impliqués dans les communications informatisées, est régie par la Loi sur le droit d'auteur (1985), qui attribue tous les droits d'auteur à l'employeur sauf convention contraire avec l'employé. Celui-ci conserve depuis 1988 son droit moral sur la paternité de son œuvre, mais on voit mal dans quelles circonstances il pourrait l'exercer en matière informatique. La jurisprudence illustre certains cas où il a été difficile de déterminer à la fois le statut du salarié (plusieurs informaticiens agissant comme entrepreneurs indépendants dans des relations contractuelles avec une entreprise) et les circonstances démontrant que l'œuvre n'a pas été exécutée dans l'exercice d'un emploi[4].

---

3. Voir par exemple *Koné Inc. c. Dugré*, J.E. 91-1392 (C.S., J. René Letarte); *Positron c. Desroches*, (1988) R.J.Q. 1636 (C.S., J. Biron). Par contre, les cas où les clauses de non-concurrence sont déclarées valides semblent proportionnellement plus nombreuses dans le domaine de l'informatique, par exemple : *Ressources informatiques Quantum inc. c. Brisson*, J.E. 92-530 (C.S. Québec, J. Desmeules); *Godin c. Gary Abrahams Business Consultants Inc.*, [1986] R.J.Q. 809 (C.S., J. Hannan).

4. Voir par exemple *Amusements Wiltron Inc. c. Mainville et Kraml*, J.E. 91-1182 (C.S. Montréal); *Dubois c. Systèmes de gestion et d'analyse de données média, Média-Source Canada Inc.*, J.E. 91-922 (C.S. Montréal).

La Loi sur les normes du travail ne comprend pas de disposition particulière touchant les conditions du travail informatique. Il faut signaler que la loi s'applique non seulement aux salariés au sens du Code du travail, mais aussi à certains cadres intermédiaires, statut que l'on retrouve souvent chez les informaticiens. L'article 3, par. 6° n'exclut que les cadres supérieurs. La Loi sur les normes du travail n'étant pas une loi de relations de travail, elle ne trace pas une ligne de partage aussi étanche que celle du Code du travail entre le personnel de direction et le personnel d'exécution. Cette loi présente pour les informaticiens certains avantages appréciables, notamment le paiement des heures supplémentaires à un taux majoré de 50 %, le paiement de jours de congé fériés et de congés annuels, de congés pour événements familiaux et le droit à un avis de cessation d'emploi et à un certificat de travail. Deux articles introduits en 1990 permettent aux salariés à temps partiel, dont beaucoup travaillent dans le domaine de l'informatique, de bénéficier de la proportionnalité en matière de salaire et de congé annuel.

La Loi sur la santé et la sécurité du travail comporte des normes générales selon lesquelles « le travailleur a droit à des conditions de travail qui respectent sa santé, sa sécurité et son intégrité physique » et « l'employeur doit prendre les mesures nécessaires pour protéger la santé et assurer l'intégrité physique du travailleur ». Les travailleurs bénéficient particulièrement, en vertu de cette loi, du droit de refus d'effectuer un travail dangereux et du droit de retrait préventif, particulièrement de la femme enceinte. Ce dernier droit est souvent exercé par les personnes travaillant dans l'informatique, devant des écrans cathodiques, même s'il ne semble pas encore exister de preuve scientifique concluante de la nocivité des radiations. Quant au stress engendré par ce type de travail, il est rarement et difficilement reconnu comme maladie pouvant être compensée par la Loi sur les accidents du travail. Lippel (1993) signale que dans un cas la Commission des affaires sociales a reconnu à titre de maladie professionnelle une dépression situationnelle reliée au travail prolongé avec des écrans cathodiques.

Le Code du travail n'établit pas directement les conditions de travail, mais prévoit un cadre juridique pour la négociation de ces conditions par des syndicats regroupant des salariés et concluant des conventions collectives. Vu l'importance contemporaine de ce régime, nous en ferons une étude plus élaborée dans la section qui suit.

4.4 LA SYNDICALISATION ET LES RAPPORTS COLLECTIFS DE TRAVAIL

Le syndicalisme ayant mis un siècle environ à s'intégrer à la légalité, sa constitution et son action sont maintenant si solidement et si intimement structurées par le droit, qu'il y a lieu de traiter ensemble les problèmes (souvent juridiques) et les solutions ou l'encadrement juridique qui y sont apportées.

4.4.1 Le syndicalisme et l'informatisation du travail

Comme nous l'avons vu, les changements technologiques remettent en question bien des situations acquises : la structure du syndicalisme est changée à la fois par la recomposition de la main-d'œuvre, la variation des statuts d'emploi, la perte nette du volume d'emploi se répercutant souvent directement sur les effectifs syndicaux et les possibilités de communications informatisées à distance, comme les guichets automatiques et le télétravail, qui peuvent compliquer singulièrement le blocus d'une entreprise en temps de grève et priver les travailleurs de précieux moyens de pression.

Ces réalités nouvelles pourraient se répercuter sur la régie interne des syndicats, par les possibilités qu'offrent les communications informatisées (en matière de scrutins par exemple, ou de divulgation des listes de membres). Cette régie interne appartient au domaine contractuel, sauf certaines dispositions d'ordre public introduites au Code du travail, concernant les élections des officiers d'une association accréditée, les votes de grève au scrutin secret, les scrutins d'approbation des conventions collectives et l'accès aux états financiers. Quant à la détermination des unités de négociation, visant à décider quels ensembles de travailleurs pourront être représentés par une association accréditée, elle est affectée dans certains cas par l'informatisation qui change les contenus de tâches et réorganise parfois complètement le travail[5] : se pose naturellement la question de savoir, dans certaines situations, si les départements informatiques devraient constituer des unités séparées en raison de leur spécificité.

Les règles régissant l'action syndicale n'ont pas été modifiées avec la venue de l'informatique et la jurisprudence traditionnelle concernant la protection de la propriété privée continue de s'appliquer et de faire obstacle à un piquetage efficace[6] des guichets automatiques par exemple, qui pourraient difficilement passer pour des briseurs de grève et tomber sous le coup des mesures de l'article 109.1 du Code du travail. Quant aux interférences des communications informatisées sur les réseaux que pourraient tenter des grévistes, elles sont directement visées par les dispositions du Code criminel réprimant autant les usages non autorisés d'ordinateurs que les méfaits portant sur les données informatisées.

4.4.2 La négociation des changements technologiques

La négociation des conventions collectives pouvait s'avérer illusoire lorsque certaines entreprises ou organismes publics introduisaient des changements technologiques en cours de convention collective, sans que celle-ci ne comprenne de dispositions prévoyant une telle éventualité : en raison de la théorie des pouvoirs de gérance résiduaires, les syndicats et

---

5. Voir par exemple *Union typographique de Québec, local 302 c. Syndicat des employés du personnel de soutien de la rédaction du Soleil (CSN)*, (1975) T.T. 84, où l'on a rattaché les nouvelles fonctions de dactylos OCR à l'unité de négociation existante. Les arbitres de griefs peuvent aussi intervenir dans des questions de juridiction sur les tâches, par exemple *Canadian International Paper c. Syndicat international des employés professionnels et de bureau local 265 de Trois-Rivières*, 1990 T.A. 661, arb. Michel Bergevin, où le syndicat craignait que par le biais de l'informatique l'employeur puisse vider de sa substance une classe d'emploi couverte par la convention collective.

6. Voir par exemple, sur le piquetage secondaire, *Les magasins Continental Ltée c. Syndicat des employé(es) de commerce de Mont-Laurier (CSN)*, [1988] R.J.Q. 1195 (C.A., J. Rothman).

les membres syndiqués se trouvaient alors privés de tout recours. C'est pourquoi le Code canadien du travail fut modifié en 1971 pour introduire de nouvelles dispositions sur le changement technologique, aux articles 149 à 153. Dans leur version actuelle, elles définissent le changement technologique comme la mise en service d'installations ou d'outillages différents par leur nature ou leur espèce, ou comme un changement organisationnel consécutif à cette mise en service. Le changement projeté doit vraisemblablement avoir pour effet de modifier les conditions ou la sécurité d'emploi d'un nombre important d'employés. Lorsqu'un employeur projette d'introduire un tel changement en cours de convention collective, il doit en donner au syndicat un avis préalable de 120 jours. En cas de mésentente sur les obligations de l'employeur, le Conseil canadien des relations du travail a le pouvoir d'ordonner la suspension du changement pendant un maximum de 120 jours, la réintégration des employés déplacés dans leurs fonctions avec remboursement des pertes de salaires et la signification d'une mise en demeure de négocier la modification de la convention collective ou l'insertion dans la convention de nouvelles dispositions.

Depuis leur adoption, ces dispositions ont été très peu utilisées. Au Québec, rien dans le Code du travail n'est encore prévu en cas de changement technologique et il faut se rabattre sur l'étude des conventions collectives pour déterminer l'impact de ces changements en droit des rapports collectifs du travail. Le Rapport de la Commission Beaudry (1985) a recommandé que soient introduites au Code du travail du Québec des dispositions qui se modèlent sur celles du Code canadien du travail, en les élargissant. Compte tenu de plus de 20 ans d'expérience fédérale avec ce type de dispositions, on peut douter de la pertinence et de l'efficacité de cette recommandation, qui n'a encore reçu aucune suite.

4.4.3 La convention collective et les changements technologiques

À défaut de dispositions législatives, c'est par le biais des conventions collectives que l'on peut chercher à contrôler plus strictement les changements technologiques. Et d'abord, ces derniers devraient y être définis, préférablement en termes assez larges. Le processus d'introduction du changement peut y être prévu : on fera appel au syndicat et aux salariés, en instituant des préavis, des consultations, la formation de comités conjoints, la réouverture des négociations sur le sujet, ou des formules d'arbitrage des mésententes qui pourraient se soulever. Les répercussions sur l'emploi et l'organisation du travail peuvent être importantes : dans certains cas, les clauses de maintien du salaire et de sécurité d'emploi trouvent toute leur utilité, particulièrement celles relatives à l'ancienneté, à l'embauche et à la réembauche, à la sous-traitance et aux indemnités pour perte d'emploi. Des clauses peuvent aussi prévoir des programmes de formation, de recyclage, de garantie de travail et de partage du travail.

En cas de conflit dans l'interprétation des dispositions des conventions collectives, l'affaire peut être soumise à un arbitre de grief; la jurisprudence qui en résulte est assez réticente à reconnaître des droits aux salariés affectés par les changements technologiques[7]. On invoque même la doctrine du congédiement administratif pour priver de tout recours les salariés qui ne réussissent pas à se qualifier, sont incompétents, ou ne collaborent pas suffisamment à leur recyclage[8].

---

7. Voir *Société d'électrolyse et de chimie Alcan Ltée, division Arvida c. Syndicat national des employés de l'aluminium d'Arvida Inc.*, René Lippé, arb., (1983) T.A. 886; *Québec North Shore and Labrador Railway c. Métallurgistes Unis d'Amérique, loc. 8399*, (1984) D.T.E. 84T-258, René Lippé, arb.; *Syndicat des postiers du Canada c. Société canadienne des postes*, Rodrigue Blouin, arb., (1985) D.T.E. 85T-344; *Transvision Granby Inc. c. Saint-Laurent*, Jacques Sylvestre, arb., (1983) D.T.E. 83T-167; *Association du personnel administratif et professionnel de l'Université de Sherbrooke (APAPUS) c. Université de Sherbrooke*, Jean-Guy Clément, arb., (1983) 83 T-867; *Dismat Inc. c. Syndicat des employés de bureau de Dismat Inc.*, Guy Dulude, arb., (1982) D.T.E. T82-450; *Syndicat canadien des travailleurs du papier, secteur Saint-Thomas, c. Donohue Saint-Félicien Inc.*, Jacques Turcotte, arb., (1982) D.T.E. T82-890; *Mines d'amiante Bell Ltée c. Métallurgistes Unis d'Amérique, local 8026*, René Lippé, arb., (1985) D.T.E. 85T-348.

8. Voir *Petits Frères des Pauvres c. Sobrino*, Jean-Yves Durand, arb., (1982) T82-307; *Murray c. Circle International Freight Canada*, Richard Marcheterre, arb., (1983) D.T.E. 83T-206.

4.5 LA RÉGLEMENTATION DES PROFESSIONS

Certains travailleurs possédant des connaissances et une expertise particulières se sont regroupés depuis longtemps en corporations et ont réussi à se faire reconnaître par l'État des monopoles de pratique sur un champ d'activité : c'est le cas des médecins, des avocats, des ingénieurs, pour n'en nommer que les plus anciens et les mieux installés. Certaines nouvelles professions se sont vu reconnaître un statut privilégié au Québec, à l'occasion de la première réforme du système de santé ayant entraîné l'adoption du Code des professions et la création de l'Office des professions. Plusieurs métiers, les électriciens et les plombiers par exemple, bénéficient aussi de règles particulières qui, sans leur donner un monopole, exigent des qualifications pour pouvoir pratiquer et encadrent cette pratique. Le corporatisme professionnel s'étant maintenant bien intégré à la structure juridique, au point de s'y confondre, nous allons les étudier ensemble, en examinant quelle en est la pertinence en regard des communications informatisées. Ces dernières étant effectuées principalement par des informaticiens, c'est sur cette profession que nous ferons porter notre réflexion.

4.5.1 Délimitation des champs de pratique et organisation

Nous avons brièvement examiné comment les informaticiens pouvaient se regrouper en syndicats, pour négocier des conventions collectives avec leurs employeurs. Mais il n'est pas sûr que tous les contextes se prêtent à une syndicalisation délimitée par la profession d'informaticien, pour ne regrouper que des spécialistes de cette discipline (qui reste encore très diversifiée). Et ceux-ci, comme bien des « professionnels », peuvent ne pas être tentés par l'idéologie et le mode de fonctionnement syndical, centré principalement sur la revendication de conditions de travail de base et sur la protection de l'emploi, et prêchant officiellement la solidarité entre travailleurs de toutes classes et de toutes formations. L'idéologie et l'organisation corporatistes, pour leur part, insistent sur la spécificité de leur champ de pratique et la compétence de leurs membres pour en faire un groupe à part, sans distinction entre patrons et salariés, qui voit à sa propre gestion et assure sa propre discipline, tout en affichant un élitisme qui les fait réclamer un traitement privilégié dans la société. Évidemment, ces deux approches s'interpénètrent souvent : le corporatisme fleurit dans certains syndicats, qui s'accaparent un marché et contrôlent l'exercice du métier par la convention collective, le décret ou l'intervention législative ou réglementaire, et qui réclament le maintien des écarts de revenus avec les autres métiers ou classes d'emploi. En revanche, les professionnels qui devraient être les plus dévoués au bien public, comme les médecins, recourent aux méthodes syndicales de la lutte économique la plus dure, comme la grève, pour maintenir et décupler leurs privilèges de classe.

Les informaticiens ne sont pas encore organisés ni en syndicat ni en profession distincte. Disons qu'ils composent une nouvelle profession, surgie d'une technique toute récente. Pour l'instant, leurs regroupements sont volontaires et servent d'organismes d'identification à une profession et de groupes de pression auprès du public, des entreprises et des gouvernements. Ces groupes se constituent en spécialité sur la base principale de la formation reçue, et secondairement de l'expérience acquise avant que des cours universitaires ou collégiaux menant à des diplômes reconnus ne consolident la diplomation comme critère d'appartenance. En plus d'être un lieu de rencontres entre personnes de la même formation et de la même spécialité, ils organisent des conférences, offrent des cours et publient des revues de spécialité, le tout dans le but d'offrir des services à leurs membres et de démontrer au public la compétence de ces membres et leur capacité de bien servir le public.

L'étape suivante consiste à élaborer des codes d'éthique, d'abord pour donner une indication claire des normes applicables à la profession, ensuite, dans la mesure où ils ont acquis une certaine influence, dans le but de discipliner les membres et d'exclure les récalcitrants dans l'espoir que l'appartenance à l'organisation continue à rallier la confiance du public et des employeurs. Évidemment, on peut viser plus haut et avec le temps tenter d'obtenir un statut de corporation professionnelle sous le Code des professions, avec un titre réservé (que nul ne peut utiliser s'il n'est membre de la corporation des informaticiens par exemple), puis avec un champ de pratique réservé aux seuls membres de la corporation : c'est le monopole légal, avec tous ses privilèges et aussi ses responsabilités. À titre d'exemple, l'Association professionnelle des informaticiens et informaticiennes du Québec, regroupant des analystes en informatique diplômés d'universités, a été formée précisément dans ce but. Elle reconnaît des diplômes pour fins d'appartenance, possède son code de déontologie, présente des mémoires en commission parlementaire et des demandes de reconnaissance à l'Office des professions. Mais elle ne gère pas de titre réservé ni ne possède de champ exclusif de pratique.

La première difficulté, lorsqu'on est en présence d'une nouvelle profession, est de la définir et d'en délimiter le champ de pratique. Or l'informatique et les télécommunications se sont développées très vite, trop vite pour suivre rapidement le long cheminement menant à la consécration professionnelle. Beaucoup de gens ont appris l'informatique sur le tas, par la pratique. D'autres ont suivi des cours dans des écoles techniques, dans des programmes collégiaux ou universitaires. Les pratiques sont diversifiées, étant donné que l'informatique et les télécommunications ont pénétré à peu près partout dans les dix dernières années. Les degrés d'expertise requis pour utiliser ces techniques, ou pour les gérer, sont infiniment variés. Pour accorder un monopole, la loi doit définir, donc délimiter.

La compétence étant le principe actif légitimant l'attribution d'un monopole pour la protection du public, autrement dit la raison ultime du monopole étant de protéger le public contre les incompétents dans un domaine d'expertise, la qualification des membres se fera préférablement à partir de la diplomation, acquise d'une formation formelle sanctionnée par un établissement reconnu, plutôt que par la simple expérience, plus difficile à qualifier. Quant au champ de pratique, il sera défini par la description d'un ensemble d'opérations requérant un savoir formalisé et spécialisé. En matière d'informatique et de communications, nous sommes encore loin de l'établissement d'un tel statut juridique.

Signalons cependant que l'informatique et les communications n'étant pas l'apanage d'une classe particulière de personnes ou de diplômés, certaines autres professions, déjà bien installées, en font un large usage, au point où elles pourraient réclamer de larges secteurs de pratique comme appartenant à leur champ réservé. On peut penser par exemple aux comptables, ou aux ingénieurs de plusieurs spécialités, qui s'approprient ces nouvelles technologies et en deviennent des experts. Les champs de pratique de ces professions ne sont pas décrits par les techniques utilisées, mais par les opérations effectuées (travaux de comptabilité, d'ingénierie), et n'excluent pas la possibilité d'effectuer certains travaux en dehors du champ réservé. Des tentatives de circonscrire un champ de pratique pour les informaticiens pourraient bien se heurter aux revendications de ces professions plus anciennes, qui en demanderaient vraisemblablement au moins le partage.

4.5.2 Obligations professionnelles et responsabilité

Si les informaticiens et les communicateurs ne sont pas encore organisés en profession, ils sont tout de même assujettis à certaines obligations qui relèvent de la nature de leur travail. Évidemment, ceux d'entre eux qui appartiennent à des professions constituées sont soumis aux normes du secret professionnel, tel qu'il se trouve énoncé à l'article 9 de la Charte des droits et libertés et dans les codes de déontologie de diverses corporations professionnelles[9]. Pour les autres, il existe des codes de conduite volontaires, comme le Code de déontologie de l'Association professionnelle des informaticiens et informaticiennes du Québec (APIIQ) actuellement en révision; on peut mentionner aussi la Canadian Information Processing Society, *The Protection of Privacy in Information Systems, Operational Guidelines*, datant de mai 1988.

---

9. Par exemple, le Code de déontologie des comptables agréés, adopté en vertu de la Loi sur les comptables agréés; le Code de déontologie des ingénieurs, adopté en vertu de la Loi sur les ingénieurs.

Le code de l'Association canadienne de l'informatique (ACI), par exemple, énonce explicitement son objectif d'éviter que les cas d'atteintes à la vie privée par les communications informatisées ne mènent à l'adoption de lois « dures » pour réprimer les abus. Il s'adresse davantage aux directions d'entreprises, qu'il incite à adopter des politiques de traitement des données, qu'aux informaticiens effectuant le travail, qui eux y sont assujettis. L'organisme doit protéger le public notamment contre la diffusion non autorisée de renseignements personnels, principalement par des mesures de sécurité (techniques et organisationnelles), de classification des documents (confidentiels, restreints, internes, publics), et par l'engagement des employés à respecter ces mesures. Les responsabilités du gérant des ressources informatiques et du responsable de la qualité des fichiers sont aussi détaillées que celles des utilisateurs, qui comprennent toute personne ayant accès aux données, celles des fournisseurs et celles des vérificateurs des données, internes comme externes à l'organisation.

Les codes d'éthique n'ont pas de valeur juridique contraignante. Cependant les contrats en ont, et particulièrement les contrats d'emploi, par lesquels un informaticien ou un communicateur peut s'engager à respecter certaines normes, parfois celles que l'on retrouve dans les codes d'éthique, parfois des normes plus ancrées aux intérêts de l'entreprise ou de l'organisation, notamment en ce qui concerne la préservation de la confidentialité des renseignements et des secrets industriels ou d'affaires. En cas de violation de ces engagements, les sanctions sont la plupart du temps disciplinaires : remontrance, avis versé au dossier, suspension ou renvoi. Les mesures disciplinaires relevant de la discrétion de la direction, elles ne seront vraisemblablement pas prises si la violation a profité aux intérêts de l'organisation (par exemple, une vente non autorisée de listes de noms).

Quant au public, sa seule façon de se protéger, en l'absence d'un encadrement juridique professionnel, est la voie des recours en responsabilité civile, lorsque peut être démontré un préjudice causé par une violation des règles de conduite devant être respectées par le professionnel, « suivant les circonstances, les usages ou la loi » ou selon ses engagements contractuels. Si elle réussit à démontrer ces divers éléments (obligation, préjudice et lien de causalité), la personne lésée a droit à des dommages et intérêts. Mais ces recours devant les tribunaux ordinaires sont aléatoires pour deux raisons principales : ils entraînent des frais et des délais importants (sauf à la division des petites créances, où ce sont des problèmes d'insuffisances de la procédure et de la preuve qui peuvent mettre les bonnes créances en péril), et ils sont entendus par des juges généralistes qui ne possèdent pas toujours l'expertise technique requise. Sur le plan social, ces recours à la pièce ne contribuent qu'indirectement à résoudre les problèmes généraux qui découlent de la gestion informatique : leur exemplarité peut jouer dans certaines circonstances mais n'est pas automatiquement acquise. C'est pourquoi les solutions professionnelles semblent préférables : mais elles représentent le danger de l'autosuffisance et de l'érection de protections blindées des professions sans droit de regard des représentants du public.

4.6 **CONCLUSION**

Ce tour d'horizon nous a montré la multiplicité des problèmes reliés au travail dans le domaine des communications informatisées. Ce champ étant en pleine expansion, il n'est pas très structuré sur le plan des conditions d'emploi et des relations du travail. On pourrait dire qu'il en est à sa phase primitive : le document le plus important reste le contrat individuel de travail; les personnes changent fréquemment d'emploi et de statut, de sorte que les intérêts communs ont peine à émerger. Les conventions collectives peuvent inclure des salariés informaticiens ou communicateurs, mais le syndicalisme ne semble pas encore constituer une base de regroupement et de structuration solide, alors que le corporatisme professionnel paraît avoir le vent dans les voiles.

Les conflits avec les employeurs sont souvent résolus par des départs volontaires vers des emplois souvent plus avantageux. L'appropriation des inventions ou des œuvres peut occasionnellement susciter des enjeux juridiques importants, en raison des sommes impliquées. Les conditions de travail laissent souvent à désirer, mais les lignes de promotion passent par les changements d'emplois ou la formation d'une entreprise autonome concurrençant l'ancien employeur. Bref, voici un secteur de droit en pleine formation (Thomasset et Laperrière, 1988), davantage voué pour le moment à la défense de la propriété des entreprises et de l'autorité des organismes publics, et à la promotion des droits individuels des professionnels, qu'à la reconnaissance de droits collectifs et syndicaux. L'émergence de codes d'éthique ou de déontologie (Laperrière, 1989)[10] laisse présager un encadrement futur plus serré par le droit, qui jusqu'ici ne régit que marginalement le statut et les activités des personnes impliquées dans les communications informatisées.

---

10. Voir Laperrière, René, « L'informatique en quête d'éthique », dans *L'éthique professionnelle, Réalités du présent et perspective d'avenir au Québec*, Cahiers de recherche Éthique 13, Fides, 1989, p. 129-142.

DEUXIÈME

PARTIE

**COMMUNICATION INFORMATISÉE
DANS LA SOCIÉTÉ**

INTRODUCTION

Dans la première partie, nous avons discuté plusieurs aspects de l'insertion montante de la communication informatisée dans la société. Nous avons d'abord résumé certains concepts théoriques pouvant aider à cerner les questions soulevées par ce phénomène, nous attardant plus particulièrement à l'analyse critique. Guidés par cette approche, nous avons ensuite examiné les enjeux – économiques, politiques, sociaux – émergeant de l'implantation de technologies de communication informatisée dans la société. Nous avons finalement étudié l'aspect juridique de la question, tant sur le plan de la vie sociale que dans le monde du travail. Ces discussions donnent une vue d'ensemble du phénomène de la communication informatisée dans la société. Nous aimerions maintenant rétrécir l'objet de notre analyse et nous attarder sur certains cas particuliers d'insertion de cette forme de communication dans différents secteurs de la société.

La communication informatisée a été implantée graduellement dans à peu près tous les secteurs de la société. Les conditions économiques, politiques et sociales soutenant les différents processus d'implantation fluctuent selon les secteurs de même que selon les motifs à l'origine du processus. Ceci étant, les changements et les réactions qu'ils provoquent varient selon la forme de communication informatisée insérée dans le milieu de travail et selon la sphère sociale dans laquelle elle a été inscrite.

Les six prochains chapitres utilisent une approche critique pour discuter de l'implantation de la communication informatisée dans six domaines sociaux différents. Nous avons choisi des domaines familiers à la majorité des gens comme ceux de la santé, de la sécurité publique et de l'éducation. Nous avons aussi voulu examiner le cas d'une entreprise privée car la majorité des travailleurs sont employés dans ce type d'entreprise. Finalement, comme la communication informatisée, aussi bien dans le domaine public que privé, se répand de plus en plus sur le plan international, généralement par le biais d'entreprises internationales comme les banques, les compagnies d'assurances et autres du même genre qui gèrent nos dossiers, nous avons cru qu'il serait intéressant d'examiner de cet aspect dans un autre chapitre.

Nous tenons à préciser que les cas présentés ne sont pas examinés dans tous les détails et de façon exhaustive. D'abord, notre objectif n'est pas de former des spécialistes dans chacun de ces domaines, mais plutôt de familiariser le lecteur avec la question en lui donnant des connaissances lui permettant de jeter un regard critique sur le phénomène de la communication informatisée dans divers secteurs de la société. Ensuite, il n'existe encore que peu d'études sur le sujet, et la question change rapidement en raison du développement accéléré des technologies permettant la communication informatisée. Nous croyons donc qu'un point de vue critique sera utile à nos lecteurs en ce sens qu'il pourra s'adapter aux changements prévus pour les prochaines années.

Dans le chapitre 5, nous examinons les diverses formes de communication informatisée implantées dans les institutions financières et la façon dont elles sont utilisées selon les classes sociales auxquelles les gens appartiennent. Les chapitres 6, 7 et 8 sont consacrés aux institutions publiques.

Le chapitre 6 étudie les réactions des forces policières de deux organisations, provinciale et urbaine, à l'insertion d'une technologie de communication informatisée dans leur milieu de travail, réactions aux changements que cette insertion a apportés à la nature de leur travail, aux structures de leur organisation de même qu'à leur culture organisationnelle.

Le chapitre 7 analyse une expérience pilote d'utilisation de la carte de santé informatisée dans une région du Québec. Il fait part des avantages prévus et actuels, de même que de certains problèmes que cette carte soulève. Dans le chapitre 8, nous examinons les possibilités que l'utilisation de la communication informatisée apporte dans le secteur de l'éducation, aussi bien au niveau supérieur comme dans les universités, qu'au niveau primaire par le biais d'une expérience d'éducation à distance effectuée dans une école élémentaire.

Le chapitre 9 consiste en une étude originale d'insertion d'une technologie de communication informatisée dans une entreprise privée. Elle dévoile la complexité de la relation entre usagers et machine et du processus d'adaptation aux changements que la technologie apporte. Enfin, le chapitre 10 discute des questions multiples et complexes que l'internationalisation de la communication informatisée crée sur le plan national et international, tant au niveau économique et politique que social. Il s'attarde particulièrement à un modèle, celui de Mowlana, qui présente les diverses composantes de cette forme complexe de communication informatisée.

COMMUNICATION INFORMATISÉE
DANS LE DOMAINE FINANCIER

Par Marion LEPRESLE
Centre national d'études en télécommunications
Paris

5.1 INTRODUCTION

Dans ce chapitre, nous examinons globalement les impacts sociaux et culturels de la communication informatisée lorsqu'elle s'applique aux outils technologiques utilisés par les particuliers dans le domaine financier. Ces outils, pour le public, se regroupent sous le terme de *monétique* ou monnaie électronique.

Nous avons choisi, pour illustrer notre propos, un extrait de l'ouvrage de Marion Lepresle *Argent, monétique et utilisateurs* (Département Usages Socio-Techniques, R1163, France Télécom CNET, 1992) pour les raisons suivantes. À notre connaissance, il n'existe pas d'étude québécoise ou canadienne de ce type, du moins aussi récente, c'est-à-dire recouvrant les divers aspects de l'utilisation de la monnaie électronique. De plus, l'approche de Lepresle tient compte des différences sur le plan de la culture d'utilisation des divers services étudiés, démontrant de nettes variations selon les classes sociales auxquelles appartiennent les usagers. Nous croyons que ces différences de classes se reproduisent de façon similaire dans les sociétés occidentales industrielles, dont le Québec.

Enfin, la monétique en France est plus développée qu'au Québec ou au Canada, ayant fait partie des coutumes de consommation des Français depuis plusieurs années. Ainsi, certains services analysés par Lepresle sont encore à l'état de projet ici, d'autres à l'état d'expérimentation. Son étude nous permet donc d'anticiper quelques impacts de l'implantation de services identiques dans notre société.

L'étude de Marion Lepresle (1992) se concentre sur deux services principaux, la « monétique municipale » et la « monétique bancaire ». Si la monétique municipale n'a pas encore été implantée ici[1], la « carte bancaire » et la « carte privative », pour utiliser les termes de l'auteure, sont fort répandues. La première constitue en quelque sorte ce nous appelons

---

1. Sauf peut-être pour les cartes de la STCUM utilisées comme cartes informatiques dans les stations de métro, mais toujours vérifiées « à la main » dans les autobus.

communément la « carte de crédit », quoique certaines d'entre elles n'ont d'autre fonction que de retirer de l'argent des guichets automatiques. Ces cartes sont attribuées par les banques (ex. : MasterCard, Visa, etc.) ou des maisons de crédit (ex. : American Express, Diner's). Les secondes sont attribuées par des entreprises commerciales (ex. : La Baie, Esso), et ne peuvent servir de crédit que dans ces entreprises.

Les autres services de monétique comme le prélèvement automatique existent aussi au Québec. Seuls les services offerts par Minitel, le télépaiement et la consultation des comptes, ne sont pas encore implantés ici, quoiqu'un tel projet devrait entrer en vigueur au Saguenay-Lac-Saint-Jean dès 1995.

Par ailleurs, en France, les cartes bancaires, dont la forme est identique à celle que nous avons ici, sont assorties d'un microcircuit intégré que l'on appelle aussi une puce. Il existe également, au nombre des cartes privatives, des cartes à usage exclusif pour le paiement d'un bien ou d'un service (téléphone, cantine, stationnement, services municipaux).

Nous pouvons constater, dès maintenant, que plusieurs services monétiques québécois sont identiques à ceux existant en France, et que d'autres pourront être implantés dans les années à venir. Une analyse sur l'utilisation de ces services en France nous semble donc tout à fait appropriée.

5.2 LA MONÉTIQUE

En France, le Conseil économique et social définit la monétique ou la monnaie électronique comme : « l'ensemble des techniques informatiques, magnétiques, électroniques et télématiques permettant l'échange de fonds sans support papier et impliquant une relation tripartite entre les banques, les commerçants et les consommateurs » (définition du 13 janvier 1981, cité dans Lepresle, 1992 : 4).

Il s'agit, dans un premier temps, de dresser un bilan des études sociologiques consacrées à la monétique. À cet effet, les quelques travaux sociologiques consacrés à la monétique inventoriés ont démontré la nécessité d'une recherche plus complète.

Le but de la recherche est : « d'étudier les pratiques et les représentations des utilisateurs de monnaie électronique bancaire et de téléconsultation des comptes par minitel » (Lepresle, 1992, p. 4). Plus spécifiquement, il s'agit d'analyser : « le discours des différentes classes sociales sur leur relation à l'argent, leur rapport à la technique et de voir comment la monnaie électronique s'insère dans leurs modes de vie » (1992 : 5).

Globalement, les études recensées montrent : « que les attitudes et les représentations à l'égard de la monnaie électronique variaient en fonction de l'âge et du lieu de résidence des usagers ou bien encore en fonction des revenus, des pratiques économiques et budgétaires, des modes de vie et du degré d'acculturation des ménages aux nouvelles technologies » (1992 : 5). La recherche permet de considérer que cette perception et/ou cet usage de la monnaie électronique ne sont que des éléments partiels d'un ensemble plus vaste qui structure les pratiques et les représentations des individus. Cet ensemble plus vaste englobe les systèmes de valeurs et les styles de vie typiques d'une classe sociale et est désigné sous le terme « culture de classe ».

La culture de classe renvoie aux conditions d'existence des individus qui partagent un même niveau économique et culturel, développent un mode de vie, des pratiques, des valeurs et des représentations similaires, bref, une culture commune qui se distingue de celle des autres classes sociales. Cette « culture de classe » constitue le concept ou le cadre d'interprétation des pratiques et des représentations associées à la monnaie électronique et à la téléconsultation sur minitel.

L'étude propose que les individus les mieux intégrés à leur culture de classe sont les plus à même de se créer un mode d'usage de la monnaie électronique conforme à leurs habitudes de consommation et de gestion. Certaines études démontrent cependant que la monétique modifie certains comportements de gestion ou de consommation. Des auteurs prétendent que l'abstraction caractérisant la monnaie électronique suscite des déséquilibres budgétaires. La perte de contrôle des dépenses s'expliquerait par le passage d'une logique de l'écrit (le chèque) à une logique informatique.

À la lumière des résultats de cette recherche, il semble que les individus qui gèrent bien leur budget n'étaient pas forcément les plus familiarisés aux outils informatiques et qu'inversement on pouvait observer des utilisateurs des nouvelles technologies chez les gens à budgets moins équilibrés.

En fin de compte, au delà des problèmes liés à la gestion des comptes, les déséquilibres budgétaires observés chez certains individus proviennent d'un déséquilibre d'ordre économique et culturel. Les individus bâtissent des règles de vie et un système de valeur autour de leurs conditions économiques. Quand les gens se retrouvent dans une position de mobilité sociale, d'ascension ou de déclin, ils peuvent avoir besoin d'une certaine période pour ajuster leurs systèmes de valeurs à leurs nouvelles conditions financières, et on peut observer des dérèglements dans leurs comportements. On peut ainsi avancer que : « l'usage de la monnaie électronique tendrait peut-être à accroître la consommation (ou du moins à modifier le comportement de consommation) des individus qui se trouvent en situation de transition, d'ascension sociale ou de déclin, ceux qui souffrent du décalage entre leurs désirs et leurs moyens, parce que la monnaie électronique représenterait pour eux un espoir de réalisation de leurs projets » (1992 : 7).

5.3 SYNTHÈSE DES TRAVAUX SOCIOLOGIQUES SUR LA MONÉTIQUE

Les travaux sociologiques consacrés à la monétique traitent de monétique bancaire et de monétique urbaine. Précisons que cette dernière est locale et que l'autre est universelle. La monétique urbaine s'est développée pour le paiement de services municipaux (stationnement, restauration scolaire, transport, etc.).

Les études, répondant à des problématiques différentes, peuvent se regrouper selon la typologie suivante :
- *sociologie des usages* : ces recherches examinent les expériences de l'utilisateur final : son usage, son comportement, ses représentations;
- *analyse stratégique* : ces études dévoilent les objectifs visés par les différents acteurs sociaux ainsi que les enjeux économiques, politiques, sociaux et symboliques;
- *sociologie de l'innovation* : ces travaux analysent les conditions d'émergence et de diffusion de l'outil technologique;
- *anthropologie* : ces analyses montrent le changement dans les pratiques des utilisateurs en ce qui concerne les représentations de l'échange, de la socialité, de l'identité ainsi que de l'espace et du temps.

5.3.1 La monétique municipale

Les usagers

Une étude (Sedes, 1987) sur les perceptions des usagers des systèmes de tarification dans les transports urbains visait à tester leurs réactions à partir de diapositives illustrant les fonctions du système électronique de paiement. Deux scénarios sont présentés dans deux villes françaises : Lyon et Valenciennes.

Pour le système proposé à Lyon, l'usager possède une carte à mémoire non nominative permettant le paiement du transport par zone. L'activation de la carte se fait « à la volée » lors du passage de l'usager à travers les portes électroniques de l'autobus. Le prix est alors calculé et débité automatiquement. Un écran permet de visualiser le prix payé et le solde restant. À Valenciennes, la carte mentionne l'identité du porteur et doit être oblitérée dans un lecteur de carte. Un papier est délivré indiquant le prix et le solde de la carte.

Après la présentation des diapositives, des entretiens de groupe ont été effectués auprès des usagers. Parmi ceux-ci, on a constaté que les ménages à faibles revenus pratiquent une gestion budgétaire à court terme et que les dépenses consacrées au transport sont mal connues. Une certaine réticence se manifeste à l'égard des prélèvements automatiques. La carte nominative à usage individuel est perçue comme un déséquilibre dans le budget familial car il est d'usage d'acheter des tickets et de les distribuer selon les besoins au sein de la famille. On perçoit aussi que la validation de la carte peut causer des problèmes d'embarras aux heures de pointe ainsi que des problèmes de manipulation pour les personnes âgées peu familiarisées avec les nouvelles technologies. Ces problèmes n'apparaissent pas pour les familles aux revenus moyens et élevés.

En ce qui concerne la carte activée « à la volée », elle est perçue comme une amélioration mais suppose une confiance aveugle dans le système. On soulève la question du moyen de la preuve du paiement. Une preuve écrite semble nécessaire. Cette carte non nominative pose problème en cas de vol ou de perte. Globalement, les attitudes convergent vers le constat suivant : « l'absence d'intérêt nettement affirmé pour un outil monétique permettant un suivi détaillé et complet des dépenses des membres du ménage qui constituent son budget transport. De plus, ces projets sont largement perçus comme devant probablement se traduire par une augmentation des dépenses de transport par la plupart des usagers » (1992 : 10).

Une autre étude (Dinil, 1990) analysait les perceptions et les motivations d'étudiants en résidence dans le cadre d'une expérimentation de domotique[2]. Une carte à mémoire remise aux étudiants leur permettait d'ouvrir et de fermer les portes, déclencher ou arrêter l'eau chaude et assurait aussi le paiement des repas du restaurant universitaire. Enfin, le projet domotique devait également faciliter la communication entre étudiants en équipant chaque chambre d'un téléphone et d'un minitel.

L'étude a été réalisée à l'aide d'un questionnaire fermé auto-administré auprès de 166 étudiants de la résidence

---

2.   La domotique est l'ensemble des services de l'habitat assurés par des systèmes réalisant plusieurs fonctions (maîtrise du confort, surveillance, gestion technique, communication) et pouvant être connectés entre eux et à des réseaux internes et externes de communication.

universitaire. Les opinions sont en général très positives et ils rendent compte d'une valorisation mutuelle. Les étudiants les plus jeunes qui habitent le campus (baptisé « technopôle ») mais qui étudient ailleurs sont les plus réceptifs au projet en termes d'image et de réputation. D'autres étudiants plus âgés et provenant d'autres régions ont tendance à se montrer plus réservés, critiquant le caractère superficiel et non sécurisant de la carte. On croit que l'appartenance régionale n'est peut-être pas neutre dans la perception de la carte et refléterait l'impact de la politique locale. En somme, ceux qui perçoivent positivement la carte privilégie une approche symbolique par l'image de modernité que la carte évoque à travers son support personnalisé. Ils apprécient la valorisation de l'individualité. À l'opposé, les positions critiques envers la carte recoupent des attitudes privilégiant la vie sociale.

Une autre étude (Bidouc et Lepresle, 1989) tente de mesurer l'acceptabilité du système informatisé de paiement de cantines scolaires. Les attitudes et les représentations des enfants et de leurs parents sont particulièrement visées par cette expérimentation. Elle s'est déroulée dans deux écoles de quartier regroupant des familles de milieu populaire. On croit que, dans ce milieu, l'utilisation des cartes informatisées pourrait être plus difficile et qu'il serait possible d'y recenser les problèmes afin de tenter d'y remédier.

On a interrogé l'ensemble des acteurs du système : les directeurs d'école, les instituteurs, les employés municipaux concernés par l'expérimentation, les parents et les enfants. Les employés municipaux estiment que ce système leur permet de gagner du temps qu'ils consacrent désormais à l'accueil des familles. Les directeurs d'école jugent aussi positivement le nouveau système notamment parce que celui-ci est moins discriminant que l'ancien dans lequel les coupons de cantine étaient de couleurs différentes selon les revenus familiaux. Ils soulignent que leur travail est cependant plus contraignant qu'avant car ils doivent être présents chaque matin lorsque les enfants insèrent leur carte dans l'ordinateur. Le système intègre aussi la fonction de relance aux familles débitrices de repas alors qu'auparavant les directeurs savaient que les parents les rembourseraient sans autre préavis.

Les instituteurs sont très satisfaits du système car ils sont déchargés du travail de collecte des tickets qu'ils effectuaient chaque matin. Pour les usagers, il y a plus d'avantages que d'inconvénients et les attitudes varient en fonction des milieux d'origine et du degré d'acculturation aux nouvelles technologies. Les deux tiers des enfants à l'exception des plus démunis acceptent la carte parce qu'ils estiment qu'elle a une valeur monétaire et esthétique (les cartes sont illustrées d'une série de vues sur la ville d'Amiens). Les enfants qui acceptent la carte mais émettent quelques réserves sont peu nombreux. La carte leur donne une réelle responsabilité car ils ont conscience qu'ils ne doivent ni perdre leur carte, ni oublier d'enregistrer leur repas chaque matin dans l'ordinateur de l'école. Certains sont un peu angoissés à l'idée de cette charge nouvelle.

Peu nombreux sont les enfants qui rejettent la carte. Ce sont les plus jeunes ayant des difficultés scolaires. Ils sont aussi issus des familles les plus démunies économiquement. Pour eux, la carte est associée à l'univers scolaire et pas du tout à l'univers informatique puisqu'en général il n'y a pas d'équipements électroniques à la maison. Ils préfèrent l'ancien système de tickets parce qu'ils ont peur d'oublier ou de perdre leur carte.

Pour ce qui est des parents, les perceptions sont variées. Ceux qui ont perçu un changement positif correspondent aux familles des classes moyennes et supérieures. Les familles ouvrières de tradition militante s'inscrivent aussi dans ce type d'attitudes. On apprécie l'utilisation de la carte pour le confort, le bien-être et le développement de l'autonomie de l'enfant. On souligne également la souplesse et la lisibilité du système. Ce sont les ménages ouvriers à forte aspiration d'ascension sociale (les deux parents travaillent) qui se méfient de l'informatisation. Ils sont généralement suréquipés en matériel audiovisuel et informatique. Ils sont tout de même satisfaits du nouveau système mais ils émettent des réserves notamment en ce qui concerne l'impossibilité de consulter son compte à la maison. Ils s'inquiètent de la sécurité informatique, se méfient des erreurs possibles et ont peur que quelqu'un d'autre utilise la carte de leurs enfants en cas de perte ou de vol.

Les familles qui ont perçu négativement le nouveau système ont été bouleversées dans leurs habitudes. Ce sont des ménages ouvriers traditionnels (femme au foyer et beaucoup d'enfants) qui ne possèdent aucun équipement électronique à la maison excepté la télévision et le téléphone. Plusieurs d'entre eux payent tout en espèce et certains d'entre eux n'ont jamais utilisé de carte bancaire. Ces familles ont été désorientées par le pré-paiement et l'invisibilité des comptes. Elles n'ont pas compris la nécessité de tenir une comptabilité des repas de leurs enfants et se sont trouvées débitrices. Dans ces familles où les revenus sont faibles, un débit a pu causer un problème grave.

Enjeux et stratégies des acteurs

Un rapport (Sedes, 1990) analysant les stratégies des décideurs et examinant les réactions des intermédiaires vient compléter, en partie, l'étude précédente sur les cantines scolaires. Une autre expérience portant sur le stationnement payant est aussi examinée.

Globalement, les décideurs et les agents communaux (les intermédiaires) considèrent l'expérience de la monétique dans les cantines scolaires comme une mesure simplifiant les tâches liées à l'ancien système. Le principal avantage attribué au nouveau système tient à l'abandon de l'ancien système de paiement par ticket puisqu'il supprime le marquage social.

L'expérience de monétique s'est étendue dans la même ville (Amiens) au système de stationnement payant par carte. Pour les responsables du service de développement économique de la ville, l'enjeu principal était celui du développement à moyen terme d'un système de monétique multiservices tant publics que privés. Ce projet s'inscrivait dans le cadre d'une politique globale visant à revaloriser l'image de la ville. Le lancement de la carte s'inscrivit dans une stratégie purement marketing mais le nombre de cartes disponibles fut insuffisant et ceci compromit, en partie, la réussite de l'expérimentation.

La carte magnétique utilisée pour le stationnement a été perçue comme un instrument de modernisation du centre-ville. Il est intéressant de noter que le personnel de contrôle (personnel municipal employé au stationnement payant) avait auparavant fort mauvaise réputation, car on lui reprochait de favoriser certains privilégiés. Le stationnement payant a donc permis de redéfinir les règles et procédures du stationnement sur voirie. La tâche des contrôleurs a aussi changé car ils informent désormais les automobilistes sur l'utilisation de l'horodateur et sont chargés de contacter le personnel de maintenance en cas de panne. « Ce rôle « d'informateur » vient assurer une contrepartie gratifiante à la fonction répressive inhérente au contrôle et a permis d'améliorer l'image des contrôleurs vis-à-vis des usagers » (1992 : 20).

Une autre étude (Aballea, 1990) porte sur les enjeux et stratégies des différents acteurs concepteurs de monétique dans les transports municipaux. On a réalisé des entretiens avec les autorités organisatrices, les élus, les exploitants, les pouvoirs publics. Les résultats démontrent que ce ne sont pas seulement les logiques techniques ou économiques qui déterminent le choix de cet outil. Il y a aussi une logique sociale visant à maintenir ou à renforcer l'individu, le groupe et les institutions au sein du système social. Il y a donc des avantages symboliques que l'introduction de la monétique dans les transports urbains peut apporter : valorisation de la ville et de l'image des élus perçus comme modernistes; vision novatrice des gestionnaires; renouvellement de l'image du service permettant d'attirer une nouvelle clientèle ou de fidéliser la clientèle existante en rendant le service plus attrayant. Il faut aussi noter que les logiques sociales doivent rencontrer des logiques économiques afin d'être opérantes.

Enfin, les services de transports urbains considèrent que la monétique permet de lutter ou du moins de contrôler la fraude, d'améliorer la sécurité des biens et des personnes et de revaloriser les tarifs.

5.3.2 **La monétique bancaire**

Processus d'émergence
et de diffusion d'une innovation

D'après les auteurs du rapport « Terminal monnaie » (Roux et Micoud, 1984), l'émergence et la diffusion de la monnaie électronique apportent une nouvelle vision des outils monétaires qui peuvent remettre en cause les concepts traditionnels de banque et de compte bancaire.

L'électronisation des procédures de traitement des opérations a suscité un nouveau domaine professionnel de spécialités qui remet en cause, entre autres, le concept de compte bancaire. Le compte devient un point de transit pour les flux monétaires; son concept est celui d'un compteur d'enregistrement des flux. Le compte n'est plus le point de départ ou d'arrivée des opérations, il est le point de passage d'un ensemble complexe d'opérations relié à un réseau multiple de comptes à travers lequel circulent des fonds anonymes. Le compte n'est donc plus l'outil d'une relation de clientèle entre un banquier et son client puisque le titulaire dialogue directement avec son compte. De plus, le système traditionnel de compte est un système axé sur des écrits alors que l'écriture, dans le contexte de la monnaie électronique, devient message codifié, le langage devient chiffre. Enfin, une nouvelle manière sociale d'identification des individus apparaît avec les codes confidentiels. La signature du nom d'une personne, traditionnellement sanctionnée par la loi, et qui atteste de son appartenance sociale cède la place à un nouveau dispositif d'identification des personnes.

Le concept de banque traditionnelle se trouve aussi partiellement remis en cause. Celui-ci s'appuie sur un contact direct et personnel avec le client. Le contenu du travail bancaire n'est plus le même car la banque se transforme en gestionnaire de « banques de données ». La banque assure des tâches qui débordent largement le simple aspect technique de la monnaie. « Dans la mesure où la banque détient l'ensemble des comptes de la population, elle est capable à partir des informations dont elle dispose de reconstituer un profil exact du mode de vie de ses clients » (1992 : 26). Le problème de la protection de la vie privée et du traitement de la marginalité apparaît alors nettement. La banque peut construire selon ses *propres critères* une hiérarchie des profils de clients entraînant ainsi des conséquences sociales directes telles que la réduction ou la suppression de services. C'est le transfert sur la banque de cette tâche publique d'identification et d'encadrement des marginalités.

Le concept de la monnaie est également quelque peu transformé par la monétique. La banque n'émet plus tant de la monnaie que des moyens d'actionner les banques de données bancaires. La banque émet un média qui permet d'accéder à des réseaux de comptes et cette nouvelle forme monétaire supprime en quelque sorte la notion de territoire attachée aux « anciennes » formes monétaires (pièces, billets, chèques) puisque la monnaie électronique est transfrontalière.

Approche anthropologique des usagers des cartes bancaires

Une recherche anthropologique (Gueissaz, 1990) cherche à connaître l'origine du sentiment d'insécurité des porteurs de cartes bancaires. L'analyse a été construite à partir d'entretiens semi-directifs effectués auprès d'une soixantaine d'utilisateurs (et de non-utilisateurs) ainsi que de commerçants et d'employés de banques dans la région parisienne et le nord. L'analyse examinait la place des cartes bancaires parmi les autres moyens de paiement, l'incidence de l'usage des cartes sur la gestion budgétaire et les transformations dans la structure et la représentation des échanges.

Les cartes occupent une place plus ou moins importante dans les systèmes de paiement des ménages. Le mode d'usage des cartes sert aux paiements des courses hebdomadaires, aux dépenses liées aux voyages et au retrait d'argent. Trois types de motivations sont liés à ces usages : assouplissement des contraintes de temps; moyen commode et pratique permettant aussi de maîtriser des systèmes complexes; la carte est symboliquement perçue comme un signe de modernité, de statut ou d'intégration.

Dans un deuxième temps, l'étude démontre que les difficultés budgétaires liées à la monétique ne sont pas suscitées par le comportement de populations spécifiques (personnes âgées, famille à faible budget) mais au fait que ce système de paiement répond davantage à une logique bancaire qu'à une logique d'usager. En effet, le sentiment de perte de contrôle de la gestion des comptes des ménages provient de la difficulté de mettre en relation le relevé bancaire et l'objet de la dépense (par exemple, parfois la date de l'achat diffère de celle du débit effectif). La carte bancaire exige un surcroît de conceptualisation et de responsabilité des utilisateurs.

Le sentiment d'insécurité provient aussi de la disparition de points de repère traditionnels, c'est-à-dire certaines formes de comptage traditionnel. Pour spécifier l'utilisation des cartes, certains utilisateurs vont la limiter à l'usage d'achats spécifiques ou vont multiplier le nombre de compte.

Enfin, l'utilisation de la carte bancaire tend à accroître le rôle des banques dans la vie quotidienne des familles. Que ce soit pour un découvert bancaire, une perte ou un vol, les relations avec la banque deviennent plus fréquentes. Les relations avec la banque sont inégales particulièrement selon la situation économique des utilisateurs. D'autres mauvaises relations avec la banque sont jugées inacceptables de la part des usagers comme lorsque la carte est avalée par le distributeur automatique ou lorsque l'on émet des soupçons en cas de perte ou de vol.

5.4 MOYENS DE PAIEMENT ET CULTURES DE CLASSES

S'inspirant des concepts précédents, l'analyse se concentre sur les pratiques et les représentations des utilisateurs de monnaie électronique bancaire et de téléconsultation des comptes par minitel en fonction de la culture de leur classe sociale d'appartenance et de leur trajectoire sur l'échelle de mobilité sociale.

« Nous avons fait l'hypothèse que les individus les mieux inscrits dans la culture de leur classe c'est-à-dire les mieux culturellement et socialement intégrés étaient peut-être les plus préservés, les plus armés face à ce nouveau moyen de paiement. Leur relation à l'argent étant ancrée dans des habitudes de classe, fondée sur des valeurs qui régissent leurs modes de vie, ces individus seraient les plus à même de se créer un mode d'usage de la monnaie électronique conforme à leurs habitudes de consommation. Par contre, nous pensons que l'usage de la monnaie électronique tend à accroître la consommation (ou du moins à modifier le comportement de consommation) des individus qui se trouvent en situation de transition, d'ascension sociale ou de déclin, ceux qui souffrent du décalage entre leurs désirs et leurs moyens, parce que la monnaie électronique représenterait pour eux un espoir de réalisation de leurs projets » (1992 : 32).

On a donc interrogé une soixantaine de personnes provenant des classes populaires, moyennes et supérieures. Dans l'échantillon, parmi les individus provenant des classes supérieures, on retrouve des ingénieurs, des cadres supérieurs, des gens de professions libérales ou scientifiques. Les professions administratives des secteurs privés et publics, des instituteurs, techniciens ou professeurs de collèges représentaient les classes moyennes. Des ouvriers qualifiés et des employés de la fonction publique constituaient les membres des classes populaires. Toutes ces personnes ont été interrogées à l'aide d'un guide d'entretien semi-directif long (une heure à une heure et demie d'entrevue).

5.4.1 **Argent et classes populaires**

Pour les individus des classes populaires qui disposent de peu de ressources, l'argent est condition nécessaire à la survie. Les individus les mieux intégrés dans la culture populaire sont en général hostiles au crédit et tendent à contrôler leurs dépenses. Ces individus s'adaptent au changement en assimilant de la nouveauté ce qui leur convient et en ignorant délibérément le reste.

Il en est autrement des personnes qui se trouvent en situation de déclin social. On constate un changement dans leurs valeurs ainsi qu'un dérèglement dans la gestion de leur compte. Au lieu d'éviter tout crédit, la règle devient celle du crédit intégral. Cette attitude est d'ailleurs encouragée par l'usage des cartes bancaires et privatives qui multiplient les possibilités de crédit.

Parmi les membres des classes populaires qui ne sont jamais ou rarement à découvert, on trouve des gens qui se trouvent dans une position sociale relativement stable puisqu'ils exercent souvent des professions similaires à celles de leurs ascendants. Ces gens préfèrent régler leurs achats en liquide. Ils restreignent l'usage de la carte bancaire pour retirer de l'argent ou pour quelques achats précis. Quelques-uns d'entre eux possèdent deux cartes bancaires : une carte de retrait simple et une carte de paiement à débit immédiat ou différé. Ils croient que posséder deux cartes leur permet de ne pas se trouver démuni d'argent en cas de perte d'une des cartes.

Environ la moitié des personnes des classes populaires interrogées déclarent être débitrices à chaque fin de mois. Il semble que ce soit leur position sociale par rapport à leurs ascendants qui détermine leurs comportements de consommation et de gestion. Ces « débiteurs » sont dans une position de déclin par rapport à leurs parents : fils de médecin devenu employé, fille d'employé devenue femme de ménage, etc. Ils utilisent en premier lieu, contrairement aux habitudes des membres des classes populaires, la carte bancaire pour régler l'ensemble de leurs achats. Elles ont peu recours au versement automatique et se méfient des prélèvements. Elles font peu de chèques et utilisent le liquide.

Le liquide

En général, le liquide sert aux achats quotidiens : pain, cigarettes, courses alimentaires, loto. Ces personnes disent préférer le liquide au paiement par carte parce qu'il constitue pour eux le moyen le plus efficace pour contrôler leurs dépenses. Les espèces représentent un moyen sécurisant. Posséder du liquide, c'est être sûr d'avoir de l'argent, et c'est aussi, dans un sens symbolique, une manière d'affirmer que l'on en possède. Le liquide est ainsi un moyen de valorisation sociale (« c'est le signe qu'on a de l'argent », avoue une femme de service (1992 : 37-38)). De plus, ces gens soulignent l'aspect réel des espèces par rapport aux autres moyens de paiement.

Les membres des classes populaires pratiquent souvent une gestion au coup par coup en fractionnant en quelque sorte leurs achats. C'est pourquoi le liquide convient à leur mode de vie. On associe aussi un principe de solidarité au liquide puisqu'il peut être prêté plus facilement qu'un chèque et plus aisément qu'une carte bancaire. Toutefois, l'enquête démontre que les espèces évoquent aussi une certaine angoisse. Les gens n'aiment pas avoir trop d'argent sur eux de peur de le perdre ou de se le faire voler. C'est pour cette raison que la plupart d'entre eux utilise la carte bancaire pour retirer des espèces au fur et à mesure de leur besoin. La carte est utilisée davantage pour des retraits d'argent que comme moyen de paiement.

Le chèque

Le chèque est surtout utilisé pour les règlements par courrier (facture d'électricité, de téléphone, de loyer, etc.). Chez les membres des classes populaires qui ne sont jamais débiteurs, le chèque est le moyen de paiement utilisé pour les achats moyens alors que l'on préfère le liquide pour les petites dépenses et la carte bancaire pour les grosses dépenses. Ceux qui préfèrent tout régler par chèque considèrent qu'il constitue une preuve de paiement (le chèque laisse une trace écrite) qui permet de mieux contrôler ses dépenses que la carte bancaire. Pour d'autres, le chèque constitue, au contraire, un danger; celui de perdre le contrôle de ses dépenses (ces gens oublient ce qui leur reste sur leur compte).

L'enquête a révélé un autre thème relié au chèque : la méfiance ou le soupçon entretenu envers son détenteur. Lors d'un paiement, le titulaire du chéquier doit fournir une et parfois même deux pièces d'identité. Pour certains, surtout les étrangers, cette exigence rappelle davantage des pratiques policières que des pratiques d'échange. Étant donné que le chèque peut être refusé et que certains magasins exigent un achat minimal pour le paiement par chèque, les gens ont donc recours, du moins en partie pour cette raison, à la carte bancaire pour des achats importants.

Pour les membres des classes populaires qui sont fréquemment débiteurs, le chèque représente une source d'inquiétude car un chèque émis sans provision peut être lourdement pénalisé par la loi. Le chèque peut être refusé en cas de manque de provision, ce qui n'est pas le cas avec la carte bancaire. Le chèque suscite aussi des sentiments d'angoisse car il peut être débité plus tard, à une date méconnue de l'émetteur. « Ce suspens suscite dans les foyers aux revenus modestes, qui jouent avec les décalages de paiement effectif, la crainte que le chèque n'arrive sur leur compte à un moment où ils n'ont plus d'argent » (1992 : 40). Le chèque est également perçu comme un moyen de paiement insécurisant car il peut être volé et quelqu'un peut s'en servir facilement s'il est perdu. Cette attitude est nuancée par le fait qu'un chèque volé peut être intercepté de plusieurs façons, le chèque évoquant ainsi, moins que la carte, le sentiment de panique en cas de vol. Enfin, certaines personnes, qui ont probablement peu fréquenté l'école, insistent sur l'inconvénient d'avoir à remplir et à rédiger le chèque. Cela peut également s'interpréter autrement. Puisque le chèque est utilisé pour le paiement de sommes importantes (loyers, factures, etc.), il peut symboliser des moments douloureux, une certaine angoisse à l'idée de la somme que cela représente.

Prélèvement automatique

L'enquête a démontré que la majorité de ceux qui ont une comptabilité équilibrée utilisent le prélèvement automatique[3]. Ce service est utilisé pour rembourser des achats importants (maison, voiture). Les gens trouvent le système pratique car il permet d'étaler les paiements en petites mensualités. Ils manifestent aussi une certaine confiance envers ce système. Les personnes apprécient également le côté indolore du paiement, c'est-à-dire qu'ils affirment que cela est avantageux puisqu'ils ne se rendent pas compte des prélèvements effectués tous les mois et que petit à petit, la dette s'efface. De plus, ils n'ont pas à penser au paiement et ne risquent donc pas d'oublier la date d'échéance (« Je ne risque pas d'oublier », affirme un agent

---

3. « Le prélèvement automatique est une opération identique à celle du virement automatique mais dans ce cas le possesseur d'un compte a signé une convention qui autorise le créditeur à prélever de façon permanente et régulière un certain montant sur son compte. Ce service est gratuit. » (1992 : 84, description du lexique).

hospitalier (1992 : 42). Le prélèvement automatique est cependant limité à des achats précis de coûts élevés qui, sans le recours du crédit, ne pourraient être faits.

Parmi les personnes qui se trouvent fréquemment débitrices, le prélèvement est plus souvent utilisé pour le remboursement de prêts à la consommation liés aux cartes privatives de grands magasins. Ces individus trouvent le système pratique mais ne lui font pas confiance. Ils ont peur des erreurs occasionnées par le système informatique surtout qu'ils estiment qu'ils doivent eux-mêmes payer les frais pour ces erreurs. De plus, ces personnes se soucient du fait qu'un paiement peut arriver à un moment où leur compte n'est pas approvisionné. Le prélèvement peut même représenter une perte de liberté. « Ces personnes ne supportent pas l'idée que quelqu'un d'autre qu'elles-mêmes gère leur argent et considèrent cela comme une atteinte à leur liberté. [...] Elles ont l'impression d'être en quelque sorte mises sous tutelle » (1992 : 43). Les gens ont donc l'impression qu'ils ne maîtrisent pas leur argent. Il est cependant significatif de voir que la plupart de leurs prélèvements sont généralement imposés par les banques et qu'ils ne constituent donc pas un acte volontaire.

Virement automatique

Les membres des classes populaires utilisent rarement les virements automatiques[4] parce que ceux-ci sont payants[5]. Ils estiment que cela coûte plus cher qu'un timbre-poste et qu'il vaut mieux faire un chèque. Le virement automatique est parfois utilisé pour effectuer un transfert de fonds d'un compte d'épargne vers un compte courant. Cette opération peut être réalisée par minitel pour les personnes abonnées au service télématique de leur banque.

---

4. « Le virement automatique est une opération bancaire électronique qui permet par l'intermédiaire d'écritures informatisées le transfert de fonds d'un compte sur un autre compte par le débit de l'un et le crédit de l'autre à la suite d'un ordre donné par le débiteur à sa banque. » (1992 : 86, description du lexique).
5. Les virements sont gratuits lorsque le transfert de fonds s'effectue d'un compte vers un autre compte dans le même établissement et si le compte appartient à la même personne, mais ils sont payants dans les autres cas.

Cartes bancaires et privatives

La majorité des personnes des classes populaires rencontrées lors de cette enquête n'utilisent pas de carte bancaire. Parmi celles qui en ont une, elles l'utilisent uniquement pour retirer de l'argent. Ces gens possèdent souvent deux cartes : une carte pour le retrait simple et une carte de paiement à débit immédiat ou différé.

Les individus qui ne possèdent pas de carte bancaire justifient leur choix par la peur d'être incité à consommer. Ils se méfient de ce moyen de paiement car ils ont peur de développer une tendance plus ou moins contrôlée à la dépense. Les gens développent donc une forme de rituel autour du retrait d'argent (le montant est fixe et régulier) et cela leur permet de mémoriser le débit du compte. De plus, avant chaque retrait, on vérifie l'état du compte.

De façon quelque peu opposée, les personnes débitrices des classes populaires utilisent toutes les fonctions de la carte bancaire : retrait d'argent et paiement de leurs achats. Ces gens possèdent aussi des cartes de grands magasins et une carte de téléphone. Ces personnes étant débitrices à la fin de chaque mois, elles ont parfois été forcées de supprimer la fonction crédit de leur carte lors d'un découvert excessif. Elles n'utilisent désormais que la carte à débit immédiat.

On comprend que pour les personnes débitrices, la règle en matière d'achat est le crédit. Pour ces personnes, la carte représente une certaine liberté et leur permet, du moins le croient-elles, d'augmenter leur salaire puisqu'elles peuvent payer même si elles n'ont pas d'argent. Il semble que ce système de paiement par carte constitue pour des personnes en déclin un moyen de maintenir un certain niveau de vie qu'elles ont connu antérieurement. Ces personnes n'ont pas encore établi un équilibre entre leur pouvoir d'achat et leurs désirs, elles ne sont pas encore acculturées à leur milieu. Elles proviennent d'une classe sociale moyenne ou supérieure et ne partagent pas les mêmes valeurs et les mêmes rapports à l'argent que les personnes issues de la culture populaire. Le mécanisme d'endettement est renforcé par le fait que le paiement par carte n'est pas encadré d'un système qui pourrait mettre un frein à la surconsommation.

Téléconsultation des comptes par minitel

La téléconsultation des comptes par minitel[6] s'inscrit dans le cadre des services offerts par la banque à domicile. Ce service est complémentaire au relevé bancaire. Le relevé est édité tous les quinze jours ou tous les mois. Lorsque l'individu prend connaissance de son relevé, celui-ci n'indique pas l'état de son compte à l'instant où il le reçoit. Le relevé est en quelque sorte un document d'archives qui présente un récapitulatif des opérations bancaires passées. Il constitue une preuve écrite, une trace.

Les membres des classes populaires utilisent rarement les services bancaires de téléconsultation des comptes. Ceux qui l'utilisent affirment que cela leur permet de mieux gérer leur argent surtout lorsqu'ils ont plusieurs comptes dans la même banque ou dans des banques différentes. Certains vont effectuer des virements d'un compte à un autre lorsqu'un compte n'est pas suffisamment approvisionné. En faisant circuler l'argent d'un compte à l'autre, cela leur permet de masquer des découverts ou d'éviter des découverts trop importants. « Ces personnes jouent du décalage dans le temps qui se produit entre le moment où un « avis de paiement » est émis (lorsqu'on fait un chèque par exemple ou si l'on effectue un achat par carte bancaire) et le moment où le paiement est effectivement enregistré sur le compte bancaire. Ce laps de temps est en partie prévisible quand on règle par carte bancaire puisque la banque annonce sur son service télématique la date à laquelle seront effectués les prélèvements de cartes. Il est en revanche imprécis en ce qui concerne les chèques. Dans ce cas, la téléconsultation par minitel apparaît un moyen efficace pour gérer l'imprévu, pour gérer l'incertitude » (1992 : 49).

5.4.2 **Argent et classes moyennes**

Les membres des classes moyennes, également appelés « petite bourgeoisie nouvelle », possèdent un niveau d'étude assez

---

6. « La téléconsultation désigne le service qui permet de visualiser sur écran télématique l'historique de son compte bancaire. » (1992 : 84, description du lexique).

élevé et se distinguent des autres classes par leur goût, leur style de vie, bref, leur culture. L'autonomie, la liberté, le plaisir et le « vivre au présent » sont typiques de ces classes sociales. Ils sont aussi très enclins à s'instruire et à se cultiver.

En ce qui concerne leur relation à l'argent : « D'une manière générale, les membres des classes moyennes préfèrent régler l'ensemble de leurs achats par carte bancaire mais désapprouvent le crédit à la consommation par ce biais car ils désirent avant tout conserver leur autonomie » (1992 : 50). Très peu de ces individus se retrouvent avec des découverts bancaires.

Le liquide

Ces personnes préfèrent régler l'ensemble de leurs dépenses par carte bancaire ou par chèque. Le liquide est utilisé quand il n'y a pas d'autre moyen de paiement (petits achats, cinéma, etc.). Le liquide représente même une source d'angoisse, de gêne, quelque chose d'encombrant parce qu'il peut être perdu ou volé. Certains assimilent le liquide à « l'argent de poche » et il est perçu comme quelque chose qui disparait très vite. En somme, le liquide est utilisé pour les activités de loisirs, il est vécu comme le plaisir et véhicule quelque chose d'éphémère (« Le liquide c'est la dépense facile, dès que j'ai beaucoup de liquide je le dépense tout de suite » (1992 : 52)).

Le chèque

Le chèque permet d'acquitter le loyer, l'électricité, le téléphone et tout autre règlement par courrier. Le chèque est vu, pour la plupart des usagers, comme une preuve de paiement. On l'utilise donc pour régler les sommes importantes car il laisse une trace écrite. Toutefois, pour bien des membres des classes moyennes, le chèque est souvent perçu comme un moyen archaïque de paiement. Certaines personnes interrogées déclarent utiliser de moins en moins le chèque et de plus en plus la carte bancaire. Le chèque n'est pas perçu comme un moyen rapide de paiement. Les personnes qui sont fréquemment débitrices l'utilisent toutefois pour décaler les paiements. En postdatant le chèque, celui-ci offre une possibilité de crédit.

Prélèvement automatique

Bien qu'un tiers des personnes interrogées n'utilisent jamais les prélèvements automatiques, la majorité ont fréquemment recours à cette possibilité de paiement pour payer ce qui, auparavant, s'effectuait par chèque, c'est-à-dire les factures d'assurance, d'électricité, de téléphone, d'impôts, de loyer, etc. On utilise ce système de paiement parce qu'on le considère pratique puisqu'on n'a plus à envoyer des chèques chaque mois. On utilise le prélèvement pour ne plus se faire de souci et certains l'ont même adopté pour le paiement de toutes les factures.

Les personnes fréquemment débitrices apprécient les prélèvements bancaires car elles peuvent amortir leurs dettes en échelonnant régulièrement les paiements. À l'inverse, chez les personnes qui ont une comptabilité équilibrée, on observe des réticences vis-à-vis des prélèvements. On apprécie ce service mais on préfère limiter son utilisation de façon à pouvoir contrôler plus facilement la gestion du compte. Le thème du « contrôle » est invoqué aussi chez ceux qui n'utilisent jamais ce service. Ils veulent garder le contrôle de leur gestion et en n'autorisant pas les prélèvements automatiques sur leur compte, ils se gardent la possibilité de négocier des délais de paiements éventuels (ce qui n'est plus possible avec des prélèvements à dates fixes). De fait, il semble que le développement de la monnaie électronique rigidifie les rapports d'échange ou de négociation entre les individus.

Virement automatique

Un tiers des personnes utilise le virement automatique principalement pour un usage destiné à l'épargne. Les virements sont aussi employés pour des versements d'argent entre membres d'une même famille. Ce service est utilisé parce que l'on est sûr que le paiement sera effectué. Les utilisateurs de virement automatique ont réellement confiance dans ce moyen de paiement.

Cartes bancaires et privatives

Les membres des classes moyennes utilisent majoritairement les cartes bancaires pour retirer de l'argent au distributeur ou pour régler des dépenses quand les commerçants acceptent la carte. Ils préfèrent la carte au chèque et au liquide.

La moitié des gens interrogés possèdent une carte bancaire internationale même si elles ne vont pas à l'étranger. Plusieurs personnes ignorent si leur carte est nationale ou internationale, ce qui illustre le manque d'information qui existe entre les banques et les clients. Les gens ne connaissent pas non plus le coût de leur carte. Cela favorise les banques car elles peuvent ainsi vendre plus facilement les cartes les plus coûteuses.

Bien des gens possèdent plusieurs cartes; une ou deux cartes bancaires et quelques cartes privatives destinées aux achats de biens culturels. Il semble que ce sont là des signes d'appartenance à la « petite bourgeoisie nouvelle » (carte du gymnasclub, carte France Loisirs, carte de la vidéothèque, etc.). Les membres des classes moyennes sont donc adeptes des cartes bancaires car l'objet cristallise les valeurs de leurs classes sociales. La carte devient un instrument de liberté et elle est décrite par des termes tels « léger », « raffiné », « distingué », « chic », « moderne ». La carte représente un instrument de distinction et de valorisation sociale.

Les gens qui se retrouvent sur une trajectoire de mobilité sociale descendante sont des inconditionnels des cartes bancaires car cela leur permet de fonctionner à crédit grâce à des comptes de « crédit revolving[7] ». Cela leur permet d'afficher un niveau de vie supérieur à celui qu'ils vivent (« On peut comme ça profiter de la vie, s'acheter des fringues, un ordinateur, etc., j'ai jamais eu assez de fric pour épargner donc j'ai recours au crédit » (1992 : 57)).

---

7. « Le *crédit revolving* est un compte de crédit permanent. Sur ce compte est mis à la disposition du client une certaine somme d'argent déterminée en début de contrat. Le client peut utiliser tout ou partie de la somme quand il le désire. Il paiera alors les intérêts de son emprunt en fonction du temps et du montant de celui-ci. Le remboursement de l'emprunt s'effectue par mensualités et est fixé à un certain pourcentage du montant mis à disposition en début de contrat. Au fur et à mesure des remboursements, le détenteur de ce compte reconstitue ainsi sa « réserve » et peut à nouveau utiliser son crédit. » (1992 : 84, description du lexique).

Téléconsultation
des comptes par minitel

Les utilisateurs des services de téléconsultation des comptes sur minitel sont surtout des jeunes parmi les membres des classes moyennes interrogés. La téléconsultation apparaît comme un outil d'information indispensable pour ceux qui jouent des décalages entre les émissions de paiements et les débits effectifs. Les clients disposent des mêmes informations que la banque et ils peuvent donc, le cas échéant, combler rapidement un déficit en effectuant un virement par minitel sur le compte débiteur. Puisqu'ils se trouvent dans une situation d'égalité avec leur banque, ils estiment qu'ils sont dans une situation favorable pour traiter avec elle. Il est en effet toujours plus difficile de négocier avec quelqu'un qui possède plus d'informations que vous.

Les utilisateurs peuvent faire des demandes de crédit revolving par le service des messageries de la banque par minitel. Ils n'ont ensuite qu'à passer à la banque pour signer le contrat. « Dans ce cas-ci, les services de téléconsultation des comptes par minitel apparaissent comme des moyens d'informations favorisant la communication entre les clients et leurs banques,... » (1992 : 59).

La téléconsultation est perçue comme un document peu sûr par rapport au relevé qui est un document écrit, une preuve. L'affichage sur écran des opérations bancaires ne représente qu'un indicateur de l'état de leur compte puisque des erreurs peuvent se glisser. Les opérations affichées sur écran ne concernent que le mois en cours. En somme, la consultation sur écran apparaît comme un instrument d'information et le relevé, un instrument de documentation.

5.4.3 **Argent et classes supérieures**

Les membres des classes supérieures interrogés sont des intellectuels, des cadres supérieurs et des individus exerçant des professions libérales. Ils ont entre 27 et 63 ans. Ces individus manifestent des différences quant à leurs goûts et leurs styles de vie. Les intellectuels favorisent les pratiques ascétiques alors que les cadres supérieurs et ceux qui exercent des professions libérales expriment davantage leurs goûts pour la consommation de produits de luxe. Le loisir est fortement valorisé par ces catégories sociales.

Ces différences culturelles qui distinguent notamment les intellectuels se trouvent exprimées dans leurs relations aux différents moyens de paiement. Les cadres supérieurs et les membres des professions libérales possèdent assez fréquemment des cartes de prestige et payent souvent en espèces. Les intellectuels préfèrent utiliser des moyens de paiement qui affichent moins leur « richesse » ou leur mode de vie : prélèvement automatique, chèque ou carte bancaire ordinaire.

Plus de la moitié des personnes interrogées sont débitrices occasionnellement en fin de mois et cela quelles que soient leurs catégories ou leurs trajectoires (ascendant ou en déclin) sociales. De plus, il n'est pas rare que les individus anticipent sur leur salaire du mois suivant.

Le liquide

Les pièces et les billets sont réservés aux petites dépenses de la vie courante pour les membres des classes supérieures (c'est-à-dire course chez l'épicier, journaux, boucher, cinéma, restaurant). Les cadres et ceux qui exercent des professions libérales préfèrent retirer de grosses sommes liquides dans les guichets alors que les intellectuels préfèrent multiplier les retraits plus modestes.

D'une manière générale, les espèces sont souvent utilisées pour les dépenses liées au plaisir ou à la consommation ostentatoire. Les intellectuels, quant à eux, considèrent le liquide comme quelque chose d'encombrant et de malcommode qui se dépense facilement. Pour les intellectuels, les espèces sont parfois assimilées à l'idée de fraude et on veut s'en débarrasser le plus vite possible (« si j'ai beaucoup de liquide, je vais payer en liquide pour m'en débarrasser, m'en délester un petit peu, j'aime pas avoir trop de liquide sur moi », affirme l'un d'eux (1992 : 63)). Il semble que ces représentations de l'argent liquide comme frauduleux ou assimilé au gaspillage renvoie à l'imaginaire judéo-chrétien. À l'opposé, les cadres et ceux qui exercent des professions libérales se distinguent, on l'a vu, des intellectuels par leur goût du luxe et du loisir. Le loisir exprime la possibilité pécuniaire de s'offrir une vie d'oisiveté. Le liquide représente intrinsèquement un objet de loisir puisqu'il ne demande aucun travail pénible à l'usager. Le liquide représente aussi un excellent moyen d'afficher son pouvoir.

Le chèque

On retrouve les mêmes différences observées à propos du liquide entre les catégories sociales supérieures en ce qui concerne le chèque. Les cadres supérieurs et les membres des professions libérales réservent le chèque pour les règlements de facture par courrier, pour les dons aux enfants, les échanges interpersonnels ou lorsque les commerçants n'acceptent pas la carte bancaire. Les intellectuels l'utilisent en plus pour régler des sommes moins importantes, telles les courses au quotidien. Encore une fois, les intellectuels préfèrent les moyens de paiement qui affichent le moins possible leur « richesse ». Pour les sommes un peu plus importantes, les intellectuels préfèrent la carte car les erreurs peuvent être plus nombreuses, selon eux, avec le chèque (oublier de le signer, erreur d'inscription).

La majorité des classes supérieures préfère la carte bancaire parce que le chèque est perçu comme encombrant. Le chèque conviendrait mal à ces classes sociales : parce qu'il demande un travail, il revêt un caractère ignoble (dans le sens contraire de noble), il s'oppose au loisir. « Enfin, le chèque déplaît aussi parce qu'il suscite la méfiance des commerçants et pour l'honorable individu rien n'est plus désagréable que la non-reconnaissance de son identité » (1992 : 66).

Prélèvement automatique

Les membres des classes supérieures utilisent généralement les prélèvements automatiques mais ceux qui n'acceptent pas ou peu ce système sont plus nombreux que dans les autres groupes sociaux.

Les intellectuels règlent un grand nombre de factures par prélèvement automatique : impôts, gaz, électricité mais aussi location de piano, abonnement à la télévision payante, remboursement de crédit lié aux cartes privatives. Les membres des professions libérales et les cadres supérieurs semblent par contre beaucoup plus hostiles à ce mode de paiement. Certains ne l'utilisent jamais et d'autres ne l'utilisent que pour des cas très précis pour payer, par exemple, le téléphone de la résidence secondaire. Ceux qui l'utilisent le font à cause de l'aspect pratique du système. Cela leur permet de fractionner les paiements de grosses sommes comme celles des impôts et d'éviter ainsi les retards.

La plupart des personnes sont cependant très méfiantes à l'égard du prélèvement automatique. Elles ont souvent constaté des erreurs et elles soulignent les difficultés qu'elles ont eues à recouvrer leur argent. En général elles désirent maîtriser leurs dépenses et décider par elles-mêmes de la date à laquelle elles régleront leur facture. Certains considèrent même ce système comme une atteinte à leur liberté. Les gens n'aiment pas qu'on vienne se servir dans « leur poche ».

Virement automatique

La majorité des gens interrogés n'utilisent pas ce service. Ceux qui l'utilisent le font pour constituer une épargne et ce sont davantage les membres des professions intellectuelles. Les utilisateurs de ce système l'apprécient, contrairement aux prélèvements automatiques, parce qu'ils peuvent décider de la date et du paiement.

On l'a vu, la majorité n'apprécie pas ce système à cause de l'absence de trace écrite, des erreurs ou du coût du virement. Il semble que c'est fondamentalement parce que le virement et le prélèvement n'apportent pas à son utilisateur de prestige social car ces systèmes ne remplissent qu'une fonction de paiement.

Cartes bancaires et privatives

Les membres des classes supérieures préfèrent utiliser, quand cela est possible, les cartes bancaires pour régler leurs achats.

Les cadres du secteur privé possèdent aussi des cartes de prestige du type « American express » ou « Diner's club » qu'ils n'utilisent en réalité que lors de voyage à l'étranger. Les membres des professions libérales possèdent des cartes privatives pour les voyages : carte Evasion (Air Inter), carte Europlan (location de voitures). Les membres des professions intellectuelles ne possèdent généralement qu'une seule carte bancaire à débit immédiat ou différé.

Les intellectuels affirment que la carte bancaire offre davantage de liberté que les autres moyens de paiement. La carte représente aussi une sécurité pour eux. La fonction de crédit est l'élément le plus apprécié de ceux qui utilisent très fréquemment les cartes. Ces individus peuvent satisfaire leurs désirs n'importe quand, quelle que soit la situation de leur compte bancaire. Les gens apprécient utiliser la carte lorsqu'ils voyagent. Elle est le signe de la confiance et facilite la communication à l'étranger surtout si on ne parle pas la langue.

Certains intellectuels, issus d'un milieu militant communiste, estiment que la carte sert à faire supporter par le consommateur le travail des banques et qu'elle incite à la consommation. Pour les personnes qui se trouvent sur une trajectoire de forte mobilité ascendante, la carte est beaucoup plus utilisée que pour les individus des couches supérieures parce qu'elle représente un moyen de reconnaissance, d'appartenance à leur nouveau groupe social (« la carte c'est le symbole d'une catégorie sociale à laquelle j'ai envie de ressembler », raconte un ingénieur, fille d'un petit commerçant et d'une femme de ménage (1992 : 71).

La carte est aussi appréciée des membres des professions libérales ainsi que des cadres supérieurs parce qu'elle ne permet pas d'éveiller de soupçon sur la solvabilité de son détenteur (« on me demande pas ma carte d'identité » (1992 : 71). Avec la carte, on ne met pas en question le statut social de son détenteur.

« La fonction de valorisation sociale des instruments de paiement est surtout présente autour des cartes de prestige » (1992 :

72). Il apparaît de bon usage, particulièrement dans le milieu du marketing, de la communication et de la publicité, d'avoir une carte de prestige. Pourtant les gens qui possèdent ces cartes déclarent qu'ils ne les utilisent pas, ce qui démontre que l'on possède ces cartes non pour leur utilité comme mode de paiement mais pour le prestige qu'elles accordent à leur détenteur.

Enfin, bien que les gens de cette catégorie sociale utilisent la carte bancaire pour bénéficier du paiement différé, il leur arrive parfois de dépasser leurs revenus mais cette situation n'est pas durable. Toutefois, les personnes en situation de mobilité ascensionnelle sont souvent débitrices parce qu'elles dépensent davantage. L'absence de contrôle social (on accorde confiance à tout détenteur de carte bancaire sans lui demander de carte d'identité) et la possibilité de crédit de ces cartes ne font que renforcer leur tendance à la consommation excessive.

Téléconsultation des comptes par minitel

C'est parmi ce groupe social supérieur que l'on retrouve le plus d'individus qui ont abandonné ce service. Le manque d'intérêt et le sentiment que ce service n'est pas utile pour eux justifient ce choix. Ceux qui utilisent le service estiment qu'il est utile d'être informé rapidement sur l'état de leur compte sans aller à la banque. Pour d'autres, ce service sert à gérer plus rationnellement leur argent.

Pour la majorité des personnes interrogées, ce service constitue un instrument de gestion qui ne remplace toutefois pas le relevé bancaire. Ce dernier est perçu comme étant complémentaire à la téléconsultation par minitel car elle ne permet pas de retrouver les opérations vieilles de plus d'un mois. En somme, la téléconsultation par minitel est utilisée pour des renseignements ponctuels : le solde du compte et les dates et montants des prélèvements.

5.4.4 **Le télépaiement**

Le télépaiement[8] n'est pas une pratique encore très répandue. Seulement douze personnes interrogées l'utilisent : six appartenant aux catégories socio-économiques supérieures (intellectuels), quatre aux classes moyennes et deux aux classes populaires. Malgré la faiblesse de l'échantillon, il est permis d'affirmer que le télépaiement convient aux valeurs culturelles des intellectuels. Nous avons mentionné plus tôt que les intellectuels appréciaient davantage des moyens de paiement discret, ceux qui affichent le moins la richesse de l'utilisateur. Les intellectuels devraient donc être favorables au télépaiement parce qu'il rend invisible l'acte d'achat.

Les individus interrogés estiment que le service n'est pas sécurisant car il suffit d'indiquer le numéro de sa carte de paiement sur un minitel pour régler ses achats. Un voleur peut donc aisément l'utiliser. Toutefois, deux choses semblent déplaire davantage : d'abord, le fait que le paiement soit encaissé avant la réception effective de l'objet acheté; puis le côté inhumain de l'acte d'échange suscitant de la méfiance (« c'est un peu rigide, j'ai toujours peur de ne pas avoir les réductions par minitel, alors souvent je suis obligée de téléphoner » (1992 : 76). Ainsi, la monnaie n'est pas seulement

---

8. Le télépaiement est la transmission à distance d'un ordre de paiement mettant en œuvre un ensemble de techniques informatiques, électroniques et télématiques. Il existe deux sortes de télépaiement : l'un est sécurisé, l'autre non. Le système de *télépaiement sécurisé* repose sur l'emploi d'une carte à mémoire et d'un lecteur de carte branché à un terminal minitel. « L'ensemble de ce dispositif est, par l'intermédiaire du réseau téléphonique commuté, relié aux ordinateurs centraux des banques et organismes prestataires de services. La carte dotée d'un microprocesseur assure l'identification de son titulaire, la réalisation et la mémorisation de la transaction qu'elle effectue. L'intérêt de ce système réside dans son haut degré de sécurité à plusieurs niveaux : identification des partenaires, confidentialité des échanges, exactitude vérifiable des données, validité assurée des opérations. Pour l'utilisateur, il lui permet de réaliser des transactions en temps réel, à partir de son domicile. Toutefois, le télépaiement sécurisé tarde à démarrer. »

    « Pour l'instant, il est possible de payer ses achats à domicile en inscrivant simplement son numéro de carte bancaire sur minitel ou en donnant son numéro de carte par téléphone ou par courrier. C'est le *télépaiement non sécurisé*. Ce sont surtout les sociétés de vente par correspondance qui utilisent ce mode de paiement. C'est donc du télépaiement non sécurisé dont nous parlons dans ce rapport » (1992 : 85-86, description du lexique).

un instrument de paiement ou un outil technique de paiement, mais elle est aussi un moyen de communication symbolique. Dans un échange, on ne fait pas qu'acheter ou vendre un objet, on met également en scène des signes distinctifs des individus.

5.5 CONCLUSION

La monétique urbaine est encore peu développée en France. Les enjeux autour de son implantation sont multiples. Ce service est rentable à long terme mais il exige, pour les villes, un gros investissement financier préalable. En ce qui concerne les avantages symboliques de la monétique, ils sont difficiles à mesurer. Ce sont les obstacles sociaux qui semblent les plus ardus à surmonter. « Les études recensées ici soulignent en effet que l'introduction de la monétique dans certains foyers modifie leurs pratiques économiques. La plupart des ménages à faibles revenus pratique une gestion budgétaire à court terme et fractionne le plus possible leurs dépenses. Un système en pré ou post-paiement implique pour eux une gestion différente de celle à laquelle ils sont habitués puisqu'il signifie pour eux le paiement de grosses sommes au coup par coup. Dans la mesure où ce nouveau système ne correspond pas à leurs pratiques, il peut se produire des réactions de rejet par rapport à cet objet technique » (1992 : 78).

Du côté des banques, on constate que le compte de banque n'est plus simplement le lieu d'enregistrement des états de propriétés. Le compte devient : « un point de transit des flux monétaires, une prise de branchement sur le réseau de circulation financière » (1992 : 79). Ce faisant, la banque accroît son rôle dans la vie quotidienne de l'ensemble des ménages puisqu'elle se charge de tout en gérant les revenus et les dépenses des familles. Le client n'a même plus à penser à régler ses factures (grâce aux prélèvements automatiques).

Un des impacts les plus importants de la monétique est le nouveau pouvoir des banques. « La banque détient désormais l'ensemble des comptes de la population. Elle peut donc établir des statistiques sur la consommation des ménages et dresser des profils du mode de vie de ses clients. Elle peut donc déterminer les « bons » et les « mauvais » clients. Elle peut autoriser ou non la possession d'une carte bancaire. C'est elle qui en dernier ressort, détermine ses clients et ses exclus. La banque informatisée peut désormais exclure arbitrairement des individus du réseau des échanges monétaires. » (1992 : 79).

Les études sur la monétique ont semblé montrer que la nouvelle technologie de la monnaie déterminerait certains nouveaux comportements sociaux. On pensait notamment que la dématérialité de la monétique, c'est-à-dire l'abstraction de la substance de la monnaie et sa faible visibilité, entraîneraient un déséquilibre ou une perte de contrôle budgétaire. Or, les résultats de cette recherche démontrent que *la technique ne détermine pas les comportements sociaux*. Plus que la technique, ce sont *les valeurs culturelles auxquelles se réfèrent les groupes sociaux qui sont responsables de la gestion des comptes des individus*. Ainsi, c'est parce que les valeurs culturelles constituent un cadre d'interprétation pour toutes les situations de la vie quotidienne que les individus créent un usage spécifique des objets techniques en adéquation avec leur système de valeurs.

Les membres des classes populaires qui évitent le crédit et qui privilégient le liquide et le chèque, utilisent principalement les cartes bancaires pour le retrait d'argent. Les membres des nouvelles classes moyennes dont les valeurs touchent la liberté, le plaisir, le moment présent et la modernité utilisent les cartes bancaires pour régler l'ensemble de leurs achats. Les intellectuels aux valeurs ascétiques utilisent modérément le crédit des cartes bancaires et préfèrent régler par chèque les dépenses courantes. Les cadres supérieurs et les membres des professions libérales, plus enclins à la dépense et à la consommation, adoptent volontiers le liquide et les cartes de prestige.

Toutefois, lorsque les individus se trouvent en situation d'ascension ou de déclin, ils font un usage différent des moyens de paiement de ceux qui ont été jugés adéquats pour un groupe social donné. Par exemple, les individus des classes populaires en déclin par rapport à leur milieu d'origine font un usage excessif du crédit associé à la carte bancaire et ce, en contradiction avec les comportements des membres de la classe populaire. Même constat pour les individus en déclin dans les classes moyennes. Ils ont des comportements d'excès de consommation qui se traduisent par un usage intensif des possibilités de crédit (chèques postdatés, utilisation du crédit revolving). Plutôt que d'adhérer aux valeurs d'autonomie et de liberté propres à cette classe, ils deviennent dépendants de l'assistance bancaire ou des organismes de crédit. Enfin, les individus en position d'ascension sociale dans les classes supérieures ne sont pas non plus acculturés à leur nouveau milieu. Contrairement aux habitudes de leur groupe social, ils utilisent peu les espèces, recourent aux prélèvements pour les remboursements et utilisent beaucoup la carte de crédit parce que cela symbolise pour eux la catégorie sociale à laquelle ils veulent ressembler.

En somme, on peut croire que les déséquilibres budgétaires observés avec l'apparition de la monétique ne sont pas dus à la technique ou à la dématérialité de la monnaie mais plutôt à un déséquilibre social du système de valeurs des individus qui se situent en position sociale d'ascension ou de déclin. Ces personnes recourent massivement au crédit par l'intermédiaire des cartes bancaires pour retrouver une situation antérieure meilleure ou pour afficher leur appartenance à leur nouvelle classe sociale. En dernier ressort, c'est la fonction de crédit associée aux cartes bancaires qui est responsable de ces déséquilibres bancaires. La carte bancaire encourage les conduites d'excès parce qu'elle offre une possibilité de crédit illimité et qu'elle n'est pas encadrée, comme c'est le cas pour le chèque, par des lois. La carte bancaire ne donne pas aux individus en situation de transition un cadre de référence et des limites à la consommation.

Nous pouvons donc constater que l'étude de l'utilisation d'une technologie de communication informatisée comme la monétique, de prime abord assez peu sophistiquée, révèle des résultats assez surprenants. Notre réaction spontanée n'est-elle pas, en effet, de penser de tous les individus, quel que soit leur milieu social d'origine, utilisent cette carte de la même façon? Que les variations seraient plutôt sur le plan de la personnalité plutôt qu'au niveau des classes sociales?

Ce cas d'étude démontre que les conditions économiques soutenant l'implantation de cette technologie a un impact certain sur son utilisation, les réactions étant plus ou moins positives selon les conditions financières des utilisateurs. Voyons si l'implantation d'une technologie de communication informatisée plus sophistiquée dans un organisme public mènera à des résultats semblables.

COMMUNICATION INFORMATISÉE DANS LES SERVICES DE LA SÉCURITÉ PUBLIQUE

Par Bernard VALLÉE
Télé-université

6.1 INTRODUCTION

Pour les organismes qui œuvrent dans le domaine de la sécurité publique, particulièrement les organisations policières, l'efficacité des technologies de communication est d'une grande importance. La rapidité de communication est essentielle pour accomplir adéquatement une grande partie des tâches confiées à leurs membres. Ces mandats consistent, entre autres, à maintenir la paix, prévenir le crime et faire respecter les lois.

Les activités qui touchent à la sécurité publique exigent obligatoirement un travail sur le terrain. Les organisations policières gèrent donc un ensemble d'activités décentralisées sur un territoire donné. Dans ce contexte, le point d'attache du membre avec son organisation est le réseau de télécommunications par lequel lui sont communiquées les informations nécessaires à son travail. Il n'y a pas de doute que, dans certains cas, la sécurité du policier, et parfois même celle de la population, dépend directement de l'efficacité du système.

La communication informatisée s'implante de plus en plus dans les services policiers et suscite des impacts non seulement sur le plan technique mais également sur le plan social et organisationnel. Dans ce chapitre, nous examinons le processus d'implantation de systèmes de communication informatisée dans deux organisations policières : la Sûreté du Québec (SQ) et le Service policier de la Communauté urbaine de Montréal (SPCUM), à l'aide de trois études traitant des considérations humaines et organisationnelles que l'on doit planifier pour assurer l'implantation harmonieuse de ces systèmes. La première étude traite du développement d'une stratégie de mise en place d'une technologie de communication informatisée à la SQ, les deux autres concernent le SPCUM, la première visant le processus d'expérimentation de la communication informatisée dans cette organisation et la deuxième examine la période suivant l'implantation du système. Nous terminerons le chapitre par l'examen du fonctionnement du Centre d'urgence 9-1-1 de Montréal qui s'est aussi doté d'une telle technologie. Nous en examinerons les conséquences possibles pour les travailleurs et la population.

6.2 LE CAS DE LA SÛRETÉ DU QUÉBEC

Au Québec, l'organisme de sécurité publique le plus connu est sans doute la Sûreté du Québec. Le mandat de cette organisation policière consiste globalement à maintenir l'ordre et la sécurité publique en plus de prévenir le crime, d'enrayer les infractions aux lois provinciales et d'en rechercher les auteurs.

Pour accomplir efficacement son mandat, la Sûreté du Québec doit recourir quotidiennement à des technologies de communication. Plus encore, le réseau de télécommunications de la SQ a un rôle important dans les opérations policières, car il est le point d'attache du membre avec son organisation.

L'étude que nous utilisons a été effectuée par un membre de la SQ, Brisson (1990), pour l'obtention d'une maîtrise à l'ENAP. Il analyse la remise en cause, par cette organisation, de son réseau de télécommunications datant de 1966 et de la possibilité de mettre en service un nouveau réseau intégré de télécommunications policières (RITP). Brisson (1990) a étudié la planification et la programmation des activités inhérentes à ce transfert technologique d'envergure, dans le but d'éliminer les mouvements de résistance.

Ce réseau intégré de télécommunications policières (RITP) incorpore systématiquement la communication informatisée comme un objet technique favorisant l'efficacité des communications. Cet objet technique modifie la nature de l'organisation des tâches et du travail en général et devient de ce fait un objet social dont les impacts éventuels doivent être examinés.

Les données de l'étude de Brisson nous permettent d'analyser la communication informatisée, intégrée dans un réseau de télécommunications, comme un objet social dont la constitution marque les rapports sociaux de l'organisation. Cette étude précède l'implantation du réseau, elle n'apporte donc aucune donnée quant aux effets réels du réseau sur les membres et sur la population mais elle permet de dégager les besoins, les craintes et les attentes des usagers préalablement à son implantation. L'étude s'inspire aussi d'autres expériences vécues par l'organisation policière en matière de changement technologique portant sur la communication informatisée. Malgré l'impossibilité d'apporter un suivi à cette étude (rapports écrits et entrevues nous ont été refusés), nous croyons que cette analyse aide à mieux comprendre les motifs et les enjeux imbriqués dans l'implantation d'un système de communication informatisée dans une organisation publique très hiérarchisée. Examinons comment les rapports sociaux sont influencés par le projet d'implantation du RITP.

6.2.1 Description de l'ancien système de télécommunications

Le territoire de juridiction de la Sûreté du Québec est divisé en 9 grands districts, lesquels sont subdivisés en sections puis en postes. Il y a au total 109 postes. La SQ est le seul intervenant gouvernemental à offrir un service à domicile à la population 24 heures par jour, 365 jours par année. On comprend que l'efficacité du corps policier dépend de la qualité de son réseau de communication.

Pour desservir cet immense territoire, l'ancien système de télécommunications se composait d'un équipement radio mobile et d'une infrastructure fixe consolidée de liens dédiés, c'est-à-dire d'ondes réservées spécialement à cette fin. Ce réseau permettait la communication entre les policiers sur le terrain et les préposés aux télécommunications dans les postes. Le réseau permettait aussi d'accéder au centre de renseignement pour la recherche d'information dans les banques de données du Centre de renseignements policiers du Québec.

Les policiers possédaient des unités mobiles dans les véhicules de patrouille et des unités mobiles déguisées dans les voitures banalisées. Ils possédaient également des unités portatives pour des communications à courte distance qui n'étaient cependant pas connectées au réseau de télécommunications. Les unités mobiles ou les radios mobiles permettaient aux policiers de communiquer à partir de leur véhicule. L'équipement consistait en une tête de contrôle située sur le tableau de bord, un combiné téléphonique, un haut-parleur, un bloc émetteur-récepteur installé dans le coffre et une antenne.

Les communications possibles avec cet équipement se résumaient à celles-ci :
- d'un véhicule à un poste,
- d'un poste à un véhicule,
- d'un véhicule à un véhicule.

De plus, la Sûreté du Québec disposait d'un réseau d'ondes brouillées pour des fins d'enquête qui comportait des radios mobiles et des appareils portatifs.

6.2.2 Problématique

L'ancien réseau était considéré comme désuet parce qu'il ne pouvait garantir la confidentialité des communications radio. De plus, la surcharge des ondes radio rendait difficile l'opération du système. Ce système ne permettait pas non plus de transmettre des données par les ondes hertziennes et par voie téléphonique à partir du véhicule. Lorsqu'un policier quittait son véhicule, il était en rupture de communication, ce qui le mettait dans une position vulnérable. Il pouvait l'être aussi dans certaines portions du territoire à cause d'un manque de couverture du système de radio mobile. En somme, les policiers étaient insatisfaits du manque de confidentialité des communications et de l'absence d'une couverture totale du système.

Cette insuffisance des équipements entravait les opérations policières et entraînait une augmentation du temps de réponse aux appels des citoyens. L'efficacité des communications devenait un facteur crucial pour la sécurité publique. Cela est d'autant plus vrai que l'évaluation de la performance policière est fondée sur le taux de solution du crime et la capacité de prévenir les pertes de vie. Dans ces deux cas, la rapidité d'intervention est cruciale et elle est directement liée à l'efficacité et à la fiabilité des communications.

6.2.3 Le changement

Comme nous l'avons mentionné, l'étude de Brisson est préalable à l'implantation du nouveau réseau de télécommunications.

Elle consiste donc à émettre des propositions pour assurer un changement efficace et non pas à mesurer les changements survenus après utilisation.

Le changement, dans ce cas-ci, implique que toute l'organisation sera touchée par l'introduction des nouvelles fonctions informatisées du système. Les policiers et les préposés aux télécommunications devront modifier leur façon de travailler et les gestionnaires devront repenser leur encadrement du personnel ainsi que le suivi des effectifs. Le changement ne se produit pas uniquement au niveau de la technologie; l'avènement de la communication informatisée dans le système de télécommunications de la SQ aura également des incidences sur le plan des ressources humaines et sur le plan de l'organisation.

Le changement est une modification observable d'un état vers un autre état relativement permanent et affecte aussi la culture de l'organisation. Celle-ci peut être décrite comme les systèmes de significations symboliques que les membres comprennent et utilisent pour coordonner leurs activités (Symons, 1988 : 43, dans Brisson, 1990). Ainsi, la stratégie doit tenir compte de la culture organisationnelle en place. Les grands traits de cette culture se retrouvent dans l'uniforme, l'identification visuelle des équipements et le profil de formation des policiers. Les valeurs sont orientées vers la stabilité et le respect du mandat.

Changement implique nécessairement résistance au changement, processus qui révèle les jeux de pouvoir entre les différents groupes – dans le cas de la SQ, de différents niveaux hiérarchiques – concernés par ce processus. La résistance au changement se manifeste par l'expression implicite ou explicite de réactions négatives. Brisson affirme que les principales sources de résistance au changement sont liées à la personnalité, au système social de l'organisation ou au mode d'implantation du changement technologique. Elles concernent :

> les habitudes acquises par l'employé, la peur de l'inconnu, la préférence pour la stabilité, l'environnement technologique apprivoisé, la conformité aux normes étudiées qu'elles soient formelles ou informelles, le respect des individus et des compétences, le temps et les moyens consentis par l'organisation pour assimiler l'employé à la nouvelle technologie (Brisson, 1990 : 36).

Ces sources de résistance s'expriment aussi sous la forme de craintes : perte d'emploi, d'autonomie ou de compétence, contrôle excessif de l'employé et perte de contrôle de son environnement de travail. Enfin, l'auteur (1990) mentionne que la culture organisationnelle peut aussi être à la source de résistances. Par exemple, les administrateurs de la Sûreté du Québec semblent vouloir confier à des employés civils des postes comprenant des tâches comme l'assignation des activités et le déploiement des forces policières sur le territoire, positions jusque-là occupées par des policiers. Ces derniers semblent croire que les civils engagés, ne connaissant pas leur culture organisationnelle, commettront des erreurs aux conséquences graves.

Ce scepticisme oblige les administrateurs à élaborer une stratégie du changement qui tiendra compte du fait que des modifications apportées à une partie du système entraînent également des changements dans d'autres parties du système. Les changements se répercutent en fait à tous les niveaux de l'organisation, tant à celui de la structure formelle qu'informelle. Enfin, l'efficacité du changement doit nécessairement être liée à une forte participation des membres éventuellement touchés par ces changements.

Ceci étant, voyons maintenant les éléments du nouveau réseau de communication informatisée et les réactions anticipées des membres face à ce nouveau système. L'étude de Brisson constitue un guide destiné à la direction qui a pour but de faciliter l'implantation du futur réseau, c'est-à-dire faciliter l'adoption du nouveau système de communication par les membres en amenuisant leur résistance. Elle exprime donc les craintes et les attentes énoncées par les policiers face à l'implantation d'un système de communication informatisée et les impacts anticipés du futur réseau par rapport à ses principales caractéristiques.

6.2.4 Description des éléments du nouveau réseau et impacts sur la dimension humaine et organisationnelle

Le nouveau réseau de communication informatisée comporte plusieurs changements qui devraient améliorer l'efficacité des communications. Ces changements technologiques auront des impacts sur la dimension humaine et organisationnelle.

– *La centralisation des appels* : tous les appels sont référés au centre de télécommunications du district et non plus, notamment le jour, à chacun des postes. Les policiers reçoivent ainsi leur assignation à partir du district et non plus de leur poste respectif. Le responsable du poste n'a donc plus la même relation d'autorité auprès de ses policiers. De plus, le policier ne peut plus placer un appel directement au public car pour des raisons d'efficacité de gestion des appels, il doit systématiquement recourir au préposé. Il y a donc centralisation des contrôles liés au travail des policiers patrouilleurs.

– *La répartition assistée par ordinateur* (RAO) consiste à automatiser la gestion et la répartition des appels, à gérer les activités des policiers et à leur transmettre des données. Grâce à ce système, il est possible de rejoindre le policier partout et en tout temps, de connaître l'état d'avancement de son travail par des messages de disponibilité affichés à l'écran et aussi, de suivre le policier en tout temps par la localisation automatique de son véhicule au moyen d'un système de repérage. En connaissant l'identité et même l'état de disponibilité de tout véhicule en service sur son territoire, le répartiteur peut, grâce à un dispositif d'affichage, désigner le véhicule pour couvrir un événement. Le système fournit l'identification automatique de l'appelant ce qui n'oblige plus celui-ci à s'identifier. Il permet en outre d'obtenir des données opérationnelles, un portrait de la disponibilité et de l'affectation des policiers. En somme, la centralisation des contrôles peut mener à une surveillance totale des policiers. Ces derniers ont clairement indiqué leurs ressentiments par rapport aux risques de contrôle abusif de ce service.

– *Les communications hors véhicule* étaient inexistantes, c'est-à-dire qu'on ne pouvait rejoindre un policier qui opérait à l'extérieur de son véhicule et inversement celui-ci ne pouvait plus demander de l'aide ce qui pouvait le rendre vulnérable. Pour combler cette lacune, on équipe le véhicule d'un appareil-répéteur situé dans le coffre arrière de la voiture et on munit le policier d'un émetteur-récepteur portatif. Le policier peut donc, dans un rayon d'un kilomètre, envoyer un message avec son portatif qui transitera par le répéteur situé dans son véhicule jusqu'au centre de télécommunications. Cette situation peut créer un dilemme. D'une part, les policiers manifestent de l'intérêt pour ces communications hors véhicule car elles répondent à des exigences en matière de sécurité. D'autre part, il est désormais possible de contacter le policier à tout moment, et ce partout sur le territoire. Celui-ci n'apprécie pas que le centre des contrôles puisse connaître l'endroit où il se situe à tout moment. Encore une fois, on craint que cela présente des risques de contrôle abusif.

– *Les ordinateurs véhiculaires* sont des terminaux installés dans le véhicule qui permettent d'accéder à des banques de données, d'échanger des messages avec d'autres usagers et d'utiliser des fonctions bureautiques. Cela permet aux policiers d'accéder à des renseignements sans le recours d'intermédiaires. Grâce à ces ordinateurs, le policier peut aussi entrer les données servant à la production de ses rapports au fur et à mesure qu'elles sont disponibles, ce qui évite leur manipulation par un employé de bureau. Toutefois, l'implantation de cette technologie risque d'isoler le patrouilleur de ses collègues. De plus, les policiers mentionnent qu'ils ne désirent pas devenir des spécialistes en banques de données et ils préfèrent que les préposés à la cueillette et à la recherche d'informations s'occupent de ce travail. Ils craignent donc un changement dans la nature de leur travail, changement qui, pourtant, augmenterait leur propre contrôle sur la population en leur permettant d'obtenir plus d'informations plus rapidement sur les citoyens.

De façon générale, les commentaires recueillis quant aux attentes des membres de la Sûreté du Québec relativement à l'implantation du réseau de communication informatisée montrent qu'ils veulent participer aux différentes phases de réalisation du projet, c'est-à-dire qu'on favorise la coopération entre les concepteurs et les usagers. Ils révèlent également la volonté des policiers d'obtenir une formation et un entraînement adéquats, préalablement à l'implantation accélérée du réseau. Ceux-ci croient que de connaître en détail l'ampleur du changement et d'être informés sur ses conséquences diminuera l'insécurité liée à l'implantation d'une nouvelle technologie dans leur milieu de travail.

Dans cette optique, les membres tiennent aussi à continuer à exercer un travail de policier, c'est-à-dire qu'ils ne veulent pas que la diversité des tâches propres à leur travail soit modifiée en fonction d'une spécialisation de nature administrative. À titre d'exemple, ils mentionnent qu'il faudra s'assurer que les bonnes ressources soient affectées au bon poste de travail. On a vu que les policiers ne veulent pas devenir des spécialistes en banques de données. Ils demandent également de redéfinir clairement les tâches des préposés aux télécommunications. Sur le plan technique, ils insistent sur la simplicité d'utilisation de l'équipement, sur les caractéristiques ergonomiques et sur la fiabilité du système, notamment en ce qui concerne le temps de réponse des communications. Somme toute, ils recommandent à l'organisation de mettre autant d'accent sur les aspects humains et organisationnels que sur ceux qui concernent les aspects techniques.

On voit donc que le changement technologique imposé aux policiers de la Sûreté du Québec implique des réactions complexes de part et d'autre. L'administration veut implanter une technologie qui augmentera la production, la sécurité mais aussi le contrôle du travail des policiers. Ces derniers, par contre, montrent une certaine résistance au projet, craignant surtout pour leur autonomie et la nature de leur travail. Examinons maintenant si des réactions semblables sont observées dans une autre organisation policière, le Service de police de la Communauté urbaine de Montréal (SPCUM).

6.3 LE CAS DU SERVICE DE POLICE DE LA COMMUNAUTÉ URBAINE DE MONTRÉAL (SPCUM)

Le SPCUM est un organisme paramilitaire regroupant plus de 5 500 employés dont plus de 4 400 policiers. Il dessert globalement l'île de Montréal (près de deux millions de citoyens) et répond annuellement à plus de 780 000 appels des citoyens. Le mandat du SPCUM, sensiblement le même que celui de la SQ, est de prévenir les crimes et les infractions, d'en rechercher les auteurs et de les citer en justice. Le SPCUM veille aussi à l'application des lois provinciales et des lois des municipalités qu'il dessert. Le SPCUM est composé de quatre régions totalisant 24 districts et 143 secteurs de patrouille. Les districts s'occupent des opérations, de l'administration des ressources humaines et physiques et du travail de bureau qui s'y rattache.

Tout comme dans le cas de la Sûreté du Québec, on a implanté, au SPCUM, un nouveau système de communication informatisée appelé le Système informatisé de télécommunications intégrées (SITI). Avant d'examiner les impacts de ce système sur l'organisation, il convient de préciser certains éléments de la culture spécifique de cette organisation.

6.3.1 **La culture de l'organisation**

La nature de l'organisation véhicule une culture bureaucratique paramilitaire dont l'accent est mis sur une hiérarchie rigide basée sur l'autorité et le statut. Il nous semble pertinent de soulever les principales caractéristiques culturelles de l'entreprise identifiées par Akzam (1991 : 64-69), soit la « perméabilité », le « système d'autorité » et « l'étanchéité de ses groupes ».

La « perméabilité » signifie que l'organisation a tendance à minimiser la différence entre ses standards et ceux de la société avec laquelle elle transige. Autrement dit, les policiers sont conscients de l'emprise des valeurs sociales sur leurs vies. L'image de la police est fragile puisqu'on en fait régulièrement le procès sur la place publique par l'entremise des médias. Dans ce contexte, le SPCUM encourage les policiers à la discipline et aux règles strictes. L'influence des médias et des critiques a, semble-t-il, des répercussions sur la vie privée des policiers conscients d'être la cible de préjugés.

Le SPCUM se distingue par son « système d'autorité » de type totalitaire fondé sur une hiérarchie rigide impliquant un système de grades et de statuts. Dans ce système, l'autorité s'exerce par des sanctions. Toutes les activités quotidiennes des policiers doivent être connues des supérieurs, qui les obligent à se conformer aux règles établies par les administrateurs de peur d'être constamment sanctionnés. La peur des sanctions détermine aussi la façon dont le travail quotidien est accompli et peut créer des dysfonctionnements sur le plan global de l'organisation. En effet, la priorité des employés consiste à suivre d'abord la procédure plutôt que de régler, comme cela peut l'exiger dans certaines circonstances, le problème pour lequel cette procédure a été créée. Le policier peut même mettre de côté son efficacité de façon à éviter d'avoir des « démêlés » avec ses supérieurs puisque la priorité absolue consiste à se conformer à la directive.

« L'étanchéité des groupes » signifie que les policiers ont tendance à exclure ceux qui ne font pas partie du groupe d'appartenance. Par exemple, les gradués de technique policière, malgré des dispersions géographiques, tendent à maintenir des liens entre eux contrairement aux gradués d'autres domaines. Les policiers sont très solidaires entre eux car ils estiment vivre un peu en vase clos. Ils forment en outre un groupe fermé sur lui-même, ce qui a des répercussions sur leurs relations avec les membres de la communauté, notamment les civils. Or, les nouveaux arrivants, c'est-à-dire les préposés à la répartition assistée par ordinateur (PRAO) du nouveau système de communication informatisée sont des civils qui risquent fortement d'être rejetés par les policiers. Ces derniers estiment que les civils ne savent pas ce que c'est que d'être patrouilleur et ne connaissent pas la mentalité policière.

Ce contexte culturel spécifique du SPCUM où l'on a décidé d'implanter un nouveau système informatisé de télécommunications a influencé le processus d'acceptation du système par les employés concernés, selon Akzam (1991). Pour analyser l'impact du Système informatisé de télécommunications intégrées (SITI) et les changements qui en découlent, nous utilisons deux études. La première (Rochon, 1988) élabore une stratégie de mise en place du SITI au SPCUM. La seconde (Akzam, 1991) examine la période qui a suivi l'implantation du SITI et porte sur l'adaptation organisationnelle.

6.3.2 Une stratégie de mise en marché du système informatisé de télécommunications intégrées (SITI)

L'étude de Rochon (1988), lui-même un policier du SPCUM, a pour objectif le développement d'une stratégie de mise en place qui vise à atténuer les réactions de résistance des utilisateurs (se référant particulièrement ici aux patrouilleurs) aux changements apportés par l'implantation du Système informatisé de télécommunications intégrées (SITI). En ce sens, elle se rapproche de l'analyse de Brisson (1990) pour la Sûreté du Québec, effectuée deux ans plus tard. Nous nous attarderons donc sur des points qui n'ont pas été couverts par l'étude de Brisson.

Description du système

Le Système informatisé de télécommunications intégrées (SITI) remplace l'ancien système que l'on considérait désuet, ne répondant plus aux besoins opérationnels et administratifs de l'organisation. Le système datait de 1963 et cela rendait certaines réparations plus difficiles.

Le nouveau système est composé, comme dans le cas du système de la Sûreté du Québec, d'*une répartition assistée par ordinateur*, qui automatise le cheminement de l'information entre le préposé à la réception des appels et le répartiteur. Ce système accélère le processus de répartition. Le SITI comporte aussi un nouveau *système de radiocommunications vocales* qui permet une meilleure couverture radio et une identification automatique des utilisateurs. Des *terminaux mobiles* placés dans les véhicules de patrouille, comme dans le cas de la SQ, permettent la réception et l'acheminement de certains types d'appels ainsi que l'accès à des banques de données policières (c'est le système de radiocommunications digitales). Enfin, en cas de défaillance du système, une *télésurveillance* favorise un diagnostic et une réparation plus rapides du système, ce qui raccourcit la période pendant laquelle les policiers sont privés de leur système de communication.

Les problèmes prévus : les résistances aux changements

L'expérience démontre que lors de l'implantation de nouvelles technologies, le personnel concerné manifeste des réactions de résistance aux changements entraînant des coûts élevés d'entretien de l'équipement. On a remarqué de telles réactions lors de l'implantation de systèmes de communication informatisée assez similaires dans les organisations policières de villes comme Calgary, Toronto, Vancouver, Los Angeles, Chicago et Atlanta, et l'on craint de les retrouver au SPCUM. Dans ces cas précis, la résistance aux changements semble avoir été suscitée par :

- la peur de l'inconnu,
- une crainte de surveillance à la seconde près (du type « Big Brother »),
- la peur du ridicule,
- la peur de perte d'emploi,
- l'augmentation de la charge d'emploi,
- le changement des méthodes de travail (supervision et répartition),
- la sous-utilisation du système,
- la solitude et l'isolement du personnel.

Les réactions de résistance se sont manifestées entre autres par des bris d'équipement et une sous-utilisation du système.

Le projet de Rochon (1988) vise essentiellement à développer une stratégie de mise en place qui permettrait d'atténuer les réactions anticipées du personnel du SPCUM plutôt que d'y réagir. Cette stratégie vise donc l'accélération du processus d'acceptation du nouveau réseau par le personnel du SPCUM. Elle se fonde notamment sur des techniques de marketing qui visent la satisfaction des besoins et des désirs. L'auteur présume que si les éléments du nouveau système et son fonctionnement sont bien connus des utilisateurs, ils devraient les percevoir comme culturellement désirables.

L'étude tient compte aussi du fait que le comportement et le processus de décision sont influencés par des facteurs intrinsèques (motivation, perception, apprentissage, attitude et personnalité) et extrinsèques (famille, groupes de référence, classes sociales et culture). Dans le cas des policiers, les groupes de référence et la culture policière ont été identifiés comme des facteurs extrinsèques déterminants. L'influence des pairs en tant que groupe de référence s'avère très importante. Rochon

(1988) affirme que la culture policière favorise la stabilité, la compréhension mutuelle et la communication entre les policiers. Des études ont démontré que la culture policière porte à se méfier de la compréhension de la haute direction vis-à-vis du rôle opérationnel du policier. On peut ainsi comprendre leurs réticences face à la centralisation des contrôles permise par le SITI. Les policiers ont un rapport plus étroit avec leurs superviseurs immédiats qu'avec les membres de la direction. La stratégie de communication tiendra compte de ces éléments et proposera que les superviseurs informent les policiers en ce qui concerne les messages de nature opérationnelle.

Rochon (1988) a effectué une collecte de données auprès des policiers afin d'évaluer les avantages et les inconvénients du système actuel et du système proposé. Les résultats révèlent que, sur le plan technologique, les patrouilleurs trouvaient que le système actuel (l'ancien système maintenant) était insuffisant quant au nombre de postes émetteur-récepteur portatifs disponibles et estimaient que leur durée de charge était trop courte. Le format du poste était considéré inconfortable et souvent nuisible au travail. On désirait un poste émetteur-récepteur portatif qui soit petit, léger, solide et muni d'un accumulateur offrant une plus grande autonomie pour des besoins évidents de sécurité. Les policiers ont aussi mentionné que les ondes de communication vocales étaient surchargées, ce qui rend l'échange d'informations parfois difficile. De plus, le temps d'attente était beaucoup trop long en ce qui concerne l'interrogation des banques de données. On a aussi manifesté un grand besoin de sécurité par rapport au futur système de télécommunications.

Par contre, les policiers manifestent de nombreuses craintes envers le nouveau système :
– « une surveillance accrue à cause des possibilités de contrôle offertes par le SITI,
– une complexité d'utilisation du système causée par l'absence de formation,
– l'utilisation de personnel civil pour la répartition, ce qui est perçu comme pouvant être une menace à la sécurité du patrouilleur,
– le manque d'espace dans les véhicules de patrouille, à la suite de l'installation des terminaux mobiles,

– le manque d'informations opérationnelles compte tenu de l'arrivée des communications digitales » (Rochon, 1988 : 139-140).

Les superviseurs y voient, eux, au moins un avantage : le SITI deviendra un instrument précieux pour contrôler le personnel travaillant sous leurs ordres. On constate, ici aussi, que les changements apportés par la nouvelle technologie de communication informatisée provoquent des réactions variant selon les statuts des personnes touchées.

Face aux craintes exprimées, Rochon (1988) suggère d'appliquer une stratégie visant d'abord à convaincre les leaders d'opinion (notamment les superviseurs), chez les policiers patrouilleurs particulièrement. Par la suite, des sessions d'information, de documentation et de vidéos auront pour but d'informer les membres et de les persuader que les avantages du nouveau système sont nettement supérieurs aux inconvénients.

Parmi les avantages du nouveau système de *répartition assistée par ordinateur*, on insiste sur le fait que le personnel civil qui remplacera les répartiteurs policiers soit très soucieux de la sécurité des membres. On tentera également de convaincre les policiers que la mission du nouveau système n'en est pas une de surveillance mais plutôt d'aide aux patrouilleurs, que le nouveau système s'avère un élément clé pour leur sécurité et qu'il est composé d'équipements de haut de gamme relativement simples à utiliser. En somme, la stratégie d'implantation du nouveau réseau visant surtout les employés ayant de 15 à 29 ans d'ancienneté, l'accent est mis sur les avantages qu'il représente pour les policiers, minimisant considérablement les désavantages.

En fait, les motifs du SPCUM soutenant la stratégie d'implantation du SITI n'a pas comme but principal d'améliorer la vie des policiers, mais plutôt d'économiser des millions de dollars en maximisant leur productivité et en diminuant les risques de mouvements de résistance. La connaissance du système devrait éviter des bris de matériel et devrait atténuer une sous-utilisation du système. On peut penser, toutefois, que la centralisation des contrôles, couplée à l'accentuation de la surveillance des patrouilleurs, n'est pas non plus étrangère à cette économie. Voyons si cette stratégie a réussi.

6.3.3 Analyse de la post-implantation du système

L'étude de Akzam (1991) porte sur les changements que comporte l'implantation d'une technologie de communication informatisée dans le travail des policiers et sur la façon dont ceux-ci ont réagi à ces changements.

Selon cette auteure, de nombreuses recherches ont démontré que l'implantation d'un système informatique performant dans une entreprise et la maîtrise de ses aspects techniques ne garantissent pas une efficacité accrue de l'entreprise. Pour qu'une implantation technologique soit réussie, il faut instaurer un changement au niveau des pratiques sociales de l'entreprise, c'est-à-dire, entre autres : « une refonte des rôles de chacun, des pratiques, de la marge de manœuvre et donc du pouvoir » (Akzam, 1991, p. 4). Akzam ajoute qu'une formation préalable, aussi adéquate soit-elle, ne permet pas d'apprendre à intégrer la nouvelle technologie à la complexité de la vie quotidienne. Les utilisateurs doivent renégocier leurs pratiques de travail à l'intérieur d'une période d'expérimentation de la technologie, technologie impliquant la communication informatisée dans le cas qui nous intéresse.

Akzam (1991) examine si le contexte d'expérimentation de la technologie fourni par le SPCUM encourage les utilisateurs (notamment les policiers) à s'en servir dans les intérêts de l'entreprise ou plutôt à tenter de contourner les possibilités de la technologie dans leurs intérêts propres. Pour ce faire, elle considère la renégociation des relations humaines, la culture de l'entreprise et les relations de pouvoir imbriquées dans le processus d'implantation. Considérant ces éléments, elle a privilégié une approche qualitative et ethnographique en théorie de l'organisation, à savoir l'approche interprétative.

L'approche interprétative traite la société, et par conséquent l'organisation, comme une construction faite par les expériences subjectives de ses membres. Elle s'intéresse à la création des significations partagées pour des actions et des événements communs. Elle perçoit le chercheur comme étant impliqué, c'est-à-dire interprétant ce qu'il perçoit dans le milieu à l'étude. Selon cette approche, les différentes réalités ne peuvent être comprises en dehors du contexte auquel elles appartiennent. Les systèmes humains sont des systèmes interactifs qui s'influencent mutuellement et simultanément. La réalité est « un construit social qui se bâtit par l'entremise des mots, des symboles et des comportements d'une communauté » (Akzam, 1991, p. 30). Dans ces conditions, les données recueillies n'ont de sens que par la signification que leur confère le chercheur. Puisque cette approche favorise l'intersubjectivité, son but n'est pas de prédire ou de généraliser mais simplement de comprendre. Le critère d'objectivité est atteint lorsque les dires des différents sujets concordent avec ceux de leurs collègues. On parle alors de cohérence interne.

La cueillette des données pour l'analyse du changement apporté par l'implantation du SITI au SPCUM s'est réalisée par le biais d'observations et d'entrevues ainsi que par des commentaires recueillis lors des pauses et des heures de dîner. Akzam, qui a patrouillé avec les policiers concernés, a réparti ses données qualitatives selon certains thèmes que nous examinerons plus loin. Voyons d'abord la nature des commentaires concernant le SITI et ses aspects purement techniques.

Analyse des données

Sur le plan technique, les utilisateurs rencontrés sont presque unanimement ravis du système. Les avantages portent sur l'accessibilité des informations par le biais du terminal mobile (les patrouilleurs n'ont plus à demander aux répartiteurs de répéter les informations); la disponibilité accrue des ondes; la facilité d'opération; la rapidité du retour d'information; la possibilité d'entrer en communication avec les personnes de son choix; l'augmentation de la qualité et de la quantité d'informations disponibles; la confidentialité des informations (on ne peut plus intercepter les communications).

Sur le plan social, le succès est beaucoup plus mitigé. La venue des civils au poste de répartiteur préoccupe les policiers (n'oublions pas que ces postes étaient réservés aux policiers avant l'implantation du SITI). Les policiers reprochent aux civils de ne pas avoir le « minding policier », c'est-à-dire de ne pas connaître la culture ou la façon de penser et de réagir propres aux policiers; autrement dit, la compréhension du travail quotidien du policier. Ainsi, les policiers du SPCUM, comme ceux de la SQ, se sentent plus ou moins en sécurité face aux répartiteurs qui ne comprennent pas toujours que parfois leur vie dépend d'eux. Ils craignent la réaction des civils advenant un événement majeur. Ils estiment que les civils n'ont pas le flair des policiers.

La crainte des policiers face à leur sécurité a trait également à la nature du système en tant que tel. Ils expliquent qu'avec les ondes radio, ils pouvaient identifier des situations particulières au ton de voix utilisé pour les messages : si le ton changeait, il se passait quelque chose d'anormal. Ainsi, avec le terminal dans la voiture (c'est-à-dire le système de radio-communications digitales), on perd le sens donné à l'intonation de la voix. Les policiers estiment donc qu'ils ne sauront plus exactement ce qui se passe dans un secteur donné en l'absence d'une présence vocale. Dans ces conditions, on pourrait penser que la communication informatisée, qui remplace la communication vocale par radio, pourrait créer certains problèmes aux conséquences sérieuses en ce qui concerne les conditions de travail. Ce problème technique du SITI s'associe à un autre qui porte sur la géomatique.

La géomatique est un néologisme construit à partir des mots *géographie* et *informatique*. C'est le traitement automatique de données géographiques, c'est-à-dire de données à références spatiales. Dans le contexte du SITI du SPCUM, la géomatique se réfère aux données sur la cartographie de la ville de Montréal.

Le système géomatique n'a pas encore (au moment de l'étude du moins) répertorié l'ensemble des rues de la ville. De plus « le système considère uniquement les unités patrouille d'une même console pour faire ses choix, le système ne recommande donc pas nécessairement l'auto qui est la plus proche » (Akzam, 1991, p. 78). La plupart des commentaires négatifs des patrouilleurs à l'endroit des répartiteurs ont trait à ce

problème de géomatique, les policiers attribuant ces problèmes au fait que les répartiteurs soient des civils, ce qui
n'est pas entièrement exact.

Les répartiteurs civils connaissent moins bien la géographie
du territoire que leurs prédécesseurs. Ils se sont cependant
ajustés progressivement à ce manque de communication, selon
Akzam, en même temps que l'attitude des policiers s'est modifiée quelque peu, ayant constaté que les civils se fiaient trop
aux suggestions de l'ordinateur. Avec l'implantation du SITI,
les secteurs se sont modifiés, ce qui a perturbé les policiers :
« ... on a comme mentalité que notre secteur c'est nous qui s'en
occupe » explique l'un d'eux. Avec l'arrivé des civils, la géomatique
a modifié, dans un certain sens, la culture policière.

Interprétation des résultats

Dans l'interprétation de ses résultats, Akzam (1991) prend en
considération le fait que, dans toute organisation, il y a le
« dit » et le « non-dit », le formel et l'informel. L'implantation du
SITI fait partie du « dit ». Le « non-dit », dans ce contexte, est
exprimé notamment pour les policiers par le contrat implicite
qu'ils avaient établi avec les répartiteurs policiers avant la
venue du SITI et des répartiteurs civils. L'informel, dans cette
organisation où les règles sont omniprésentes, renvoie au
« minding policier ». Ce système de contrôle informel est perçu
comme nécessaire par les policiers puisqu'il est fondé sur la
confiance et l'empathie.

La venue du SITI a donc modifié le système informationnel
et le système de contrôle mais le système informel qui entoure
le système formel n'a pas été changé. Cette situation a créé de
l'incertitude et une certaine ambiguïté qui s'est manifestée par
des rumeurs et surtout une certaine forme d'animosité envers
les civils répartiteurs. Akzam (1991) constate que l'élément
perturbateur de l'introduction du SITI n'est pas le système
lui-même, comme elle le croyait au début, mais les civils répartiteurs qui ont remplacé les policiers à ce poste. On peut donc
croire que lorsqu'un changement se produit dans le système
formel et que le système informel, le « non-dit », est laissé à
lui-même, ce dernier cherche alors à se restabiliser, non sans
provoquer certains problèmes. Le processus d'implantation

et surtout le processus d'intégration d'une nouvelle technologie véhiculant nécessairement une forme de communication informatisée exige que l'on tienne compte des relations sociales.

L'implantation et l'intégration d'une nouvelle technologie doit impérativement tenir compte de la culture spécifique à l'organisation, notamment la culture policière. Or, la stratégie d'implantation du nouveau système de communication informatisée n'a pas tenu compte de cette culture organisationnelle car les pratiques quotidiennes des acteurs ont été perturbées. « Avant l'implantation du SITI, il existait un lien étroit entre les pratiques quotidiennes et le système radio de l'époque. Or, cette intégration fonctionnelle [...] n'est plus. » (Akzam, 1991, p. 109). L'auteure conclut en affirmant que la complicité entre le système technologique et les pratiques quotidiennes des individus est une condition *sine qua non* pour le succès de l'implantation d'une nouvelle technologie.

Parallèlement à l'implantation d'un système de communication informatisée au SPCUM et à la SQ, s'est installé un système semblable au Centre d'urgence 9-1-1. Nous allons maintenant brièvement examiner cette organisation.

6.4 LE CENTRE D'URGENCE 9-1-1

Le Centre d'urgence 9-1-1 de la Communauté urbaine de Montréal (CUM) dessert les 29 municipalités situées sur l'île de Montréal. La premier mandat de ce service est d'assurer la réception, le traitement et l'acheminement des appels téléphoniques d'urgence aux intervenants liés au réseau 9-1-1. Ces intervenants sont le Service de police de la Communauté, la Sûreté du Québec, la police Ports-Canada, Urgence santé, le service des travaux publics et de prévention des incendies des municipalités, Hydro-Québec et Gaz Métropolitain.

Le Centre d'urgence 9-1-1 répond quotidiennement à près de 5 000 appels. Une centaine de personnes travaillent au centre dont 88 préposés assignés au traitement des appels. Le

Centre dispose en permanence de 16 positions de réponse, auxquelles sont assignés les préposés au traitement des appels 9-1-1 et d'une position supplémentaire appelée « position-ressources ». Cette dernière position est réservée au chef d'équipe qui supervise et assiste les préposés en cas de besoin. Il semble que la qualité du traitement des appels ait été améliorée grâce à la prise d'appel assistée par ordinateur. L'implantation de cette technologie a cependant obligé la moitié des préposés à suivre des sessions de formation visant à développer les habiletés requises dans un contexte d'urgence.

Le système téléphonique du Centre d'urgence n'est pas de type conventionnel bien qu'il soit accessible à tous les abonnés de Bell Canada sur l'île de Montréal. Il est constitué d'un réseau de circuits spécifiques à ce service et comportant plus de 200 lignes. Chacune de ces lignes est une ligne permanente donnant aux usagers un accès exclusif, à tout instant, à l'autocommutateur privé (que l'on appelle PBX) situé dans les locaux de la Communauté urbaine de Montréal. Par la suite, les appels peuvent être réacheminés vers l'intervenant approprié (police, ambulance, pompier, etc.) par le biais d'un réseau de lignes téléphoniques à trois chiffres.

Il y a 16 préposés qui peuvent recevoir des appels provenant de plus de 200 lignes. La répartition des lignes est subdivisée selon différents quartiers du territoire de la Communauté. Si un événement grave survient dans un quartier de la ville, le système d'urgence risque d'être inondé d'appel. Le système de répartition des lignes permettra alors d'éviter un engorgement du système en laissant plusieurs lignes libres de sorte que l'ensemble du service d'urgence ne sera pas occupé.

C'est le PBX qui permet de distribuer automatiquement les appels, de sorte qu'un appel sans réponse est immédiatement transféré dans une file d'attente où un message de patience se fait entendre. Dès qu'un appel est pris en charge par le système, le numéro de téléphone du citoyen en est extrait dans ce que l'on appelle une banque de facturation. Il s'agit en fait de la banque de données des abonnés de Bell Canada sur le territoire de la CUM. Le système affiche à l'écran du terminal du préposé les mêmes renseignements que l'on retrouve sur le talon de facturation d'un compte de Bell. Le préposé voit donc apparaître à l'écran d'abord un code de service (indiquant si l'appel provient d'une résidence, d'une cabine téléphonique, du réseau centrex), un code de municipalité, le numéro séquentiel du citoyen, son adresse et son code postal.

Le préposé dispose donc d'un téléphone multiligne, d'un écran affichant les coordonnées de la personne qui appelle, d'une enregistreuse permettant de réécouter les dernières 12 minutes de conversation téléphonique et d'un ensemble clavier-écran branché au système RAO (répartition assistée par ordinateur) du service de police.

6.4.1 Le fonctionnement opérationnel

Sur le plan opérationnel du Centre d'urgence 9-1-1, on a vu que 16 préposés et un superviseur sont assignés aux appels des citoyens. D'après les statistiques du rapport annuel 1991, 97 % des appels obtiennent une réponse en moins de 9 secondes. Chacun de ces appels peut réclamer un ou plusieurs intervenants : on parlera d'appel à recours simple et d'appel à recours multiple.

Un appel à recours simple implique l'intervention d'un seul service d'urgence. Par exemple, pour un appel nécessitant l'intervention du Service de prévention des incendies, le requérant est transféré par *lien téléphonique* à ce service. Il en est de même pour Urgence santé ou tout autre intervenant lié au réseau 9-1-1. Il y a cependant une exception en ce qui concerne le Service de police de la Communauté; dans ce cas, les préposés acheminent les appels à ce service par le *réseau informatique* (RAO) plutôt que par ligne téléphonique.

Un appel à recours multiple implique l'intervention simultanée de plusieurs services d'urgence. Il y a toujours un intervenant prioritaire selon les cas. Dans le cas d'un vol où il y aurait des blessés et que le suspect est encore sur les lieux, c'est le Service de police qui devient l'intervenant prioritaire, puis Urgence santé. Dans le cas d'un incendie, ce sera le Service de prévention des incendies puis Urgence santé. Dans ce cas, le préposé demeure en ligne avec l'appelant pour prendre tous les détails et il envoie copie de sa carte d'appel informatisée à la « position-ressources » où un préposé s'occupe, au même moment, de rejoindre Urgence santé. Enfin, lorsque le Service de police est requis (on dira alors qu'il s'agit d'un appel à recours combiné), le préposé recueille les informations quant à la nature et au degré d'urgence de l'appel avant de les codifier et de les acheminer par réseau informatique à ce service. Le temps moyen de traitement des appels est de 69 secondes pour l'année 1991.

Afin d'assurer le contrôle de la qualité, précise le rapport annuel, « un mini-ordinateur est en liaison avec le PBX afin de saisir les données d'appel pour compilation de statistiques et production de rapports de performance, tant individuelle que globale; et afin de réaffecter des PATA (préposés au traitement des appels), ou des infirmières d'Urgence santé, dans diverses files d'attente selon les exigences du moment ».

Tous les appels téléphoniques du Centre d'urgence 9-1-1, avec les informations qu'ils contiennent, sont enregistrés et conservés pendant une période de deux ans. « Les « positions » de supervision sont équipées de boutons permettant d'écouter et de s'introduire dans une conversation d'un PATA avec un citoyen et ce, dans le cadre du contrôle de la qualité et de la formation du personnel » (CUM, 1991, p. 12).

6.4.2 Les impacts de la technologie sur les employés et sur la population

Ce contrôle permis par la technologie nous amène à discuter des impacts de ce service informatisé sur les employés et sur la population. En ce qui concerne l'employé, le système exerce un contrôle à peu près total sur son travail. Le système peut savoir combien de temps le préposé s'est absenté, à quelle heure il est sorti et à quelle heure il est entré et cela à chaque quart de travail. Le système connaît le nombre d'appels traité par chaque préposé, le nombre de secondes consacré à chacun des appels, le nombre de secondes entre la fin d'un appel et la mise en service pour l'attente du prochain appel.

Un préposé peut faire un retrait partiel du système ou un retrait complet. Il fera un retrait partiel lorsqu'il indique au système qu'il ne veut pas d'appel pour quelques instants car il complète ou réarrange ses remarques sur son terminal. Il fera un retrait complet pour faire une pause, aller à la salle de toilette, pour son repas ou pour quitter. Le système informatique garde et enregistre en mémoire chacune des actions du préposé. De plus, le superviseur peut visionner ces données à tout moment et il peut faire de l'écoute sur la ligne du préposé. Ces données sont compilées et permettent d'évaluer notamment la performance du préposé. Les données peuvent servir aussi à évaluer si un nouveau poste devrait être ouvert ou s'il y a des postes en trop.

Ce contrôle évident permis par la technologie de communication informatisée est difficile d'évaluer car, à notre connaissance, il n'existe aucune étude analysant les impacts de ces systèmes sur les employés et sur la population quand ils sont utilisés dans des services de sécurité publique.

Bien qu'une surveillance exercée à des fins d'éthique sociale puisse être justifiable vu la nature de la tâche des préposés, une supervision qui vise un contrôle de la qualité peut facilement devenir abusive lorsqu'elle utilise les capacités du système informatique pour mesurer, à la seconde près, toutes les activités des employés. Il serait intéressant de faire une étude critique sur la façon dont les superviseurs utilisent le système pour des fins de surveillance et d'évaluation de la performance des employés, et les moyens que ces derniers inventent pour contourner cette surveillance.

Le Centre d'urgence 9-1-1 est un service désormais indispensable pour la population. Le temps de réaction et l'efficacité de la coordination des actions des intervenants sont nettement améliorés grâce aux possibilités de l'informatique et des techniques de télécommunications. Pour la population, cette application des techniques de communication informatisée constitue un avantage indéniable. L'ensemble des données statistiques stockées dans les bases de données demeure accessible uniquement au Service de police. Si dans l'avenir, tel n'était plus le cas, il pourrait certes y avoir des problèmes importants pour ce qui est du respect de la vie privée. L'accès à ces banques de données par des investisseurs, des compagnies d'assurance, des détectives privés, des banquiers ou tout autre professionnel serait perçu comme des abus de pouvoir.

6.5 **CONCLUSION**

Ce chapitre nous a permis de constater l'importance de la communication informatisée dans les services de sécurité publique. Les réseaux de communication informatisée et leurs technologies afférentes constituent un objet technique désirable pour l'ensemble des usagers œuvrant dans le domaine de la sécurité publique.

Toutefois, l'objet technique par lequel transite la communication informatisée véhicule, en dehors de son potentiel technologique, des effets potentiellement pervers pour les employés de la sécurité publique. En effet, toute innovation s'accompagne généralement d'une résistance aux changements. Cette résistance se manifeste dans un premier temps par un ensemble de craintes liées à l'inconnu, la peur du ridicule et de l'isolement, la peur du changement dans les méthodes de travail, la peur d'avoir à changer des habitudes acquises.

Les policiers sont habitués de travailler dans un univers de conformité puisque le SPCUM et la Sûreté du Québec sont des organisations bureaucratiques et paramilitaires. Ce sont des procédures formelles et impersonnelles qui définissent les rôles de chacun. Le respect des directives et de la hiérarchie prime sur tout le reste, ce qui implique le développement d'une culture organisationnelle très conservatrice. Dans ce contexte, les policiers développent un certain nombre d'habitudes que le changement proposé ébranle. Les policiers ont développé une préférence pour la stabilité. Ainsi, les facteurs de changement déterminants pour les policiers ne sont pas intrinsèques (motivation et personnalité) mais plutôt extrinsèques (les groupes de référence et la culture policière).

Après avoir été mis au courant des caractéristiques du nouveau système de télécommunications, la résistance aux changements s'est manifestée par des appréhensions plus précises. D'abord, la peur d'une surveillance accrue permise par ces systèmes est préoccupante d'autant plus que, dans une organisation de type paramilitaire, la pratique d'un contrôle des supérieurs envers les employés semble, dans une certaine mesure, probable. Ensuite, les changements attaquent la culture policière à la base, c'est-à-dire par le biais des groupes de référence. Par exemple, le remplacement des répartiteurs policiers par des civils qui ne connaissent pas la culture policière inquiète les policiers qui affirment que c'est une menace à leur sécurité.

Il semble donc que la technologie ne soit que partiellement responsable du changement dans les comportements des employés, les pratiques sociales et la culture organisationnelle ayant un impact certain. Les principaux pôles de résistance touchent au jeu de pouvoir, c'est-à-dire la peur d'un contrôle excessif ainsi que certains rapports de force manifestés par une menace de l'étanchéité du groupe, c'est-à-dire l'obligation d'effectuer le travail policier avec des civils.

Dans cette optique, l'approche déterministe de la technologie n'apparaît pas comme un système explicatif satisfaisant. Ce n'est pas la technologie en soi qui va déterminer les comportements mais un ensemble de pratiques sociales liées à la culture organisationnelle.

Quant à l'impact de la communication informatisée sur les employés au Centre d'urgence 9-1-1, il est difficile d'obtenir des données significatives puisqu'il ne semble pas exister d'études effectuées à cet égard. Il est cependant légitime de croire que les appréhensions des employés porteraient essentiellement sur un contrôle excessif des supérieurs sur le détail de toutes leurs activités. En effet, rien n'empêche les supérieurs d'effectuer une surveillance abusive puisque la technologie leur permet d'obtenir un portrait statistique de l'ensemble des activités détaillées des employés. Encore une fois, ce n'est pas la technologie en soi qui va déterminer les comportements des employés mais ce sont les pratiques sociales des dirigeants de l'organisation.

COMMUNICATION INFORMATISÉE DANS LES DOMAINES DE LA SANTÉ ET DES SERVICES SOCIAUX

Par Bernard VALLÉE
Télé-université

7.1 **INTRODUCTION**

Ce chapitre est consacré au rôle de la communication informatisée dans le secteur de la santé et des services sociaux. Dans un premier temps, nous examinons le contenu d'un rapport de l'Organisation mondiale de la santé (OMS) sur l'usage des technologies. Cet organisme qui œuvre sur le plan international s'intéresse aux questions de santé publique. Nous passerons en revue les principaux éléments de la politique nationale d'informatisation des services de santé puis nous en examinerons quelques implications sociales.

La deuxième section examine ce qui pourrait devenir une pratique courante au tournant du millénaire : la carte de santé informatisée et personnalisée. Après avoir présenté les principaux types de cartes, nous décrirons un projet pilote d'implantation de la carte au Québec[1].

Enfin, la troisième section décrira deux études d'impact des technologies utilisées dans le secteur médical et qui touchent les personnes âgées d'une part, et les patients des hôpitaux, d'autre part.

7.2 **LA PERSPECTIVE DE L'ORGANISATION MONDIALE DE LA SANTÉ**

Pour bien comprendre la problématique des technologies de communication informatisée, à grande échelle, dans le secteur de la santé, nous nous référons à un rapport de l'Organisation mondiale de la santé (OMS, 1990). L'OMS est une institution spécialisée des Nations unies créée en 1948. Elle a la responsabilité, sur le plan international, des questions sanitaires et de santé publique. Son action implique les professionnels de la santé de quelque 165 pays dans des

---

1. Le projet pilote étant nouveau, moins de deux ans, les études sur le suivi de l'expérience ne sont pas encore disponibles. Nous voulons quand même en présenter les points dévoilant les possibilités d'application de la communication informatisée dans ce domaine, de même que ses implications.

domaines aussi variés que le développement des soins de santé primaires, la lutte contre la malnutrition et les maladies transmissibles ainsi que la formation de personnel de santé.

L'utilisation de l'informatique et de la télématique a récemment beaucoup progressé surtout en ce qui concerne les applications médicales. Toutefois, les progrès ont été moins rapides dans le domaine de la santé communautaire et de la santé publique. C'est pour améliorer cette situation que le Conseil exécutif de l'OMS a commandé un rapport destiné à aider les autorités nationales de la santé à tirer le maximum d'avantages des systèmes informatiques dans les services de santé. Cet organisme international croit que la communication informatisée peut améliorer l'efficacité et la productivité des services de santé si elle est utilisée à bon escient.

Le rapport révèle que le niveau de développement et d'organisation des soins de santé varie beaucoup selon les pays. Malgré tout, tous les pays se sont donné une structure de gestion des soins de santé pour laquelle les gestionnaires ont besoin d'une information fiable, pertinente et à jour pour prendre leurs décisions. L'OMS croit que l'utilisation de nouvelles technologies aiderait les pays à mieux gérer leurs services de santé mais que, pour ce faire, il est indispensable qu'ils établissent une politique nationale d'informatisation de leurs services.

7.2.1 Proposition d'une politique nationale d'informatisation des services de santé selon l'OMS

L'implantation de systèmes de communication informatisée dans les services de santé des pays en développement implique nécessairement l'importation de la technologie utilisée des pays industrialisés, implantation qui cause fréquemment des problèmes. Le transfert d'un pays à l'autre se fait la plupart du temps par des multinationales plus soucieuses de faire du profit que de satisfaire les besoins précis de leur nouvelle clientèle. Elle font donc peu d'effort pour modifier certaines caractéristiques de leur produit afin de les adapter aux conditions d'implantation existant dans le pays en question. Elles tiennent peu de compte, en effet, de la situation et des besoins uniques à chacun de ces pays. ~~Cela provoque un manque d'efficacité, un gaspillage des ressources et la frustration des utilisateurs~~.

Il est important que les pays en développement ne considèrent pas l'informatique médicale comme une technologie isolée, mais comme une partie intégrante de la gestion du développement de la santé nationale. ~~En ce sens, l'objectif général est que chacun de ces pays formule des politiques et des programmes qui lui sont propres et qui encadreront le processus d'implantation des multinationales~~. Ces programmes auront pour but d'assurer la prestation des soins et la prévention des maladies, et les politiques auront pour but d'assurer une surveillance et un contrôle de ces programmes.

Les éléments d'une politique nationale d'informatisation des services de santé doivent tenir compte, selon l'OMS, de la mise en commun et de l'échange des informations, de la formation des professionnels de la santé, de l'impact de la communication informatisée sur les services de santé, de la question de la centralisation ou de la décentralisation des systèmes d'information, du respect de la vie privée, de la sécurité des données, de la définition des droits et des niveaux d'accès à l'information et des méthodes permettant de choisir la technologie appropriée.

En matière de gestion, l'informatisation des services de santé doit tenir compte des coutumes en usage, bien qu'il soit fréquent qu'elle impose de nouvelles méthodes de gestion. Sur le plan des considérations techniques, l'essentiel repose sur la normalisation qui assure une compatibilité des matériels, ce qui facilite l'échange des données. La communication entre ordinateurs suppose que les matériels, les logiciels et les protocoles de communication soient normalisés. Les normes assurent également la fiabilité et la sécurité des données.

Une politique d'implantation de technologies de communication informatisée doit aussi tenir compte des ressources humaines, matérielles et des contraintes financières. Dans les services de santé, on fait face à une difficulté particulière, car il y a risque de conflit « entre le personnel impliqué directement dans les soins aux patients, qui a une responsabilité vis-à-vis des individus, et les administrateurs qui ont des comptes à rendre à l'organisation et à la communauté dans son ensemble » (OMS, 1990, p. 12). Les domaines de responsabilité doivent être clairement définis.

7.2.2 Quelques implications d'ordre social

Au delà de cette description des éléments constituants d'une politique nationale d'informatisation dans le domaine de la santé, le rapport de l'OMS met l'accent davantage sur les problèmes techniques associés à l'utilisation de la communication informatisée dans le domaine de la santé. Le rapport soulève toutefois, dans un contexte élargi, quelques implications d'ordre social véhiculées par l'implantation de technologies pas toujours adaptées aux besoins des pays importateurs.

Dans le domaine de la gestion, les possibilités de développement de l'informatique sont virtuellement illimitées. Par exemple, la communication informatisée pourrait avoir un impact considérable pour tenter de contrôler la transmission du syndrome d'immuno-déficience acquise (SIDA). En effet, des bases de données contenant le nom des donneurs de sang et leurs caractéristiques permettraient d'établir des listes de donneurs appartenant à tel groupe sanguin ou résidant dans telle localité. En mettant à jour le dossier des donneurs, on pourrait éliminer les porteurs du virus du SIDA ou de l'hépatite B. La création de réseaux télématiques permettrait de faire remonter l'information jusqu'aux responsables de la gestion et de la planification stratégique. Ce contrôle de la population des donneurs de sang par le biais d'un système de communication informatisée a certes des avantages marqués pour ce qui est de la prévention en matière de santé publique.

Toutefois, ce type de contrôle comporte aussi des désavantages certains pour les donneurs de sang, notamment les porteurs du virus du SIDA. Les gestionnaires pourraient-ils utiliser cette liste à d'autres fins? Les gens victimes de ces nouvelles maladies ainsi que les membres de leurs familles, pourraient-ils subir des préjudices ou être systématiquement isolés par rapport à d'autres programmes gouvernementaux?

Le dossier médical est l'axe principal de l'informatisation des soins de santé. Il est certainement l'outil le plus important pour le stockage, la recherche et l'analyse des informations relatives aux soins de santé. Il renferme toutes les informations sur les antécédents et la santé actuelle des patients. Il permet aussi aux administrateurs de la santé de vérifier la qualité des soins, l'utilisation des services et permet de dégager des statistiques sanitaires. Parmi les avantages de l'informatisation des dossiers médicaux, on peut évoquer :

– que la qualité des dossiers est améliorée en ce qui concerne notamment la lisibilité et l'exhaustivité des informations;

– de meilleures communications entre les services s'occupant d'un même patient;

– que le suivi d'un patient est grandement facilité grâce à une organisation logique; les données sont plus faciles à retrouver; les rendez-vous plus faciles à fixer; le renouvellement des ordonnances est mieux géré;

– la précision et la rapidité de publication des statistiques nationales de santé fondées sur des dossiers médicaux informatisés.

Les nouvelles technologies de communication informatisée auront un impact considérable sur les systèmes d'archivage des dossiers médicaux. Les dossiers médicaux des habitants d'un district peuvent être stockés sur un ordinateur-serveur relié aux terminaux des hôpitaux du district, ce qui permet la consultation, à tout moment, du dossier médical de n'importe quel malade. Une carte à lecture laser d'une très grande capacité de mémoire est à l'étude présentement. Elle peut contenir la plupart des données concernant la santé d'un individu, de sa naissance à sa mort. Chacun aurait donc avec lui son dossier médical en permanence.

On ne peut cependant nier les risques associés à l'informatisation des dossiers médicaux. La protection des informations contenues dans les grandes bases de données et aussi dans les cartes à puces pose des problèmes considérables. Ces informations sont utiles dans la mesure où elles peuvent être communiquées au besoin. Le problème de leur accessibilité devient donc crucial. Utilisées à mauvais escient ou à des fins autres que médicales, ces informations peuvent perturber la vie privée d'un patient en plus d'avoir des implications sur son emploi, ses voyages, sa sécurité, etc.

Par ailleurs, au delà de l'impact sur le dossier médical, il convient d'évaluer les changements structurels et comportementaux introduits par l'informatique. L'informatisation exerce une influence systématique sur l'ensemble d'une organisation et suscite une résistance parfois très forte de la part des employés.

L'ordinateur et sa capacité de communiquer d'énormes quantités d'informations devient par lui-même la source de nouveaux problèmes sociaux. « L'organisation sous forme de bases de données systématiques de faits autrefois dispersés pose des problèmes d'accessibilité et de secret qui ne paraissaient pas importants auparavant. Les données relatives à la santé, en raison de leur caractère extrêmement personnel, sont particulièrement sensibles à ce phénomène » (OMS, 1990, p. 88). Les compagnies d'assurance, les banques ou tout autre organisme pourraient-ils trouver le moyen d'accéder à ces bases de données et léser ainsi les droits des citoyens?

Enfin, il faut souligner que la communication informatisée permet de mesurer et d'observer de plus près les performances de chacun, ce qui a pour effet d'améliorer l'efficacité des organisations mais en même temps met plus de pression sur tout le personnel. Les dirigeants des services de santé de tous les pays intéressés à cette technologie, nous dit l'OMS (1990), doivent absolument planifier l'utilisation de l'informatique pour ne pas subir les conséquences d'une utilisation anarchique.

Dans les services de santé comme dans d'autres domaines, il est légitime de se demander si le fait de pouvoir observer de près les performances des divers employés ne risque pas d'engendrer des abus de surveillance ou, à la limite, de brimer les libertés individuelles. Malgré tout, les technologies de communication informatisée utilisées à bon escient peuvent contribuer à améliorer des services de santé. Voyons l'expérience effectuée avec la carte de santé informatisée.

7.3 LES CARTES DE SANTÉ INFORMATISÉES

On considère de plus en plus les cartes de santé informatisées comme un élément majeur d'une stratégie globale en matière de santé parmi les applications de l'informatique et des télécommunications dans les services de soins de santé.

La carte de santé informatisée est en fait une carte à mémoire. Cette carte a sensiblement la même taille qu'une carte de crédit dans laquelle est encastré un support de mémorisation d'une information numérique. Les domaines d'application d'une carte à mémoire ne se limitent pas au domaine de la santé. La carte permet de porter sur soi son dossier médical mais aussi son dossier scolaire. La monétique est certes l'une des applications les plus connues mais on peut aussi trouver des applications au sein d'une entreprise en ce qui concerne, par exemple, la gestion du personnel pour la formation, les congés, les horaires variables, etc.

Une carte à mémoire contient généralement une mémoire de programme, une mémoire de travail et une mémoire de stockage. On peut configurer la carte en fonction des accès à la lecture et à l'écriture de données. Une zone dite libre de la carte contient des informations générales (numéro de la carte, période de validité, nom du porteur). Une ou plusieurs zones secrètes contiennent les informations personnelles, les codes confidentiels et la clé cryptographique assurant la sécurité des données.

Les cartes peuvent se présenter sous des formes diverses : cartes à pistes magnétiques, cartes à microprocesseur, cartes à mémoire optique. Chacune des cartes présente des avantages et des inconvénients. Wrigley (1990) explique que les cartes à pistes magnétiques possèdent une mémoire réduite mais peuvent fonctionner avec un matériel simple. Les cartes à microprocesseur nécessitent l'utilisation d'un lecteur informatique et elles offrent une plus grande sécurité intrinsèque mais leur mémoire n'est pas suffisante pour enregistrer la totalité des soins de santé. Les cartes à mémoire optique ont une capacité de mémoire illimitée mais elles nécessitent un lecteur laser.

Il est important de noter que la carte à mémoire est une technologie qui nécessite une communication informatisée. Puisque la nature des informations est numérique, elles ne peuvent être communiquées que par le biais d'un lecteur compatible. Ainsi, on ne peut communiquer (lire, écrire, échanger, transmettre, etc.) le contenu informationnel d'une carte à mémoire autrement que par une communication dite informatisée.

Dans le contexte médical, ces cartes de santé informatisées présentent « l'avantage de fournir instantanément des informations médicales qui permettent en elles-mêmes d'améliorer la qualité des soins (en particulier en cas d'urgence), d'éviter les gaspillages liés à la duplication des entrées de données, d'améliorer la qualité des informations du fait de l'élimination des risques d'erreurs au niveau de la saisie et d'accroître la sécurité des fichiers médicaux en laissant à chaque patient la garde de son dossier » (Wrigley, 1990 : 257).

Mackay et Trudel (1992) affirment que la carte à mémoire répond, entre autres, à au moins deux besoins : la sécurité et la portabilité des données. Ces auteurs expliquent que la carte améliore la sécurité de deux façons :

– *par une procédure d'authentification réciproque entre la machine lectrice et la carte, ce qui peut aider à garantir le prestataire de services contre des tentatives d'utilisation frauduleuse; et*
– *par un contrôle de l'identité de l'utilisateur à l'aide d'un mot de passe ou numéro d'identification personnel interne à la carte (Mackay, Trudel, 1992 : 37).*

Ce dispositif de sécurité demeure à un niveau relativement superficiel car la sécurité effective concerne l'accès aux données de la carte. L'accès aux données est protégé par le microprocesseur qui exige une validation d'un code pour chaque zone de la carte. Ainsi, « le niveau de protection est incomparable, car c'est la carte elle-même et non un processeur externe, le terminal, qui valide le code secret de la zone » (Mackay, Trudel, 1992 : 38).

La sécurité de la carte à mémoire est donc supérieure à celle d'une carte à piste magnétique (carte de guichet automatique par exemple), car la carte à mémoire (ou carte à microprocesseur) gère et contrôle elle-même son accès grâce à son dispositif de sécurité interne. La carte peut aussi enregistrer elle-même l'histoire de ses manipulations. Enfin, si des tentatives d'intrusion se répétaient, la carte pourrait se mettre hors circuit elle-même, autrement dit s'autodétruire!

Un deuxième besoin auquel la carte répond concerne la portabilité des données. La carte est ainsi un véritable fichier portatif. L'avantage de cette portabilité se situe principalement sur le plan communicationnel : « La portabilité des données transforme donc tout le processus administratif de communication entre l'émetteur et l'utilisateur. Le processus de communication est allégé, les files d'attente sont réduites, les données sont disponibles plus facilement » (Mackay, Trudel, 1992, p. 39).

7.3.1 Description sommaire d'un projet pilote au Québec

Au Québec, le gouvernement a donné son aval à l'expérimentation d'une carte mémoire de santé de type microprocesseur dans la région de Rimouski. Ce projet s'inscrit dans le contexte d'une amélioration de l'efficacité et de la qualité des soins de santé, surtout dans les régions éloignées des grands centres et donc désavantagées sur le plan des services offerts. L'objectif est de pallier des lacunes dans la circulation de l'information clinique et de combler les failles dans la dynamique communicationnelle entre les acteurs impliqués dans les services de soin de santé.

La dispersion géographique entraîne un éparpillement des données cliniques d'une même personne entre les centres hospitaliers, les cabinets privés, les CLSC et les pharmacies. Cela engendre souvent des délais lorsqu'il s'agit de rassembler rapidement un dossier pour une situation spécifique. Fortin (1993) précise : « Comme ces informations ont souvent une signification de courte durée, ces délais peuvent causer préjudice ». En plus d'une dispersion géographique, il y a une dispersion physique des informations car leurs inscriptions s'effectuent sur divers supports (carnet de santé, lettres entre confrères, dossier hospitalier, fiche pharmaceutique).

Sur le plan de la dynamique communicationnelle dans le domaine de la santé, on doit tenir compte de celle qui agit entre le patient et l'intervenant de la santé. En plus de donner des informations sur ses problèmes de santé, le patient doit souvent raconter son histoire médicale. Or, avec l'âge, le patient peut éprouver des problèmes de mémoire ou confondre des symptômes causés par le stress. Dans ce contexte, la carte santé devient un outil de communication utile et fiable dans la mesure où elle transmet au médecin les antécédents médicaux significatifs, le suivi médical et le profil médicamenteux.

La dimension communicationnelle porte également sur les informations échangées entre les intervenants eux-mêmes. La carte ne remplace pas le dialogue entre médecins mais elle est utile lorsqu'un même individu consulte plusieurs intervenants (pharmaciens, médecins). Dans ce contexte, la carte santé permet d'éviter les chevauchements de thérapies et les problèmes de surconsommation de médicaments.

La carte santé vise donc l'amélioration de l'échange des renseignements sur la santé et l'amélioration des soins de santé. L'implantation de la carte santé a donc des effets sur la communication entre les usagers et les intervenants, l'échange d'informations entre intervenants, le suivi des patients, la sensibilisation de l'usager à son utilisation des services et les procédures de traitements des dossiers.

La carte santé peut-elle devenir un outil de contrôle?

Pour éviter les abus de contrôle et pour assurer la confidentialité des données médicales de l'usager, il est possible d'établir « un profil d'accès différencié selon le champ de pratique des intervenants de la santé » (Fortin, 1993, p. 6). Par exemple, le médecin peut effectuer une lecture et des écritures dans toutes les zones de la carte santé. Le pharmacien aura, entre autres, accès à la lecture et à l'écriture de la zone sur les médicaments mais ne pourra accéder à la zone dite « médicale ». L'ambulancier ne pourra lire que les zones de la carte qui concernent l'identification, les urgences et la vaccination. Enfin, l'usager pourra lire toutes les zones de sa carte mais ne pourra, bien sûr rien écrire.

Lors de l'expérimentation du projet pilote de la carte santé dans la région de Rimouski, quelques principes directeurs ont été mis de l'avant. D'abord, l'adhésion au projet demeure libre autant pour les usagers que pour les intervenants. Un droit de retrait peut être exercé à n'importe quel moment. L'usager et l'intervenant sont autorisés à consulter le contenu de la carte. La confidentialité et la sécurité des données sont respectées. Enfin, l'usager peut demander une modification d'une information inscrite sur sa carte. Lors de la consultation à l'écran, un témoin signalera qu'il y a eu modification.

7.3.2 Les enjeux éthiques

Afin de mettre en relief les grandes interrogations que suscite l'avènement d'une carte santé, il nous semble essentiel de discuter des enjeux éthiques liés à l'utilisation de la carte santé. La protection de la vie privée est un enjeu fondamental et de l'avis de la Commission d'accès à l'information, le dossier médical est l'un des documents les plus sensibles qui puisse exister sur la personne.

La carte santé demeure un outil qui peut faciliter la circulation d'informations sur la santé d'un individu. Dans un document publié dans le cadre d'une conférence régie par l'OCDE (Wrigley, 1990 : 250), on mentionne que plusieurs pays européens travaillent à la mise au point de réseaux de communication des données de santé, lesquels devraient jouer un rôle considérable dans les années 1990. Dans ce contexte, la carte santé devient-elle vraiment un moyen de contrôle de l'accès aux réseaux? Il apparaît essentiel que la carte santé ne serve pas à alimenter automatiquement les banques informatiques ou les réseaux.

Que ce soit par le biais d'un réseau de communication ou par d'autres moyens, la tentation de percer le contenu de ces cartes demeure réelle pour une agence de crédit, une compagnie d'assurance-vie, un créancier ou une banque. Le choix de la technologie des cartes doit tenir compte de ce type de préoccupation. Le choix d'une carte santé devrait se fonder davantage sur la sécurité de ses mécanismes d'accès que sur sa capacité de stockage par exemple.

7.3.3 Les enjeux économiques

Les enjeux économiques visent d'abord et avant tout l'amélioration de la qualité des services. À cet égard, la carte devrait favoriser une meilleure circulation de l'information, de meilleures communications et une meilleure organisation du travail. Les enjeux économiques concernent aussi la rationalisation dans l'utilisation des services. Dans cette optique, le contrôle de la consommation des médicaments est un objectif important du gouvernement.

Le dossier de la carte santé informatisée est en pleine évolution. Comme il n'en est qu'à ses débuts, du moins au Québec, il n'existe que quelques études éparses ne couvrant pas encore les impacts sur les groupes concernés. Deux études reliées à ce phénomène examinent l'utilisation de technologies de communication informatisée en rapport avec les soins prodigués aux personnes âgées et les applications informatiques utilisées dans les hôpitaux pour les patients. Les prochaines sections de ce chapitre sont consacrées à ces études.

7.4 DEUX ÉTUDES D'IMPACT

Comme l'illustre le cas de la carte santé, les technologies utilisant la communication informatisée dans le domaine de la santé sont assez récentes. Labillois (1990) a effectué une recension des écrits sur l'impact social des nouvelles technologies sur les personnes âgées, notamment en ce qui concerne la domotique ou la maison « informatisée ». Nous allons présenter les principaux éléments de sa recherche.

Ensuite, nous examinons les applications informatiques destinées aux patients des hôpitaux. Ces applications portent particulièrement sur les systèmes d'informations médicales et les systèmes de diagnostics assistés par ordinateur.

7.4.1 L'impact de la communication informatisée sur les soins aux personnes âgées

De nombreuses études d'impact ont été réalisées sur les technologies de communication informatisée. Toutefois, dans le cadre d'une recension des écrits portant sur l'impact social de ces technologies sur les personnes âgées, Labillois (1990) constate que très peu de recherches ont été menées afin de mesurer les attitudes, les perceptions et les conséquences de la technologie, et plus encore de la communication informatisée sur les activités quotidiennes et la santé des personnes âgées.

Traçons d'abord un très bref portrait des personnes âgées dans notre société. Les critères définissant le commencement de la vieillesse demeurent relativement arbitraires puisqu'ils reposent sur une définition sociale et légiférée. On fixe le début de la vieillesse à 65 ans parce que c'est l'âge légal de la retraite du monde du travail. Il serait plus juste de s'appuyer sur l'état de santé et la capacité de fonctionner pour identifier le début de la vieillesse mais c'est là un débat, au demeurant fort pertinent, dans lequel nous ne nous engagerons pas.

Il est cependant important de signaler que dans toutes les sociétés modernes, le vieillissement de la population devient un phénomène alarmant puisque les taux de natalité diminuent. Il y a dix ans, environ 10 % de la population canadienne était des personnes âgées. On estime que ce pourcentage grimpera à 20 % dans 25 ans. Puisque l'informatique, et par ricochet la communication informatisée, envahit de plus en plus toutes les sphères des activités sociales, il nous semble important d'envisager son impact sur les gens âgés.

Avant d'examiner l'impact sur la santé des gens âgés, soulignons que la plupart des études portant sur le travail, la technologie et les personnes âgées révèlent que celles-ci manifestent très souvent une forte appréhension face aux technologies nouvelles. Les gens âgés s'adaptent moins facilement aux changements rapides. Ils ont souvent occupé le même poste pendant de nombreuses années sans jamais bénéficier d'une formation ou d'un recyclage. Ils se sentent exclus et sont ainsi souvent les plus touchés par l'introduction d'une innovation technologique dans leur milieu de travail.

Les études qui portent sur la technologie, la santé et les personnes âgées présentent l'ensemble des dispositifs permettant d'assurer une qualité de vie minimale aux gens âgés en leur offrant la sécurité et l'autonomie à domicile. Il existe des systèmes d'alarme reliés à un centre hospitalier. On voit apparaître, pour les personnes atteintes de surdité, « des décodeurs électroniques qui présentent sur un écran les propos de l'interlocuteur à condition, bien sûr, que ce dernier soit doté d'un appareil similaire. Il y a également des systèmes munis d'une imprimante reliée au téléphone pour obtenir la communication. Certains appareils téléphoniques sont dotés d'un écran où l'interlocuteur est visible, ce qui permet aux personnes âgées atteintes d'une surdité légère, et ne pouvant discuter sans contact visuel, de dialoguer sans contraintes majeures avec quelqu'un » (Labillois, 1990, p. 26).

On a également développé des systèmes interactifs qui relient la personne âgée à un centre de santé ou à un cabinet de pratique privée pour avertir les intervenants en cas de malaise ou d'urgence. Il est possible, à l'inverse, qu'un professionnel expédie un signal à un aîné qui doit répondre en pressant un bouton situé sur son bracelet-montre. Advenant une réponse jugée anormale, « le système est programmé pour identifier la personne, ses coordonnées, l'heure d'appel et transmettre à un professionnel les informations emmagasinées dans son fichier central » (Labillois, 1990, p. 28).

Très peu d'informations révèlent l'impact des technologies de communication informatisée sur la santé chez les gens âgés. Il semble cependant que ces applications domestiques, permettant de communiquer avec l'extérieur, aident les gens âgés à demeurer autonomes et indépendants. Elles renforcent souvent le sentiment de sécurité et la confiance que les aînés ont en leurs capacités.

Les propos de Wrigley (1990) abondent dans ce sens lorsqu'il souligne, dans le cadre d'un congrès de l'OCDE, qu'un des objectifs de l'informatique et des télécommunications dans la prestation des soins de santé est de décharger le système des soins intensifs du traitement des cas bénins. Les technologies de communication informatisée peuvent « fournir aux personnes âgées et handicapées, l'appui nécessaire à leur maintien à domicile dans des conditions d'autonomie suffisantes » (Wrigley, 1990, p. 250).

C'est le concept de « domotique » qui peut aider notamment les personnes âgées à leur domicile. La domotique se réfère à la conception et la construction de maisons informatisées. Avec la domotique, l'habitat est considéré comme une machine informatisée, pourvue d'automatismes et d'équipements audiovisuels ou ménagers et entièrement connectée avec l'extérieur.

Globalement, la domotique recouvre l'équipement électrique, électronique et informatique permettant :

– la distraction, l'information, l'éducation et le travail à domicile;

– la gestion, la commande, la surveillance et la mesure (consommation) des appareils ménagers, de l'éclairage, du chauffage, de la ventilation, etc.;

– la sécurité des biens et des personnes : alarmes, portiers vidéo, etc.;

– de rendre l'habitat « communiquant » en assurant la connexion du réseau domestique interne avec l'extérieur pour la télésurveillance et les applications reliées à la télématique.

Ces installations permettent une meilleure circulation de l'information entre le domicile et les intervenants extérieurs, ce qui favorise une intervention rapide et appropriée en cas d'urgence. De plus, la mise en réseau pourrait fournir des services aidant les personnes à lutter contre l'isolement grâce à des services comme l'échange de courrier et la diffusion d'information par panneaux d'affichage.

Les recherches actuelles permettent donc d'identifier des technologies adaptées aux gens âgés, mais rien ne nous informe vraiment sur l'impact réel de leur utilisation sur les perceptions, les attitudes et la popularité de ces innovations auprès des aînés.

7.4.2 Les applications informatiques vouées aux soins des patients dans les hôpitaux : impact sur les patients et sur le travail des infirmières

Les applications de l'ordinateur dans le milieu hospitalier s'étendent de la gestion financière jusqu'au diagnostic et au traitement des patients. De façon générale, l'ordinateur est utilisé pour effectuer le travail routinier qui supporte le jugement des professionnels de la santé.

Andreoli et Musser ont examiné les systèmes informatiques qu'utilisent les infirmières et dont la fonction consiste à stocker des informations sur les patients, à poser des diagnostics et à assister l'infirmière dans le suivi des soins aux patients.

Les plus anciens systèmes informatiques sont ceux qui contrôlent les variables physiologiques des patients d'une manière analogique. Ces systèmes mesurent et enregistrent automatiquement les signes vitaux d'un patient par le biais d'appareils branchés directement sur le patient. Ces systèmes n'impliquent cependant pas une communication informatisée.

Les *systèmes d'informations médicales* intègrent des applications administratives et médicales. Leurs fonctions sont de :

– permettre le stockage et le recouvrement de données sur les patients;

– de créer et de mettre à jour les dossiers des patients;

– de procurer des données pour l'administration, la recherche et la planification des soins aux patients;

– d'effectuer des calculs à partir desquels des interprétations médicales pourront être faites.

Dans plusieurs de ces systèmes, l'ordinateur peut poser des questions au patient (qui répond par le biais du clavier) afin d'obtenir son profil historique. Des études ont démontré que les données obtenues par l'ordinateur sont aussi valides et parfois plus complètes que celles obtenues par le biais d'une entrevue avec le médecin. Lorsqu'un patient quitte l'hôpital, il peut amener avec lui une description informatisée de son historique médical, du régime qu'il doit suivre, de ses prescriptions, des restrictions qu'il doit respecter, etc. Puisque le document imprimé est personnalisé, les auteurs croient que la satisfaction du patient est plus élevée que si on lui donnait une brochure contenant pourtant les mêmes informations.

L'interaction humain-ordinateur, dans un contexte médical, contribue-t-il à humaniser, c'est-à-dire à personnaliser et à rassurer le patient ou, au contraire, dépersonnalise-t-il les soins en remplaçant, en partie du moins, le contact direct entre patient et médecin?

Les auteurs constatent que les consommateurs de soins de santé tendent à manifester trop de confiance envers les décisions prises par l'ordinateur. Le public croit que tout ce qui est produit par un ordinateur dans un contexte médical est juste et exact. De plus, il est quelquefois difficile pour les infirmières de bien distinguer le « vrai » univers du patient de celui présenté dans les bases de données médicales.

Les *systèmes de diagnostics assistés par ordinateur* aident le spécialiste dans son diagnostic et dans les décisions portant sur les traitements à suivre. Ces systèmes posent un diagnostic à partir des données spécifiques obtenues sur un patient. Ils peuvent proposer une médication ou tout autre traitement approprié. Pour ce faire, le système génère une hypothèse sur chaque patient et la teste en la comparant avec le dossier d'autres patients similaires dans la base de données. La précision et la fiabilité semblent être les deux avantages majeurs de ces systèmes. Leurs limites résident dans le fait que ces systèmes ne peuvent être qu'aussi bon que le programme à partir duquel ils sont construits, lequel ne peut être supérieur aux connaissances de celui qui l'a développé. On déplore aussi la rigidité des procédures de ce type de système.

Deux préoccupations majeures découlent de l'utilisation de technologies de communication informatisée pour stocker les données médicales des patients et pour porter des diagnostics. D'abord, il y a le droit des patients à la discrétion sur leur dossier médical. Ce droit risque d'être violé par la propagation des très grandes bases de données. Les institutions de santé et leurs membres tendent à partager et à échanger des informations en favorisant l'accès aux données sur les patients. Bien que les médecins et les infirmières soient tenus de respecter le secret professionnel, les données sur les patients peuvent être consultées par beaucoup d'autres gens non tenus de respecter la vie privée des patients.

L'autre problème renvoie à l'augmentation de la dépendance des soins de santé envers l'ordinateur. Si un patient est victime d'une complication quelconque à la suite d'un mauvais diagnostic posé par un *système de diagnostic assisté par ordinateur*, il est difficile, voire impossible, d'en retracer la responsabilité. La raison est que le développement d'une application médicale informatisée est un long processus qui implique plusieurs acteurs. C'est là un problème juridique complexe.

7.5 CONCLUSION

Le rapport de l'Organisation mondiale de la santé sur l'utilisation de l'informatique et de la télématique pour la gestion de la santé, particulièrement dans les pays en voie de développement, soulève des mises en garde, offre des avantages mais présente aussi des risques potentiels.

La politique nationale d'informatisation des services de santé de cet organisme met en garde les intervenants contre les problèmes de transfert technologique. Il ne suffit pas de vanter la capacité des produits, il faut aussi et surtout tenir compte des besoins spécifiques à chaque pays. Dans les méthodes de gestion proposées des services de santé, il faut tenir compte des coutumes en usage pour chaque pays ou région. La communication informatisée dans le domaine médical doit s'intégrer aux politiques et aux programmes de santé locaux plutôt que d'être considérée comme une technologie isolée. Dans cette optique, la politique d'informatisation favorise la mise en commun des informations, la formation des professionnels de la santé, le respect de la vie privée et de la sécurité des données, la spécification des niveaux d'accès à l'information et la définition des domaines de responsabilité des intervenants.

Dans le domaine de la gestion informatisée de la santé, la communication informatisée devient un objet social véhiculant des avantages mais aussi des risques. Par exemple, les avantages du contrôle de la transmission du virus du SIDA par la création de bases de données accessibles à distance permettraient d'éliminer les porteurs du virus des listes de donneurs de sang. En contrepartie, les gestionnaires pourraient utiliser ces listes d'individus afin de les transmettre à des compagnies d'assurance, des banques ou tout autre organisme. Cela brimerait les droits des citoyens, particulièrement les plus vulnérables.

Les mêmes enjeux apparaissent en ce qui concerne l'informatisation du dossier médical. L'informatisation permet d'améliorer la qualité des informations du dossier médical, elle favorise aussi une meilleure communication entre les services concernés, elle facilite le suivi du patient et permet d'établir rapidement des statistiques nationales sur la santé, ce qui améliore les systèmes d'archivage des dossiers médicaux. Les risques encourus par l'informatisation des dossiers médicaux sont importants si on considère le caractère extrêmement personnel des données relatives à la santé. Si on utilise ces données à des fins autres que médicales, on perturbe gravement la vie privée d'un patient car cela peut avoir des conséquences fâcheuses sur son emploi, ses activités personnelles et sa réputation.

L'implantation des cartes de santé informatisées semble toutefois comporter plus d'avantages que d'inconvénients. Bien qu'il existe différents types de cartes, la carte à mémoire répond bien au besoin de sécurité et de portabilité des données. Une procédure d'authentification réciproque et l'utilisation d'un mot de passe améliorent la sécurité de la carte. Toutefois, la sécurité réelle porte sur l'accès aux données. En effet, une compagnie d'assurance-vie, un créancier ou une agence de crédit pourraient être tentés de percer le contenu des cartes. Dans ce contexte, la carte à mémoire offre une protection supérieure car c'est uniquement la carte elle-même qui peut valider le code secret de la zone d'accès. En plus d'enregistrer elle-même l'historique de ses manipulations, la carte peut s'auto-détruire à la suite de plusieurs tentatives d'intrusion.

La sécurité est donc améliorée avec cette carte. Cette dernière offre aussi l'avantage de contenir en un seul bloc l'histoire médicale du patient. Le médecin peut alors connaître les antécédents du patient, son suivi et son profil médicamenteux.

Enfin, la carte est également protégée contre les abus de contrôle car ce n'est que le médecin qui peut effectuer une lecture et une écriture dans toutes les zones de la carte. Le pharmacien aura accès à une zone réduite et l'ambulancier à une zone qui ne touche qu'à une situation d'urgence et à l'identification. Le patient, quant à lui, pourra lire toutes les zones de la carte sans toutefois pouvoir y écrire. Nous ne possédons pas actuellement d'études sur le suivi de l'expérimentation du projet pilote de la carte santé.

On a également vu que l'impact social des technologies de la santé sur les personnes âgées semblait comporter de nombreux avantages. Parmi les principaux, on peut évoquer les technologies de la domotique qui permettent la surveillance à domicile, la sécurité, bref, un appui au maintien des gens âgés à domicile dans des conditions d'autonomie satisfaisantes. Il ne faut pas négliger le fait que les gens âgés sont souvent vulnérables par rapport à des changements technologiques. Ils se sentent parfois exclus et une préparation adéquate aux changements technologiques est souhaitable.

Pour ce qui est des études touchant les applications informatiques vouées aux soins des patients des hôpitaux, on a relevé que les systèmes d'informations médicales permettaient d'intégrer des applications administratives et médicales. On a aussi évoqué l'inquiétude quant au fait que l'informatisation pourrait dépersonnaliser les soins, c'est-à-dire que les soins pourraient remplacer le contact direct entre le patient et le médecin. On a cependant démontré que le public manifestait une confiance presque aveugle envers l'ordinateur. Ceci peut être problématique parce que les systèmes de diagnostics assistés par ordinateur ne peuvent être meilleurs que le programme sur lequel ils sont construits. Ce dernier ne peut être supérieur aux connaissances de celui qui l'a construit.

Finalement, on a mentionné le problème de la discrétion du dossier médical dans le contexte d'une propagation des grandes bases de données médicales. On a aussi soulevé le problème de la dépendance des soins de santé envers l'ordinateur. Il serait difficile de retracer la responsabilité des individus si un système informatisé de diagnostic assisté par ordinateur comportait des erreurs. C'est là un problème et un enjeu juridique.

Nous terminons cette conclusion par un bref commentaire théorique. Que peut-on dire de l'approche déterministe appliquée à la communication informatisée dans le domaine de la santé? Il apparaît que sur le plan individuel, les personnes âgées et les patients dans les hôpitaux donnent trop de pouvoir aux capacités technologiques de la communication informatisée, leur vouant une confiance presque aveugle. Cela peut s'expliquer par une certaine vulnérabilité des patients d'un hôpital et par le fait que les gens âgés peuvent se sentir parfois dépassés par la technologie. La dépendance envers un système médical informatisé comporte cependant des risques. Un système informatisé ne remplace pas la présence du médecin.

Toutefois, si l'on considère la technologie dans une perspective plus large, c'est-à-dire dans le cadre du transfert d'un système de communication informatisée de santé vers un pays en voie de développement, il est essentiel de considérer non seulement la technologie comme telle, mais aussi, et peut-être même surtout, les conditions – économiques, politiques et culturelles – dans lesquelles elle sera implantée. Autrement dit, l'implantation de la technologie dans un autre milieu social n'assure pas en soi des résultats. L'Organisation mondiale de la santé met en garde contre le déterminisme technologique des multinationales responsables de processus d'implantation en démontrant clairement, dans sa politique nationale, qu'il est absolument indispensable d'adapter la technologie au milieu culturel spécifique dans lequel on désire l'implanter.

Enfin, le chapitre nous a également permis de comprendre l'importance des rapports de force politico-économiques en ce qui concerne l'accès aux banques de données médicales, au dossier médical et à la carte santé. Le danger d'un contrôle social abusif demeure présent malgré la volonté d'implanter des systèmes sécuritaires.

COMMUNICATION INFORMATISÉE EN ÉDUCATION

Par Bernard VALLÉE
Télé-université

8.1 INTRODUCTION

Les changements apportés par l'implantation et l'utilisation de technologies de communication informatisée dans le domaine de l'éducation sont très prometteurs pour l'enrichissement de l'environnement d'apprentissage. L'implantation et l'intégration de ces technologies dans ce domaine sont progressives mais non uniformes, car des contraintes de nature économique et politique peuvent freiner leur développement. C'est pourquoi l'évaluation des impacts de la communication informatisée en éducation demeure partielle et incomplète.

La technologie est au service de l'éducation depuis de nombreuses années. Du tableau noir au micro-ordinateur en passant par l'audiovisuel, la technologie a contribué, malgré un succès parfois mitigé et même quelques échecs, à l'amélioration de la qualité de l'enseignement et du contexte favorisant les apprentissages. Le sujet est si important que le Conseil supérieur de l'Éducation lui a consacré son rapport annuel de 1993-1994[1].

Ce chapitre examine l'impact des technologies de communication informatisée dans le domaine de l'éducation, non pas dans le but d'évaluer la pertinence de logiciels éducatifs ou d'analyser la convivialité d'interfaces propres à un micro-ordinateur, mais dans la mesure où elles impliquent obligatoirement la notion de distance dans un contexte de transmission de connaissances.

La communication informatisée couplée à l'éducation prend toute sa réalité dans la télématique appliquée à l'enseignement à distance. Ce chapitre a donc été développé autour des notions et des études rattachées principalement à ce thème. Nous avons vu, dans l'introduction, les principales caractéristiques de la télématique et certains des services qui y sont associés.

---

1. *Nouvelles technologies de l'information et de la communication : des engagements pressants.* Rapport annuel 1993-1994. Québec : MEQ, déc. 1994. Nous ne nous attardons pas sur le rapport dans ce livre puisque deux autres ouvrages consacrés à l'analyse de technologies médiatiques en milieu éducatif sont présentement en conception.

Dans le présent chapitre, nous allons examiner la communication informatisée particulièrement sous forme de téléconférence assistée par ordinateur (TAO), dans un contexte de la formation à distance qui constitue un cadre privilégié pour des applications pédagogiques impliquant la télématique. Pour illustrer le rôle de la communication informatisée en éducation, nous ferons aussi un examen de quelques expériences réalisées grâce à ces applications télématiques en soulignant au préalable les particularités de la communication télématique par rapport à la communication humaine.

8.2 LA TÉLÉCONFÉRENCE ASSISTÉE PAR ORDINATEUR (TAO)

Nous avons vu, dans l'introduction, qu'il existe plusieurs formes de communication informatisée, telle que nous la définissions. Plusieurs de celles-ci – comme la télécopie, la visio et la vidéoconférence, la messagerie électronique – ont été développées à partir de différentes applications télématiques pour le grand public et pour les organisations (notamment pour la bureautique, c'est-à-dire l'ensemble des moyens informatisés mis au service du travail de bureau) et maintenant pour des usages pédagogiques. Dans ce chapitre, cependant, nous nous attardons particulièrement à la téléconférence assistée par ordinateur (TAO), la forme la plus utilisée en éducation.

Nous avons vu que la TAO est un mode de communication où l'ordinateur est utilisé par un groupe de personnes pour rendre les échanges à distance plus efficaces, pour les structurer et pour traiter des messages écrits. La TAO est un type de réunion informatisée permettant de libérer les participants des contraintes d'horaire et de distance. Comment fonctionne-t-elle?

Lorsqu'un usager entre dans le système TAO, il voit un ensemble de messages regroupés selon différents thèmes et un degré d'importance peut y être associé. L'écran affiche la liste des individus qui participent à la conférence. Comme dans une réunion de groupe, on retrouve dans la TAO un modérateur qui dirige globalement les discussions, incorpore de nouveaux thèmes, enlève des messages, rend publiques ou privées certaines conférences, bref, il encadre les communications.

La TAO permet d'organiser la communication humaine dans un espace virtuel. C'est donc une technologie de communication de groupe. L'usager rédige des messages tandis que l'ordinateur les met en mémoire. D'autres participants de la même téléconférence peuvent lire ces messages et en rédiger de nouveaux. Elle permet une organisation des messages. Dans chaque thème, les messages sont présentés en séquence; chaque nouveau message est ajouté à la suite des autres. Chaque message possède un en-tête, un numéro de séquence dans le thème et indique le nom de l'émetteur, le nombre de caractères, ainsi que la date et l'heure auxquelles le message a été envoyé.

La plupart des logiciels de TAO offrent divers services : messagerie électronique, bottin des usagers, répertoire des téléconférences, prise de vote et décompte des voies exprimées. En général, on retrouve trois composantes dans la structure des systèmes : messagerie électronique, téléconférence et babillard. Chacune de ces composantes renvoit à des formes de communication habituelles auxquelles elles se substituent. Par exemple, la messagerie électronique se substitue aux lettres, aux conversations face à face et même aux visites. La TAO se substitue aux réunions de groupe, aux colloques, aux discours ou aux séminaires. Enfin, le babillard se substitue au service de presse, au journal électronique et aux bulletins.

La TAO comporte des avantages et des inconvénients. En ce qui concerne les avantages, il y a bien sûr le fait que les gens peuvent communiquer quand ils le désirent sans avoir à se déplacer pour une réunion. « La communication par TAO, bien qu'interactive, est très différente de celle qui a cours dans les conversations en face à face. Elle permet, à certains égards, une interaction plus forte. L'absence de pression sociale qui découle de la simple présence physique des personnes favorise une plus grande liberté d'expression; ainsi les interlocuteurs ont tendance à réagir plus spontanément. Ils ont un contrôle total du délai de réponse et ils peuvent ainsi prendre le temps nécessaire pour étudier le contenu des messages et y réfléchir afin de fournir une réponse plus complète et plus structurée » (Henri dans Rigault, 1991).

Les individus doivent cependant développer des habiletés et une certaine discipline pour assurer la réussite de la conférence. Certains individus peuvent avoir des réserves à communiquer par écrit parce qu'ils ne maîtrisent pas l'écriture ou parce qu'ils craignent de voir leurs interventions immortalisées dans la mémoire de l'ordinateur. La TAO exige une certaine aisance pour la communication textuelle car les usagers doivent être capables de s'exprimer clairement et de maîtriser les habiletés qui se rapportent à la compréhension et à l'analyse de texte. Dans ce sens, ce système de communication informatisée semble un outil d'apprentissage privilégié, particulièrement dans le domaine de l'enseignement avancé.

8.3 LA FORMATION À DISTANCE

Pour comprendre ce que peut représenter une application télématique dans l'enseignement à distance, nous allons d'abord examiner quelques caractéristiques pertinentes de la formation à distance dans le but de souligner certaines limites qu'elle comporte sur le plan communicationnel.

La formation à distance est caractérisée par la séparation, dans le temps et l'espace, des activités d'enseignement et d'apprentissage. Les connaissances sont transmises par l'entremise de médias et l'utilisation d'un matériel didactique complet est à la base du processus. La formation à distance comprend généralement deux fonctions : la production du matériel didactique et l'encadrement des apprentissages. La production du matériel consiste habituellement à regrouper les contenus dans un support papier (un manuel et un cahier d'apprentissage). L'encadrement requiert l'établissement de communications interactives entre l'apprenant et son tuteur (tutorat téléphonique, rétroaction écrite, rencontre de groupe).

Le processus d'apprentissage repose d'abord et avant tout sur la documentation écrite, bien qu'il puisse y avoir des échanges entre l'étudiant et le tuteur par le biais de médias bidirectionnels et interactifs. Les médias se sont intégrés au processus d'apprentissage mais ils n'ont pas vraiment supplanté le recours aux textes pédagogiques; ils agissent comme des compléments de formation. En effet, la documentation écrite est accompagnée d'émissions de télévision et de radio, de cassettes sonores et magnétoscopiques, de logiciels, de tutoriels et de didacticiels. Toutefois, malgré les approches multimédias, il existe toujours une séparation, dans l'espace et dans le temps, entre l'enseignant producteur et l'apprenant utilisateur.

Le matériel didactique est conçu par une équipe de spécialistes et la structuration du contenu ainsi que la démarche pédagogique sont rigoureusement planifiées. Les cours médiatisés se présentent donc comme des produits finis. Henri (1992) explique qu'une fois produit, le contenu de la formation peut difficilement être modifié pour répondre aux besoins d'un groupe particulier d'apprenants ou pour faire des mises à jour requises par l'évolution des connaissances. Les coûts associés aux remaniements des contenus défient alors tout espoir de rentabilité.

Dans ce contexte, l'enseignement à distance adopte une approche transmissive et l'interactivité est réduite à sa plus simple expression. Les étudiants ne peuvent échanger entre eux et les travaux de groupe sont rarement possibles. En somme, l'enseignant conçoit les produits pédagogiques et l'étudiant, bien qu'il puisse communiquer par téléphone et par courrier postal à son tuteur, ne fait qu'assimiler le contenu sans vraiment pouvoir s'exprimer sur celui-ci, le modifier ou le critiquer. Cela constitue une limite pour une approche pédagogique dynamique, interactive et basée sur la participation.

Ainsi, l'enseignement à distance traditionnel ne repose pas sur un dialogue continu. Il ne peut donc répondre parfaitement aux besoins et aux attentes de chaque apprenant. De plus, on ne doit pas oublier que l'autonomie de l'apprenant ne dispense pas du besoin d'échanges et d'interagir simplement pour communiquer ou pour soutenir un sentiment d'appartenance sociale. Malgré les limites physiques et matérielles inhérentes à l'enseignement à distance, il n'en demeure pas moins, selon certains auteurs, que c'est le modèle conversationnel entre enseignant et apprenant qui facilite davantage la compréhension, procure une satisfaction intellectuelle, encourage la motivation à l'étude et permet de développer un sentiment d'appartenance à l'établissement et un sentiment d'identification au groupe.

8.3.1 La téléconférence assistée par ordinateur dans la formation à distance

Les premières expérimentations effectuées avec la TAO dans les organisations ont permis de mettre en valeur l'efficacité de cette forme de communication particulièrement pour la prise de décision et la résolution de problème en groupe. La TAO a permis de faire émerger une nouvelle dynamique de groupe. Ainsi, à la suite des premières expériences d'utilisation de la TAO auprès de groupes gouvernementaux, militaires et scientifiques, on a initié des projets de formation à distance.

Essentiellement, la TAO offre, sur le plan pédagogique, la possibilité d'enrichir le processus d'apprentissage à distance en permettant la communication de groupe, par le biais d'une communication informatisée, et en rendant possible la participation de personnes-ressources de tout horizon (tuteur, modérateur, professeur, spécialiste de contenu, etc.). Les étudiants et les personnes-ressources peuvent échanger entre eux, à distance, en direct ou en différé et partager des messages tout en conservant une trace commune des échanges. La communication informatisée offre aux apprenants des moyens de discussion et de travail coopératif dans un contexte d'apprentissage autonome. La TAO devient un des véhicules de l'enseignement à distance et elle peut également briser l'isolement de certains étudiants.

Parce que la TAO peut se faire en différé, elle permet aux étudiants de développer une meilleure réflexion sur le contenu. L'étudiant peut retracer la chronologie des échanges et ainsi revoir un aspect plus important des échanges afin, par exemple, de s'attarder sur un commentaire particulier. Ainsi, contrairement aux réunions face à face, ce système de communication informatisée laisse aux usagers un temps d'analyse et engendre aussi une dynamique de participation. Nous avons vu, au chapitre 2, que cette dynamique est facilitée par une certaine absence de statut social propre aux réunions face à face. Les apprenants s'attardent moins aux attributs sociaux et physiques de l'émetteur ou des autres participants puisqu'ils ne voient pas leur apparence physique, ne devinent pas leur âge et ne connaissent pas toujours leur statut social. Il n'y a pas non plus, dans ce contexte, de « luttes » pour le droit à la parole.

La formation à distance, on l'a vu, est basée sur l'auto-apprentissage. La TAO permet d'atténuer cette caractéristique puisqu'elle permet des rapports directs entre apprenants ainsi qu'entre apprenants et enseignants et autres personnes-ressources; cela contribue à briser l'isolement et à stimuler la participation. La participation dans cette « classe virtuelle » permet aussi de développer de nouvelles activités d'apprentissage plus stimulantes. Le choc des points de vue peut faire émerger des conflits qui à leur tour stimulent une construction mentale plus développée.

Henri (1992) explique, en citant Hiltz et Turoff (1982) qu'un groupe possède son énergie propre et produit des performances supérieures à celles réalisées par un membre moyen du groupe. Discuter, poser des questions et résoudre des problèmes en groupe stimule davantage l'apprentissage qu'étudier isolément. Le groupe libère aussi l'individu de l'insécurité du travail intellectuel et l'incite à expérimenter des idées nouvelles. Cette forme de communication informatisée permet une circulation des idées entre apprenants à distance et cela facilite l'assimilation, la mémorisation et la compréhension. Dans la TAO, les savoirs et les expériences de tous les apprenants sont mis à contribution selon un mode coopératif qui valorise la dynamique d'apprentissage. L'apprenant devient ainsi un participant actif qui contribue à construire des connaissances dans le cadre de discussions avec les pairs et les experts. En effet, formuler des idées à partir des messages textuels élaborés par d'autres apprenants permet de développer ce que l'on pourrait appeler un apprentissage collaboratif.

Voilà la dynamique que permet la TAO auprès d'un groupe d'apprenants par l'intermédiaire d'une communication informatisée et interactive. Sur le plan strictement communicationnel, Rigault (1992) explique que la nature technologique de la TAO « permet à l'utilisateur d'analyser chaque séquence qui compose une communication, pour mieux saisir les éléments. Ainsi, la TAO [...] peut devenir, pour le nouvel utilisateur, un outil pour apprendre à mieux communiquer : structurer sa pensée, rédiger un message clair et concis, analyser et comprendre un message pour y répondre, résoudre des problèmes et être responsable de son message sont les principales habiletés mises à l'épreuve par la TAO. Apprendre à communiquer serait donc, dans un premier temps, le premier gain à retirer de l'utilisation de la TAO en situation de formation » (Rigault, 1992, p. 18-19).

Il est dès lors intéressant de se demander ce qui distingue la communication humaine de la communication télématique notamment lorsque l'on compare un travail pédagogique de groupe en face à face par rapport à un travail de groupe réalisé par le biais d'une communication informatisée prenant la forme de la téléconférence assistée par ordinateur. C'est l'objet de la prochaine section.

8.4 COMMUNICATION HUMAINE ET COMMUNICATION TÉLÉMATIQUE

Les besoins et les possibilités en matière d'information découlent de la communication humaine. Celle-ci se distingue toutefois de la communication entre humains par le biais d'un service télématique. Il faut d'abord savoir que les possibilités de la communication humaine sont plus étendues que ce qu'autorise n'importe quelle autre forme de communication.

Dans la communication humaine, les individus échangent fondamentalement par la parole et souvent leurs dires sont appuyés par des expressions faciales et un ensemble de gestes. Dans la communication électronique ou télématique, l'individu s'approche certes du langage parlé mais il demeure restreint à l'inscription de mots au clavier de son terminal. Il doit de plus respecter un certain style de communication particulièrement en ce qui concerne la brièveté des messages. L'usager ne peut utiliser la mimique ou la gestuelle, sauf dans le cas de la visioconférence ou de la vidéoconférence.

La distribution du contrôle est une autre particularité de la communication humaine. Le contrôle de la discussion est pris en alternance par les interlocuteurs selon les besoins du moment. La TAO permet de contourner cet obstacle car les communications peuvent s'effectuer en différé. De plus, l'utilisateur peut même devenir un animateur dans des échanges interpersonnels.

La communication humaine a la particularité de permettre d'échanger des messages incomplets ou inachevés particulièrement chez deux individus qui se connaissent. Les expressions vaguement précisées sont souvent comprises parce qu'un dialogue sous-tend un vaste éventail d'expériences communes (Rigault, 1992). Dans les échanges électroniques, l'usager a cependant toujours intérêt à être parfaitement clair, sous peine de distorsion du message. Ceci est cependant généralisable à toute situation de communication par l'écrit.

La TAO substitue, le plus souvent encore, le texte à la voix en ce qui concerne la nature même de la communication. Cela entraîne des pertes et des gains de communication. Pour ce qui est des *pertes* engendrées par la communication sans la voix, on note le ton, le contexte et le langage du corps. De plus, la correction immédiate des erreurs est impossible. Aussi, sans la voix, des malentendus et des ambiguïtés apparaissent. On doit aussi se méfier de l'ironie lorsque la voix est absente. Enfin, les échanges qui transitent par cette forme de communication informatisée rendent invisible le statut social et du point de vue de l'étiquette, l'individu n'a pas de gêne à quitter la communication.

En ce qui concerne les *gains*, il y a ce que l'on pourrait appeler la décontextualisation. L'absence de contexte est entendue ici au sens temporel parce que le texte est indépendant du temps. Il est aussi possible de récupérer ce qui a été stocké, d'y revenir afin de le modifier. La TAO favorise ainsi une discussion réfléchie bien que les textes ne doivent pas être très longs. Enfin, un des grands avantages de cette forme de communication informatisée est qu'elle permet à l'animateur ou au modérateur d'une conférence d'évaluer la contribution de chacun : quantité et qualité des textes émis, temps passé sur le système, etc. On pourrait ajouter que certains logiciels de TAO permettent à l'utilisateur d'évoluer en terrain balisé. Cela signifie qu'il peut filtrer les communications, c'est-à-dire décider quand et comment il choisira la lecture de tel ou tel élément parmi l'ensemble du matériel accessible (Rigault, 1992).

8.4.1 La communication dans l'enseignement par TAO

Voici les aspects positifs et négatifs de la dimension communicationnelle du service de la TAO dans l'enseignement.

Les aspects positifs

- *La TAO permet à un individu d'établir une relation avec une autre personne sans être influencé par son apparence physique ou sans être gêné de sa propre apparence physique.*
- *Il est facile de dissocier le contenu de la communication de la personnalité de l'intervenant.*
- *La communication par la TAO semble plus démocratique que dans une classe régulière.*
- *Les échanges peuvent avoir lieu même si deux participants ne peuvent jamais être en ligne au même moment.*
- *Contrairement aux plénières audiovisuelles, il n'est pas nécessaire d'attendre son tour pour s'exprimer, puisque l'ordinateur peut distribuer l'information à une très grande vitesse.*
- *Le professeur n'étant pas continuellement en ligne, les étudiants peuvent souvent interagir entre eux.*

Les aspects négatifs

- *Le manque d'indices non verbaux est parfois une source de frustration.*
- *Le fait que tous peuvent intervenir simultanément favorise la création de discussions parallèles.*
- *Certains participants peu habiles à communiquer leurs idées par écrit peuvent être défavorisés par la technologie.*
- *La réponse des participants à une intervention donnée est parfois trop différée dans le temps. Cela donne l'impression de parler dans le vide. (Rigault (1992, p. 17).*

Voilà qui termine cette description des particularités communicationnelles inhérentes aux services télématiques. Nous allons maintenant décrire quelques études d'impact des technologies de communication sur l'éducation.

8.5 QUELQUES ÉTUDES D'IMPACT IMPLIQUANT LA COMMUNICATION INFORMATISÉE EN ÉDUCATION

Les études qui concernent l'application des technologies de communication informatisée dans le domaine de l'éducation sont nombreuses et variées. Souvent ces études impliquent des applications diverses de la téléconférence assistée par ordinateur (TAO). Kaye (1992) énumère quelques types d'applications pédagogiques que ces technologies offrent et qui créent une nouvelle forme d'environnement éducatif, spécialement au niveau des études avancées.

Une des premières applications des téléconférences est ce que Kaye (1992) nomme le « séminaire virtuel » dans lequel un groupe de collègues experts échangent librement des idées et de l'information sur une période de plusieurs mois sur une base textuelle dépourvue de toute contrainte d'espace et de temps. On voit ensuite apparaître la « classe virtuelle » dont l'envergure est similaire à la classe normale (autour de 20 personnes). La plupart du temps, un individu agit comme modérateur ou comme tuteur du groupe. La téléconférence représente alors le principal mode d'enseignement, d'apprentissage et de communication. Dans la classe virtuelle, on commence à concevoir des designs pédagogiques spécifiquement adaptés à des particularités technologiques.

Une autre application concerne les jeux et les simulations « en ligne ». Il semble que des simulations comme des jeux mathématiques réalisés en téléconférence et impliquant la compétition en équipe dont le but consiste à trouver des solutions à des problèmes mathématiques démontrent un niveau de cohésion dans le groupe qui soit supérieur à une simulation identique réalisée dans des rencontres en face à face.

L'apprentissage d'une langue et la pratique de l'écriture semblent aussi stimulés par un environnement télématique. Des études démontrent que les exercices d'écriture au moyen de la TAO procurent une plus grande équité que dans le cadre traditionnel de la classe, car les étudiants semblent démontrer plus de contrôle sur ce qu'ils écrivent, quand et où ils envoient leurs messages et la façon dont ils y répondent. Cette technologie semble aussi stimuler la pratique écrite d'une langue étrangère.

Enfin, on ne peut négliger la formation à distance multimédiatisée. Dans le monde universitaire, des établissements dédiés à la formation à distance, comme la Télé-université, offrent notamment des cours dans lesquels les étudiants ont à leur disposition différents supports médiatisés :

1. support papier : manuel de base et cahier de l'étudiant

2. support audiovisuel : cours télévisé

3. support téléphonique : contact avec le tuteur

4. support télématique : – messagerie électronique pour communiquer avec le tuteur – téléconférence pour les discussions de groupe, la sociabilité, le dépannage technique – service d'information pour l'accès à des bases de données bibliographiques.

Ainsi, les applications pédagogiques sont variées et plusieurs études d'impact ont été menées afin d'analyser différents aspects sociaux de l'enseignement, de l'apprentissage et de la communication par le biais d'un réseau de communication informatisée. Nous présentons le résumé de trois études qui illustrent quelques-uns de ces aspects. Une première étude examine la motivation des élèves du primaire par rapport à la réalisation de travaux effectués en réseau. Une deuxième étude analyse les différences d'utilisation entre les sexes dans l'utilisation des téléconférences dans le cadre d'un cours universitaire. Enfin, une troisième étude présente les résultats d'une expérience pilote où des enseignants étaient invités à pratiquer l'apprentissage collaboratif entre pairs par le biais de services télématiques.

8.5.1 Impact sur les élèves de l'élémentaire

De façon générale, il n'est pas erroné d'affirmer que les élèves de l'école élémentaire, dès qu'ils sont à la maison, préfèrent regarder la télévision plutôt que de faire des devoirs. Au Texas, on a mis sur pied un projet pilote en technologie éducative dont le but était de stimuler les élèves à faire des devoirs supplémentaires à la maison. Pour ce faire, on a pensé à relier les domiciles des élèves d'un petit nombre de classes par l'intermédiaire d'un réseau de communication informatisée.

Mountain (1993), de l'Université de Houston, a décidé de concrétiser cette idée, croyant que pour les enfants cela pourrait être amusant de faire des devoirs interactifs en ligne à partir d'un terminal installé à domicile. L'objectif était d'inciter les élèves à consacrer quelque 15 minutes quatre soirs par semaine, pour réaliser des exercices supplémentaires en mathématique, en écriture et en lecture.

Le projet pilote fut mis en branle en 1991 dans une école pour enfants « en difficulté ». Ceux-ci étaient excités à l'idée d'avoir des équipements gratuits à la maison même si cela signifiait qu'ils devaient effectuer plus de travaux. Le directeur de l'école impliqua les enseignants et les parents dans le projet et il obtint l'aide d'étudiants diplômés pour apprendre aux enfants à utiliser les applications offertes sur le réseau. Le système offrait aux enfants des jeux pour les mathématiques, une encyclopédie « en ligne » pour la lecture et un babillard électronique pour l'écriture. Ce babillard permettait à tous les individus concernés par le projet d'être reliés pour des fins de communication écrite.

Les résultats furent étonnants. Durant le printemps 1991, le temps d'utilisation en ligne dépassa toutes les espérances. Les enfants adoraient compétitionner les uns avec les autres « en ligne » pour des jeux mathématiques ou des histoires interactives impliquant la compréhension de texte. Le matériel « en ligne » possède l'avantage de stimuler beaucoup plus la motivation que les logiciels éducatifs traditionnels parce qu'il implique le défi d'une compétition entre élèves, affirme Mountain (1993).

À la suite de ce succès, on décida d'écrire du nouveau matériel sur vidéotex pour l'automne. Puisque les nouveaux exercices ne seraient pas prêts avant l'automne, on décida de laisser les équipements à la demeure des élèves pour l'été afin de voir ce qui se passerait. À la fin de l'été, on compila le temps passé en ligne sur le système pour chaque élève et on constata que ces derniers consacrèrent plus de deux heures chaque semaine à la réalisation de devoirs bien qu'ils étaient dans la période des vacances d'été.

Le petit réseau éducatif fit parler de lui dans les médias. On souligna cette expérience à la télévision, on en discuta dans un colloque sur l'éducation et des entreprises offrirent leur support aux écoles. Bien sûr, il est peut-être hâtif de tirer des conclusions sur ce projet. Une étude longitudinale procurerait des résultats plus exacts sur cet engouement, puisque la longueur de la période d'expérimentation était trop courte pour permettre d'enrayer l'effet de nouveauté. Quoi qu'il en soit, ce projet pilote est une indication valable de la motivation que procure l'utilisation d'un réseau pour l'accomplissement des devoirs à domicile pour des élèves de l'élémentaire. Voyons si une étude portant sur les étudiants de niveau universitaire mène à des résultats similaires.

8.5.2 Différences d'utilisation entre les sexes

Yates (1993) présente une étude effectuée à l'Open University (établissement d'enseignement à distance en Angleterre). L'objectif de son étude consiste à examiner s'il y a des différences entre les hommes et les femmes qui utilisent un système de téléconférence assistée par ordinateur (TAO) dans le cadre d'un cours intitulé *An Introduction to Information Technology : Social and Technological Issues*.

Le système permet la communication en groupe et entre personnes. Cette étude est essentiellement exploratoire et elle utilise des données pour une évaluation globale du cours. Sommairement, ces données concernent les antécédents des étudiants (scolarité et expérience de travail), le temps passé « en ligne » sur le système et la réponse à un questionnaire d'évaluation sur le système.

Deux arguments principaux sont à la base des hypothèses dans cette recherche. Ces deux arguments sont fondés sur les résultats de recherches portant sur les différences d'utilisation des outils informatiques selon les sexes. Paradoxalement, les deux arguments sont contradictoires. Le premier argument postule que les femmes utiliseront moins la TAO que les hommes et le deuxième argument prétend le contraire, c'est-à-dire que les femmes utiliseront davantage la TAO que les hommes. Examinons les fondements de chacun de ces arguments.

La première hypothèse postule donc que *les femmes utilisent moins la TAO que les hommes parce qu'elles ont moins d'accès, moins de connaissance et moins confiance en elles dans leur utilisation de l'ordinateur que les hommes.* Cette hypothèse se fonde sur un ensemble de recherches qui démontre que les femmes réagissent négativement à l'ordinateur de manière générale. Yates (1993) relève quatre raisons principales découlant de l'introduction de l'ordinateur dans les écoles secondaires. D'abord, l'utilisation de l'ordinateur à l'école est associée à des matières traditionnellement orientées pour les hommes telles que les mathématiques. Ensuite, les cours d'informatique sont majoritairement enseignés par des hommes et reflètent davantage des passe-temps masculins que féminins. De plus, les stratégies de marketing qui vantent les usages de l'ordinateur à la maison ont été surtout orientées vers des « jeux masculins ». Enfin, les filles ont été marginalisées dans le processus d'accès à l'ordinateur à l'école à cause de la domination masculine dans les aspects théoriques et pratiques des études en informatique.

Yates (1993) cite aussi Turkle et Papert (1990) qui expliquent, en se fondant sur une théorie féministe de la connaissance, que la construction sociale entourant l'ordinateur s'intègre dans un modèle de raisonnement analytique favorisé par les hommes alors que les femmes préfèrent un type de raisonnement plus interactif et concret.

La deuxième hypothèse postule que *les femmes utilisent davantage la TAO parce qu'elles sont plus enclines que les hommes à s'engager dans une communication interpersonnelle et interactive.* Cette hypothèse se fonde sur une étude examinant les différents besoins des garçons et des filles dans deux établissements d'enseignement à distance en Europe.

Les résultats démontrent que les filles montrent plus d'intérêt que les garçons à entrer en communication avec d'autres étudiants durant leurs études. De façon générale, on considère que les garçons et les filles diffèrent dans leur approche de l'apprentissage. Les filles préfèrent se situer au centre d'un tissu de relations alors que les garçons favorisent plutôt l'isolement. C'est donc à partir de ces constats que l'on croit que les étudiantes utiliseront davantage la TAO pour satisfaire leur besoin de communication avec d'autres étudiants.

L'échantillon de cette recherche comportait 875 répondants dont 35 % étaient des filles. On a d'abord examiné les antécédents scolaires et les expériences de travail des étudiants. La répartition de leurs antécédents scolaires démontre que les hommes se concentrent surtout dans la catégorie science/technologie alors que pour les femmes, la concentration d'origine était mixte (arts/science sociale et science/technologie). En ce qui concerne les antécédents en matière d'emploi, on a constaté une proportion équivalente (environ 40 %) d'étudiants et d'étudiantes qui possèdent une expérience de travail dans le domaine de l'administration. La différence entre les sexes se situe dans le secteur des emplois sociaux où l'on retrouve une majorité de femmes et dans le secteur industriel où l'on retrouve une majorité d'hommes.

On a ensuite mesuré les différences entre étudiants et étudiantes en ce qui concerne leurs expériences préalables dans l'utilisation de l'ordinateur. La majorité des garçons possède davantage de connaissance de l'ordinateur que les filles. Deux types de différences apparaissent entre les sexes. D'abord, il y a une différence dans le niveau d'expertise technique entre les hommes et les femmes. Deuxièmement, il y a une différence dans le type d'expérience acquise par chacun des sexes. On a identifié des catégories spécifiques d'utilisation de l'ordinateur (jeux, traitement de texte, application éducative, administrative, programmation, etc.). Dans chacun des secteurs, les hommes ont indiqué avoir plus d'expériences que les femmes sauf qu'il y a plus de femmes sans expérience aucune que les hommes. Le traitement de texte est l'application où les deux sexes ont le plus d'expérience. Ensuite, ce sont les jeux, les logiciels d'administration et les applications éducatives pour les hommes et, pour les femmes, ce sont les applications éducatives, administratives puis les jeux.

On a aussi voulu savoir quelles étaient les attentes initiales par rapport à la TAO. Les femmes s'attendaient plus que les hommes à ce que l'utilisation de ce système de communication informatisée soit difficile. Enfin, on a évalué la confiance des étudiants par rapport aux technologies d'information en général. Bien que les deux sexes possèdent une expérience assez similaire des technologies d'information, les femmes se sentent moins confiantes que les hommes en ce qui concerne la facilité d'utilisation. On a finalement constaté que les femmes avaient moins d'accès à l'ordinateur que les hommes préalablement au cours.

Ces résultats de l'étude de Mountain (1993) semblent aller dans le sens de la première hypothèse (*les femmes utilisent moins la TAO que les hommes parce qu'elles ont moins d'accès, moins de connaissance et moins confiance en elles dans leur utilisation de l'ordinateur que les hommes*). La deuxième hypothèse ne semble pas confirmée puisque les femmes n'ont pas manifesté le désir d'exploiter l'opportunité communicationnelle offerte par la TAO.

Examinons maintenant le temps passé en « ligne » par les étudiants des deux sexes. Le temps passé en ligne est pratiquement identique pour les deux sexes : ceux qui croyaient que la TAO serait très utile sont effectivement ceux qui ont utilisé le plus le système.

Pour ce qui est de l'utilisation de la TAO en tant que médium de sociabilité (pour le contact et la communication), on a demandé aux étudiants d'indiquer en détail quels groupes spécifiques ils contactaient par le biais de la communication informatisée. Quatre groupes ont été identifiés : le groupe des tuteurs de l'étudiant, les étudiants de leur propre groupe, d'autres tuteurs ou le personnel de l'Open University, d'autres étudiants de l'Open University. On a d'abord constaté que les hommes contactaient un peu plus souvent leur tuteur que les femmes. Les étudiants contactent davantage d'autres étudiants et leur propre groupe plutôt que le personnel de l'établissement.

Toutefois, il n'y a pas de différence statistique significative entre les réponses des femmes et celles des hommes. Ces résultats indiquent que les femmes n'utilisent pas la TAO plus que les hommes pour contacter d'autres étudiants.

Puisque, sur le plan de la sociabilité, il n'y a pas de différence dans l'utilisation de la TAO entre les sexes, on a considéré les perceptions des étudiants face à cette technologie de communication informatisée et on leur a demandé de la comparer à l'interaction face à face. Pour ce qui est de la perception de la TAO, on leur a demandé s'ils croyaient qu'elle encourageait les individus à participer d'une manière plus égalitaire avec la TAO que dans une communication face à face. Bien que les deux sexes aient répondu d'une manière positive à cette assertion, les femmes sont davantage en désaccord que les hommes, ce qui signifie qu'elles ne perçoivent pas, pour près de la moitié d'entre elles, que la TAO constitue une technologie qui améliore la qualité de l'interaction. En ce qui concerne l'interaction face à face, elle s'avère plus utile que la communication informatisée lorsqu'il s'agit de résoudre des problèmes de compréhension du contenu ainsi que pour ce qui est de la sociabilité de manière générale.

En dernier lieu, on a demandé aux étudiants de comparer l'efficacité de la TAO avec le téléphone pour ce qui concerne les difficultés reliées aux cours et en tant que source de support moral. Les hommes et les femmes croient que la TAO est moins efficace que les contacts téléphoniques pour les deux situations. Il est cependant pertinent de mentionner que ceux qui considéraient la communication informatisée comme plus efficace ou à tout le moins équivalent aux contacts téléphoniques étaient ceux qui ont utilisé le système le plus souvent.

En conclusion, il s'avère que les femmes utilisent autant la TAO que les hommes et qu'il n'y a pas de différence pour ce qui est du type d'individu (ou de groupe d'individus) avec qui ils et elles communiquent. L'analyse de la perception des étudiants ne permet pas d'affirmer que les femmes utilisent davantage la communication informatisée parce que l'ordinateur est présenté comme un outil de communication. En général, les étudiants considèrent la TAO comme supportant moins la sociabilité que d'autres médias. De plus, rien ne permet d'affirmer que les femmes la préfèrent davantage que les hommes.

Yates (1993) termine en rappelant qu'un très grand nombre de recherches a permis de démontrer la perception majoritairement négative des femmes face à l'ordinateur. La présente étude prouve que les femmes utilisent autant la TAO que les hommes, ce qui constitue un encouragement et une chance à saisir pour sensibiliser les femmes aux technologies informatiques dans le contexte de l'éducation à distance. Voyons maintenant une expérience qui tentait d'initier des enseignants à un apprentissage collaboratif dans un réseau de communication.

8.5.3 Une expérience pilote sur l'apprentissage collaboratif

Une étude effectuée par Simon (1992) rapporte une expérience pilote menée en Espagne, dans laquelle des services télématiques sont mis à la disposition d'enseignants dans le cadre de cours qui leur sont destinés et qui visent l'application de ces technologies dans leurs activités d'enseignement.

L'expérience se déroule au département de l'Éducation du Gouvernement autonome de la Catalogne qui gère plus de 2 000 centres dispensant l'enseignement primaire et secondaire. Il existe des centres de ressources pédagogiques dans lesquels on a développé un programme de technologie de l'information en éducation visant à promouvoir l'apport de technologies de communication informatisée dans l'enseignement. Jusqu'à récemment, ce programme offrait des cours en classe pour les enseignants. Cela exigeait cependant d'eux des déplacements et des dépenses parfois importantes. On a donc décidé d'utiliser des outils technologiques non seulement comme domaine d'étude mais aussi en tant que canal de communication.

Les services télématiques ont été offerts à partir d'une connexion à un réseau. Un système vidéotex constituait le premier service. Ce système incluait un service de messagerie électronique permettant d'établir un contact personnel avec le tuteur. Le système vidéotex permettait aussi, grâce à un logiciel, d'accéder à une base de données sur des ressources documentaires. Le réseau offrait aussi un service de transfert de fichiers par lequel les apprenants devaient envoyer tous leurs exercices. Ces fichiers étaient alors stockés dans un espace commun accessible aux apprenants ainsi qu'aux tuteurs. On offrait aussi un service de téléconférence assistée par ordinateur (TAO) dans lequel les apprenants écrivaient commentaires et réflexions sur une série de propositions liées au contenu des modules du cours. On créait des conférences sur ces sujets. Certaines conférences étaient permanentes, c'est-à-dire qu'elles duraient jusqu'à la fin du cours alors que d'autres étaient plus ponctuelles.

Cent onze enseignants du primaire et du secondaire ont été retenus pour l'expérience. Ils ont été divisés en groupes supervisés par des tuteurs. Le contenu des cours portait sur l'utilisation de chiffriers électroniques en éducation et l'utilisation de bases de données documentaires « en ligne ». La durée du cours s'étalait sur six mois. Les apprenants recevaient des textes sur support papier, lesquels portaient sur les divers modules du cours, un tutoriel pour apprendre à se connecter au réseau et un manuel d'usager. Les enseignants-apprenants devaient ainsi travailler sur le matériel pédagogique, naviguer dans l'environnement télématique, effectuer des exercices, résoudre des problèmes et répondre aux questions posées par les tuteurs. Des activités d'aide aux apprenants ont été mises sur pied puisque la majorité d'entre eux ne possédaient que très peu d'expérience avec ces services télématiques.

Cette expérience pilote visait d'abord à évaluer le processus du cours afin de formuler des recommandations pour le design des futurs cours. Une des principales interrogations liées à cette expérience consistait à se demander où se situe l'équilibre entre la dimension technologique et le design pédagogique. Autrement dit, est-ce que la technologie en soi constitue l'élément le plus important pour la promotion d'un environnement d'apprentissage collaboratif à distance ou si, au contraire, la mise en place d'une expérience pilote devrait placer l'accent sur l'efficacité des caractéristiques pédagogiques du projet et non pas constituer un simple test sur les développements technologiques récents.

Pour procéder à l'évaluation, une équipe a réalisé une analyse quantitative et une analyse qualitative. Sommairement, l'analyse quantitative comportait un premier questionnaire visant à évaluer l'utilisation générale du support télématique après l'entraînement initial. Le questionnaire couvrait notamment les points suivants :

- l'efficacité de l'apprentissage à distance,
- la pertinence des contenus,
- la convivialité du système,
- la fréquence de connexion,
- la disponibilité de l'équipement,
- l'évaluation de l'apport des téléconférences relativement au temps consacré à l'apprentissage.

Un deuxième questionnaire d'évaluation a été soumis aux apprenants après la fin du cours dans lequel on examinait les points suivants :

- la fiabilité du système,
- ce qui a nui à l'utilisation efficace du système,
- les aspects du cours à améliorer.

En ce qui concerne l'analyse qualitative, les évaluateurs ont obtenu une copie papier des messages échangés dans les téléconférences. Les tuteurs ont fourni le contenu de leur messagerie électronique et le tout a été classifié en fonction des activités qui sous-tendaient la situation communicationnelle. Les messages des apprenants couvraient :

- les politesses d'usage, les réponses à des propositions d'activités, les réactions des collègues, les propositions de débats, les questions et requêtes pour des informations supplémentaires sur un domaine.

Quant aux messages des tuteurs, ils étaient catégorisés comme suit :

- la présentation de modules, les propositions d'activités, les propositions de débats, la présentation d'exemples, des explications de questions, la correction d'exercices, l'expression d'opinions personnelles.

Enfin, à la fin du cours, les évaluateurs ont organisé des réunions avec les tuteurs et un groupe d'étudiants afin de recueillir leurs réactions finales et les conclusions de l'expérience. Examinons maintenant les résultats.

L'étude de Simon (1992) a montré que les apprenants avaient développé de grandes attentes lors de l'entraînement initial et que la possibilité d'utiliser ces nouvelles technologies de communication informatisée représentait la raison majeure de leur implication. La communication avec le tuteur était l'attente principale des apprenants.

Les résultats finaux ont cependant démontré un taux important d'abandon. On explique cela par le fait que seulement 7 % des apprenants possédait un terminal à la maison et que les autres devaient partager l'ordinateur avec des collègues à l'école. Les motifs évoqués pour les abandons se référaient au manque de temps, aux problèmes techniques liés à la connexion en réseau et au manque de connaissance des logiciels.

En ce qui concerne l'utilisation des services télématiques, la majorité des apprenants ont utilisé la messagerie et les logiciels pour le transfert des fichiers au moins une fois par semaine. La fréquence d'adhésion aux téléconférences assistées par ordinateur (TAO) est cependant beaucoup plus faible. Le design pédagogique du cours expliquerait en partie ce constat. Mais ce qui apparaît surprenant, c'est le fait que les apprenants aient utilisé la messagerie électronique pour faire parvenir des messages importants à l'ensemble du groupe par le biais d'une liste de distribution d'abonnés plutôt que d'utiliser le système de conférence (dont le but est justement de créer ce type de forum). Paradoxalement, les apprenants considéraient la messagerie comme un média plus adéquat que la TAO pour augmenter le nombre d'interactions avec leurs pairs.

Quant à l'analyse des messages transmis par la TAO, elle révèle que la majorité d'entre eux répondait à des activités ou des questions spécifiques mais que très peu de messages concernaient des interactions avec les pairs ou l'expression d'opinions personnelles qui auraient révélé l'esquisse d'un apprentissage collaboratif. Les apprenants ont expliqué qu'ils trouvaient difficile d'exprimer leurs idées par l'écriture parce qu'il n'est pas évident d'imaginer à qui l'on s'adresse. De plus, la participation aux téléconférences n'a pas été perçue comme très importante pour la progression du cours. Certains estimaient même que cela constituait une perte de temps parce qu'ils n'ont jamais obtenu de réponse à des messages qu'ils avaient envoyé.

De façon générale, les divers services télématiques ont été appréciés dans cette expérience pilote. Parmi les facteurs à améliorer, presque tous les apprenants ont exprimé le désir d'inclure des animations dans les téléconférences en plus d'y inscrire des orientations thématiques afin d'augmenter la participation.

Simon (1992) conclut que, pour ce qui est des conditions minimales de participation, les aspects sophistiqués de la technologie ne sont pas indispensables pour inciter les apprenants à participer. Bien sûr, une procédure facile est recommandée pour l'accès au réseau. Ensuite, une structure de tâche planifiée qui procurerait des objectifs clairs aux apprenants est souhaitable. Ceux-ci ont d'ailleurs abondamment utilisé la messagerie et le transfert de fichiers parce que ces services permettaient de médiatiser des tâches spécifiques à travers la progression du cours. Il faut aussi développer une perception fiable et partagée du média afin que les objectifs communicationnels soient atteints. Ce fut le cas pour la messagerie mais un sentiment d'insécurité semble être apparu en ce qui concerne l'utilisation des téléconférences.

Quant à la présence du tuteur, elle s'est avérée essentielle à la participation des apprenants. Le tuteur est celui qui peut éventuellement initier et poursuivre le climat d'apprentissage en collaboration. Il ne doit pas seulement agir en tant qu'expert du domaine, son rôle consiste à faire prendre conscience aux apprenants que leur propre expérience est pertinente et qu'elle est valable pour le groupe et que les autres apprenants représentent une source de connaissance aussi pertinente que les autres éléments du cours. L'expérience a démontré que les contraintes de temps ont incité les tuteurs à s'occuper davantage des problèmes individuels que de la stimulation du groupe.

Enfin, le modèle pédagogique a démontré que la messagerie agissait comme substitut du téléphone et que le transfert de fichiers jouait le rôle de la poste régulière. En ce sens, le potentiel technologique n'a pas été exploité à fond bien que les apprenants aient manifesté de la satisfaction à cet égard mais uniquement en terme de vitesse d'exécution et de sensation de confort. La communication informatisée doit permettre d'enrichir le processus d'apprentissage collaboratif par une meilleure interaction entre les pairs. En somme, ce n'est pas le développement de nouveaux logiciels, même s'il est souhaitable, qui améliorera la participation des apprenants, c'est plutôt l'intervention mieux planifiée des tuteurs.

8.6 CONCLUSION

Les services télématiques par lesquels transite la communication informatisée offrent des possibilités très intéressantes pour l'éducation. Les projets éducatifs les plus articulés semblent s'orienter autour des applications liées à la téléconférence assistée par ordinateur (TAO) dans le contexte de la formation à distance. La particularité communicationnelle de ce service télématique offre plus de liberté aux intervenants de s'exprimer dans un cadre moins rigide à cause notamment de la décontextualisation que cet environnement virtuel procure aux individus. Toutefois, le succès du travail en équipe sur un réseau exige une bonne supervision ainsi que des structures de tâches pédagogiques très bien planifiées. Il semble aussi que les distinctions sexuelles en matière d'utilisation de technologies s'amenuisent progressivement.

Les technologies de communication informatisée constituent une motivation valable mais ne garantissent pas à elles seules le succès d'un projet pédagogique. La structuration des activités, le support technique et un encadrement adéquat des étudiants sont davantage importants pour la réussite du projet pédagogique.

Nous avons examiné, dans les trois derniers chapitres, les divers éléments associés à l'implantation de technologies de communication informatisée dans des institutions publiques comme les organisations policières, les services de santé et le domaine de l'éducation. Nous avons vu que l'intégration de cette forme de communication dans un milieu implique toujours des changements dont les conséquences peuvent être positives ou négatives, selon l'angle sous lequel nous examinons le phénomène. Nous avons aussi constaté que la nature des changements dépendait beaucoup plus des conditions – économiques, politiques et sociales – associées à l'implantation de ce type de système qu'aux caractéristiques technologiques mêmes. Voyons si ces constatations s'appliquent également à l'entreprise privée.

COMMUNICATION INFORMATISÉE
DANS L'ENTREPRISE PRIVÉE

Par Pierre DORAY et Thierry ROUSSEAU[1]
Centre interuniversitaire de recherche sur la science
et la technologie

1. La réalisation de ce texte a été rendue possible grâce à une subvention
du Conseil de recherche en sciences humaines du Canada.

9.1 **INTRODUCTION**

Les chapitres précédents ont discuté l'introduction de la communication informatisée dans des domaines aussi diversifiés que les finances, la sécurité publique, la santé et les services sociaux, de même que l'éducation. Pour illustrer les effets de l'implantation de technologies de communication informatisée dans ces domaines, nous avons utilisé des études de cas pouvant expliquer de façon plus concrète les avantages et désavantages provoqués par les changements technologiques. Ce chapitre se tourne vers l'entreprise privée, plus particulièrement une entreprise pharmaceutique, Pharmacan. Il examine en détail les étapes du processus d'implantation d'une technologie de communication informatisée dans cette entreprise et les moyens utilisés par les administrateurs pour conserver, sinon augmenter le niveau de productivité des employés, malgré les changements amenés par la nouvelle technologie. Les questions auxquelles l'analyse tente de répondre sont inspirées par l'approche critique aux systèmes de communication. Nous croyons que cet exemple particulier démontre bien que la relation entre technologie et organisation est interactive et non déterministe. Cependant, les résultats observés dans cette étude spécifique ne s'appliquent pas nécessairement à des entreprises de types différents.

La diffusion de nouvelles technologies de l'information introduit potentiellement de nouvelles formes de communication entre les membres d'une entreprise. Le développement de l'informatique, tant des ordinateurs que des logiciels, a aussi modifié les modalités d'échange de l'information au sein des organisations. Les changements sont de deux ordres. D'une part, la relation entre l'usager et la machine repose sur des modalités différentes. D'autre part, la communication organisationnelle doit aussi compter avec un nouvel outil : l'ordinateur.

Nous nous intéressons ici à la communication informatisée comme enjeu possible de l'implantation d'un système de gestion de la production assistée par ordinateur ou GPAO. La GPAO sert essentiellement aux fonctions de planification et de contrôle des activités de production, soit l'approvisionnement des matières premières, l'ordonnancement et le lancement des productions, la production elle-même et le suivi des produits finis. La GPAO permet donc de planifier la production, de la réaliser et d'assurer la gestion administrative et financière au fur et à mesure du déroulement de la production.

Nous nous posons trois questions :

1. Quelles sont les modalités de communication anticipées à l'intérieur même de ces systèmes informatiques?

2. La communication informatisée est-elle une question névralgique pour les gens qui vivent l'implantation d'un système informatique?

3. Si tel est le cas, quelle est la nature des enjeux soulevés par gens impliqués à cette occasion?

Cette démarche examine la communication informatisée en action sans préjuger de sa portée générale dans l'organisation. Cette communication, considérée aussi bien par le biais de la relation usager/machine que par celui des caractéristiques de l'information transmise, est ici analysée d'un double point de vue. D'une part, il convient de cerner en quoi un système de GPAO modèle ou structure la communication informatisée dans une entreprise. Ceci nous oblige à examiner la technologie en question pour saisir les contraintes et les possibilités qu'elle offre. Pour ce faire, il faut déconstruire la technologie elle-même et ses différentes logiques de communication. D'autre part, il faut saisir comment les usagers s'approprient cette technologie, leurs préoccupations et leurs interventions tant sur le plan de l'entreprise que du système lui-même.

La démarche adoptée dans ce chapitre comporte quatre temps. Dans le premier, nous exposons les repères théoriques qui ont guidé l'enquête et l'analyse. À ce titre, nous pensons que l'analyse d'une technologie oblige à examiner les logiques organisationnelles incorporées dans une technologie et à saisir en quoi le processus d'implantation de celle-ci, dans un milieu particulier, est aussi un moment d'ajustement socio-technique qui modifie l'organisation et la technologie elle-même. La deuxième section est réservée à la présentation de l'entreprise étudiée. Dans la troisième section, nous procédons à l'analyse constitutive d'un système particulier de GPAO, le MRP II. La quatrième section est consacrée aux enjeux soulevés au moment de l'implantation d'un tel système dans l'entreprise choisie,

Pharmacan. Nous examinerons aussi en quoi le moment d'implantation façonne la technologie. En conclusion, nous reviendrons sur les principaux résultats, tout en nous demandant en quoi la communication organisationnelle est transformée par ce processus.

9.2 L'ANALYSE DES TECHNOLOGIES : CONSTITUTION ET IMPLANTATION

Une première question s'impose : comment rendre compte du développement et de l'usage des technologies informatisées en entreprise? De nombreux travaux de recherche portant sur cette question reposent sur la notion d'impacts. Ils s'appuient généralement sur l'argumentation suivante : l'implantation d'une technologie introduit des effets sur différentes dimensions de l'organisation des entreprises.

Les études d'impacts visent l'identification des différents utilisateurs – envisagés ou non, avouables ou inavouables, recherchés ou induits, désirés ou involontaires – qui seraient influencés par l'introduction d'une nouvelle technologie. Elles visent souvent la confirmation d'appréhensions ressenties par des employés, par exemple, des pertes possibles d'emploi. ou l'introduction de mesures anticipatrices des effets négatifs ou positifs possibles de la technologie en jeu. En d'autres mots, les analyses d'impacts n'ont pas uniquement une utilité scientifique, elles ont aussi une visée pratique pour les employeurs ou les politiciens.

9.2.1 Les impacts : le résultat d'un processus?

Une première conception définit la notion d'impact comme la transformation d'une dimension de l'organisation sous l'influence d'un autre facteur (dans ce cas-ci la technologie). À ce titre, l'effet est considéré la conséquence ou le résultat d'un processus de modification. La perte d'emploi ou la diminution des interactions entre salariés, par exemple, seraient le résultat de l'automatisation du travail de gestion des dossiers. Le raisonnement est similaire quand des industriels considèrent qu'une augmentation du nombre d'emplois ou de l'efficacité énergétique est le résultat d'un changement technologique ou de la diffusion d'une nouvelle technologie. Toutefois, cette conception n'est plus représentative de son usage en sciences humaines. Il existe, en effet, différentes problématiques qui tendent non plus à considérer l'impact comme la conséquence d'un processus mais comme une dimension intrinsèque de ce processus.

La technologie a-t-elle vraiment un impact sur l'organisation?

Nombre d'études d'impacts établissent une relation causale linéaire entre la technologie et les dimensions organisationnelles et sociales des entreprises. Le déterminisme technologique constitue l'archétype de cette démarche analytique puisque, selon cette approche, la nature des technologies implantées ou utilisées détermine la structure de l'entreprise et sa performance. Ainsi, à un type donné de technologie correspondrait une organisation particulière. Ce raisonnement conduit, par exemple, à identifier le progrès technologique comme la source de l'éclatement des métiers. Cette problématique fut à maintes reprises critiquée et des problématiques alternatives furent d'ailleurs élaborées en opposition au déterminisme technologique (Alsène, 1990).

Les tenants de cette alternative, le *déterminisme technicosocial*, soutiennent que les technologies déterminent l'organisation parce qu'elles incorporent des rapports sociaux. Les technologies ont une influence sur l'organisation car elles sont elles-mêmes porteuses de choix sociaux et organisationnels. C'est l'argument utilisé par Wolton quand il déclare qu'en « matière de communication, ce sont moins les techniques qui sont déterminantes que les choix sociaux et culturels » (Wolton, 1988 : 168). La technologie est en quelque sorte soumise à des conditions sociales diverses. Selon un tel raisonnement, les technologies seraient différentes si des conditions sociales alternatives présidaient à leur production.

D'un autre côté, le déterminisme multiple suggère que l'organisation est façonnée par de multiples déterminants : la technologie, les stratégies des utilisateurs, les modes de gestion du changement technologique, etc. Les changements organisationnels trouvent leur origine dans différents facteurs.

Selon l'analyse contingente, l'effet de la technologie sur l'organisation est lui-même influencé par des éléments tels que la taille de l'organisation. Par exemple, Raymond et al. reprennent cette argumentation quand ils indiquent que la « spécificité des PME, c'est-à-dire ce qui les distingue des grandes entreprises, devrait influencer le processus d'implantation des systèmes d'information » (Raymond et al., 1990 : 131). La relation technologie-organisation est elle-même modifiée par les caractéristiques de cette organisation et de son environnement.

Le déterminisme social neutre avance que l'organisation n'est pas déterminée par les technologies mais par les rapports sociaux. En fait, l'utilisation des technologies et l'organisation du travail sont déterminées par la nature des rapports sociaux. La technologie, comme d'autres modalités d'organisation, est alors un instrument de contrôle social (Braverman, 1976). Une variante plus récente de cette approche affirme que c'est la recherche d'un nouveau mode de production qui mène à la transformation de l'organisation industrielle et à des choix technologiques. Hatchuel et Sardas (1990) affirment, par exemple, que les « bouleversements introduits par l'explosion de la variété des produits » obligent les entreprises qui veulent contrôler les flux de production à planifier de façon cohérente ce qu'on appellera le « réseau des entités stockables » et « à accepter que cette planification puisse être automatisée sans tenir compte des capacités de production » (1990 : 62).

L'instauration d'une nouvelle organisation productive, laquelle fait l'objet de travaux de plus en plus nombreux, et l'utilisation de nouveaux outils informatiques telle la GPAO s'expliquent par la montée de l'économie de la variété, elle-même le résultat de l'intensification de la concurrence internationale et de la croissance de la classe moyenne « fortement différenciée dans ses mécanismes de consommation » (Hatchuel et Sardas, 1990 : 63). L'argumentation fait de l'économie ou de la productivité le déterminant des utilisations actuelles des technologies et des nouvelles organisations du travail.

En somme, la coexistence de ces différentes approches révèle, à tout le moins, les difficultés à conceptualiser la relation entre technologie et organisation. Il semble difficile de définir le sens de la causalité et, par le fait même, la source des impacts de la technologie sur l'organisation. Dans le cadre du déterminisme technologique, la technologie possède un impact sur l'organisation; dans le déterminisme technicosocial, le social influence l'organisation, la technologie n'étant que la matérialisation de choix sociaux; dans le déterminisme multiple, la technologie est une source d'impacts organisationnels parmi d'autres; en analyse contingente, le lien entre technologie et organisation est lui-même contingent; finalement, dans le déterminisme social neutre, la relation causale est inversée : la technologie n'est plus un facteur déterminant mais une variable dépendante.

La causalité est-elle linéaire?

Si les impacts sur l'organisation sont considérés comme une conséquence du développement et de l'introduction de la technologie dans un environnement donné, on ne devrait les saisir, en fait, qu'une fois les technologies implantées. Mais en est-il vraiment ainsi? La relation qui unit technologie et impacts organisationnels n'est pas linéaire dans le temps puisqu'un aspect de la gestion planifiée du changement technologique consiste à identifier, à priori, les effets possibles et à mettre en œuvre des modalités de gestion qui contrecarrent les impacts appréhendés du changement. Nous en avons vu un exemple, d'ailleurs, au chapitre 6. En effet, la planification du changement technologique dans l'entreprise privée comme dans les institutions publiques, ne consiste pas uniquement à réaliser une évaluation technico-économique de l'introduction d'une nouvelle technologie. Elle englobe aussi l'anticipation des impacts possibles sur l'organisation et le travail, de même que les interventions visant leur gestion, qu'il s'agisse de la planification d'activités de formation, du reclassement des salariés affectés par les changements ou la reformulation des postes de travail. Pratiquement, cette anticipation se réalise souvent au moment de la formulation du diagnostic sur l'organisation et de la planification de l'implantation. L'anticipation d'impacts et la volonté d'introduire des changements organisationnels spécifiques peuvent aussi conduire les responsables d'un changement technologique à exiger de la part des producteurs une modification des équipements, afin de rendre compatible l'usage de la machine avec les objectifs organisationnels poursuivis.

La prise en compte de ce travail d'anticipation conduit à élargir la notion d'impact. Il faut faire une place aux impacts planifiés ou appréhendés qui feront l'objet d'une intervention. Dès lors, il faut introduire un autre concept : celui des impacts observés, c'est-à-dire les effets organisationnels qui sont la façon de gérer le changement technologique. Nous constatons aussi que parmi les impacts possibles de l'introduction d'un changement technologique, nous retrouvons la transformation de la technologie elle-même. Ceci suggère que le processus de production d'une technologie n'est pas linéaire mais plutôt itératif, c'est-à-dire que les responsables d'un changement technologique peuvent introduire des modifications à la technologie ou sont à même d'exiger des adaptations à des systèmes existants.

La technologie et l'organisation sont-elles deux ensembles discrets?

Plusieurs travaux (Kling, 1987; Kling et Scacchi, 1982 et 1987; Saint-Pierre et Cambrosio, 1990) soulignent que les systèmes informatiques ne sont pas que des systèmes techniques, ils constituent plutôt une toile d'entités hétérogènes, composée de personnes, de machines, de logiciels, de modalités d'organisation du travail. Dans cette perspective, il s'agit moins de rechercher une causalité et d'identifier des « conséquences externes » de l'implantation d'une technologie que de décrire le travail de mise en forme ou d'assemblage de ces entités. La notion d'impact perd sa première signification. Les transformations technico-organisationnelles ne sont plus considérées comme un résultat, mais comme des moments d'un processus d'assemblage. L'insistance est portée sur le processus de constitution d'un réseau socio-technique, et donc, sur le travail que font des individus en vue d'assembler et d'articuler les diverses composantes que celles-ci relèvent des logiciels ou des relations entre les personnes.

Nous pouvons ainsi résumer les remarques précédentes :

- la relation entre technologie et organisation n'est pas directe, plusieurs facteurs de différents ordres interviennent;
- la relation entre technologie et organisation n'est pas linéaire;
- l'informatisation est un processus qui mobilise diverses entités tant techniques qu'organisationnelles, les changements notés lors de l'implantation de nouvelles technologies n'en sont pas la conséquence, mais une dimension constitutive.

9.2.2 Les impacts : partie prenante du processus d'informatisation

Étant donné la discussion précédente sur la relation technologie et organisation, voici quatre propositions théoriques et méthodologiques qui guident notre analyse :

1. Les technologies ne sont pas des objets neutres, car porteuses de logiques techniques, sociales et économiques;

2. Les modifications engendrées par un changement technologique sont modulées par les caractéristiques des entreprises et par les choix organisationnels des firmes où ces technologies sont implantées;

3. L'implantation d'une technologie met en œuvre différents processus qui sont autant de sources possibles de changement;

4. Il existe dans la constitution des technologies ou des innovations organisationnelles et dans leur implantation en milieu de travail, des outils d'aide à l'implantation qui sont aussi porteurs d'un modèle organisationnel.

Le cas d'étude que nous analysons dans les prochaines sections, l'implantation d'une technologie de communication informatisée chez Pharmacan, nous aidera à vérifier ces propositions. Mais voyons d'abord la nature de l'organisation étudiée.

9.3 LA SOURCE DES DONNÉES : PHARMACAN

Les informations qui nous serviront à l'analyse empirique proviennent de deux sources. D'une part, nous utiliserons les écrits des concepteurs et des promoteurs de la gestion de production assistée par ordinateur, dans lesquels nous retrouvons les descriptions des systèmes, les objectifs, les procédures et les modalités proposées d'implantation. D'autre part, nous reprendrons les informations recueillies lors d'une enquête dans une entreprise pharmaceutique, Pharmabec, devenue par la suite Pharmacan, qui a implanté un MRP II (un système de gestion de la production par ordinateur). Pharmacan est le résultat de la fusion, en 1991, de la firme québécoise Pharmabec, en croissance rapide (figure 9.1) et de Medical-Canada, sous l'instigation de Medical-USA, qui possédait des parts dans les deux firmes.

FIGURE 9.1   **Évolution des ventes de 1981 à 1993** (en millions)

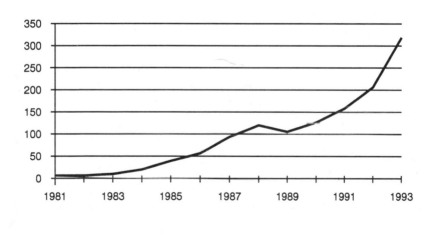

Au cours des années 1980, les Laboratoires Pharmabec ont connu une forte croissance (figure 9.1), expliquée en grande partie par la mise en marché d'un médicament, l'angidem, servant au traitement de l'hypertension et de l'angine. Ce médicament représente alors 80 % des ventes de la firme. Cette concentration de la production et des ventes prend fin avec la fusion. De nouveaux ateliers sont construits afin de fabriquer de nouveaux médicaments ou ceux produits antérieurement en Ontario. Le nombre d'employés a aussi augmenté : 725 personnes travaillent aujourd'hui pour Pharmacan au Canada. Pour le secteur de la fabrication seulement, ce nombre est passé d'une trentaine en 1981 à 140 aujourd'hui.

Malgré une croissance économique forte au cours de la dernière décennie, l'arrivée du libre-échange et l'entrée dans le domaine public du brevet de fabrication de l'angidem créent de l'incertitude. Dans une stratégie d'anticipation, l'entreprise mise sur la recherche-développement (des investissements de 11 millions furent consentis en 1990), ainsi que sur une augmentation de la productivité en fabrication, en créant une organisation similaire à celle prévalant dans les entreprises japonaises, ce qui se traduit par la formulation de politiques spécifiques de gestion et par des investissements importants dans les nouvelles technologies. La gestion même de ces changements technologiques sera fortement imprégnée par les principes de gestion du personnel.

Un effort important est mis, depuis 1985, sur la mise en œuvre d'une politique de gestion originale, facteur d'intégration des salariés (considérés comme des associés) et de développement économique. L'entreprise vise ainsi à développer des rapports de collaboration entre les associés afin d'établir un consensus autour du même projet industriel. Un programme de partage des profits existe d'ailleurs dans l'entreprise. Pharmacan se présente elle-même comme une « société axée sur les gens ». Le respect des individus est régulièrement évoqué pour expliquer les modes de gestion du changement technologique : le rythme d'implantation d'une nouvelle technologie est largement déterminé par le rythme d'appropriation des individus qui l'utiliseront.

Différents changements technologiques sont introduits. Ainsi, l'entreprise amorce l'implantation d'un système de gestion de la production par ordinateur (MRP II) en 1988. Elle introduit, parallèlement, des systèmes informatiques divers comme le lecteur optique (code à bâtonnet ou code barre), un logiciel de gestion des entrepôts, une machine automatique de vérification des étiquettes et du contenu des boîtes. Depuis la fusion avec Medical-USA, une réflexion est aussi engagée afin d'examiner la faisabilité d'une intégration informatique avec le siège social, par l'utilisation d'un système PRISM. En somme, depuis six ou sept ans, l'entreprise est en plein changement technologique. La diversification de la fabrication, induite par la fusion, a obligé la construction de nouveaux ateliers de fabrication dont un atelier automatisé de traitement des liquides (pour la fabrication de sirops contre la toux, par exemple).

Cet effort technologique s'accompagne de changements organisationnels avec l'introduction de l'amélioration continue et de la qualité totale. Ainsi, des objectifs et des programmes annuels d'amélioration de la qualité existent. L'objectif de Pharmacan est explicitement de devenir une entreprise de classe mondiale sur le plan de la qualité de son organisation et de sa production. On a assisté à l'implantation du contrôle statistique de qualité en fabrication, d'un programme de qualité totale et du SMED (Single Minute Exchange of Die), qui introduisent des changements importants en matière d'organisation du travail.

Dans cette entreprise, nous avons suivi le processus d'implantation d'un système MRP II. Nous avons eu 32 entretiens avec des responsables de projet, des utilisateurs et des responsables de département en trois occasions : en janvier-février 1990, en janvier 1991 et en mai-juin 1993. Ces entretiens portaient sur la gestion du changement technologique et sur les transformations technico-organisationnelles introduites par le MRP II. L'objectif de l'enquête ne ciblait donc pas des questions relatives à la communication informatisée, mais des répondants ont abordé spontanément cette question, ce qui indique son importance dans le processus d'implantation. Voyons un peu plus en détail les caractéristiques de la technologie implantée chez Pharmacan.

9.4 L'ANALYSE CONSTITUTIVE : LE MRP II COMME MODE DE COMMUNICATION INFORMATISÉE

Les systèmes de gestion de la production assistée par ordinateur (GPAO), dont le MRP II fait partie, modifient sensiblement le travail de gestion et la façon dont il est organisé dans l'entreprise. Dans cette section, nous poursuivrons trois objectifs : a) une délimitation du rôle de la GPAO dans l'entreprise, b) une définition précise du MRP II et, c) une description des modalités théoriques de « communication » incorporées dans les systèmes MRP.

9.4.1 Le rôle de la GPAO dans l'entreprise

Traditionnellement, les processus de modernisation dans les entreprises manufacturières ont emprunté les voies classiques de l'automatisation. Automatiser, dans son sens littéral, signifie substituer à des moyens humains des instruments mécaniques et automatiques (chaînes de montage, convoyeurs, robots et machines-outils programmables, etc.). L'implantation d'un système de GPAO, même s'il peut être accompagné d'un processus d'automatisation du travail, diffère sensiblement de ces dernières technologies.

La gestion de production a pour objectif de répondre aux difficultés et aux questions que se posent les responsables d'ateliers au sujet du processus de production : que faut-il produire, dans quel ordre, avons-nous les composants et stocks nécessaires pour lancer une phase de fabrication, quels sont les délais de livraison de nos fournisseurs, etc.? On comprend que ces questions peuvent devenir cruciales lorsque la complexité d'une production va croissant. Les responsables se heurtent alors à une myriade d'informations (état des stocks, tendance du marché, disponibilités productives, etc.), dont le déchiffrement adéquat influence la performance d'une entreprise.

Les systèmes de GPAO se sont développés plus particulièrement à partir du milieu des années 1970. Leur diffusion dans les entreprises s'est appuyée sur l'amélioration continue des performances du matériel informatique. En ce sens, la GPAO rejoint la définition que nous avons donnée de l'automatisation – rendre superflue l'intervention humaine dans un domaine précis – tout en déplaçant le type d'activité sur lequel s'applique ce processus : non pas la manipulation automatisée de pièces et de composants mais *le traitement d'une masse considérable d'informations*. L'émergence et la diffusion de la GPAO dans les entreprises témoignent de l'importance de la gestion des flux d'information, eux-mêmes censés refléter fidèlement les flux physiques de matières premières, de composants, d'encours, de produits finis et de leur stockage dans des bases de données. Mais de manière plus ambitieuse, l'objectif ultime de la GPAO est de mettre en place l'interconnexion généralisée des systèmes de décision et de communication, de favoriser les interfaces homme-machine et l'échange d'information. Les maîtres-mots de cette évolution sont au nombre de deux : *réseaux* et *intégration*.

Mais, comme nous l'avons mentionné, l'implantation de GPAO chez Pharmacan n'est pas une mince tâche pour les responsables d'ateliers et les directions d'entreprises. Les meilleures intentions se sont butées sur des difficultés incontournables; de nombreux échecs parsèment la route de la GPAO. Pour l'entreprise, la GPAO induit une exigence accrue de formalisation, car elle comprend une base de données dans laquelle sont répertoriés les produits et les moyens de production, les capacités productives et les temps de fabrication. L'idée est de contrôler convenablement les flux de production (des composants et des pièces), en répertoriant systématiquement toute l'information afférente au processus de production d'une entreprise. À ce moment, il est théoriquement possible de remonter jusqu'aux services d'achat et de vente de l'entreprise, afin d'intégrer étroitement la production et la politique commerciale d'une firme. En pratique cependant, cette intégration se rencontre rarement. La plupart des firmes se contentent d'utiliser la GPAO pour la gestion des stocks et des capacités productives (lancement et suivi de la production). On peut constater que les caractéristiques techniques d'une technologie peuvent être modifiées par l'organisation dans laquelle elle est implantée.

9.4.2 Définition du MRP II

Il existe plusieurs systèmes de GPAO sur le marché et les entreprises sont confrontées à une pléthore de logiciels. Un de ces systèmes est le MRP II, c'est-à-dire le *Manufacturing Resource Planning*. À l'origine, le MRP II était essentiellement une méthode de calculs des besoins en composants (qui s'appelait *Material Requirement Planning*). Les MRP ont évolué pour intégrer progressivement toutes les fonctions d'une firme, y compris les services administratifs et commerciaux.

Le MRP II est un logiciel de gestion de production chargé d'exprimer les besoins d'une firme : état des stocks, capacité de production, prévision des ventes, comptabilité, achat, etc. Ces informations doivent être inscrites dans le système. Le MRP II fonctionne en établissant : 1. un plan directeur définissant pour une période de temps suffisamment longue les quantités de produits à fabriquer, 2. en calculant les besoins précis pour lancer des « ordres » de production, et 3. en gérant l'état des stocks en fonction de l'évolution des commandes. Cette gestion de production, au sens étroit, est complétée par des mécanismes de rétroaction de l'information touchant les services périphériques à la production : achats, comptabilité, assurance qualité, ressources humaines, etc. En ce sens, les MRP II, particulièrement, ont des ramifications dans l'ensemble des services de l'entreprise.

Les MRP ont profité de manière exemplaire des développements de l'informatique (accroissement des puissances de traitement, abaissement des prix). En effet, pour fonctionner adéquatement le système a besoin d'effectuer de nombreux calculs. L'évolution du matériel informatique permet de faire les calculs en temps réel plutôt qu'en temps différé, comme il y a quelques années. C'est une dimension qui a son importance, car la logique MRP fonctionne en anticipant les besoins, plutôt qu'en réagissant au coup par coup. Dans un MRP, en effet, les « flux physiques » sont anticipés à travers la planification des besoins, eux-mêmes réalisés à partir des prévisions de vente. Comme il est impossible de fixer une fois pour toute un calendrier de fabrication, (nouvelles prévisions de ventes, aléas divers provenant soit de la fabrication, soit des fournisseurs) de nombreux ajustements sont nécessaires en cours de route. Les « flux d'informations » doivent ainsi accompagner de près les flux physiques afin de modifier le programme de fabrication. Tout lancement d'ordre de production doit se faire en fonction des stocks et des prévisions de vente. Cette logique est appelée *closed loop* par « l'inventeur » des MRP, Oliver Wight (1984a ou b, p. 48). Elle exige la mise en place de boucles de rétroaction pour saisir les modifications qui surviennent nécessairement dans le cours de la production, afin de modifier le calendrier de fabrication.

En définitive, le MRP est un système de gestion de la production qui permet, à l'aide de l'ordinateur, de simuler les différents besoins d'une entreprise manufacturière (usine, entrepôt ou encore entreprise de transport). Dans sa version la plus évoluée – le MRP II – l'ensemble des informations financières de l'entreprise est intégré à la conduite du système. Le système de gestion de la production gère ainsi l'ensemble de l'entreprise, de la prise de commandes à la gestion des stocks en passant par la comptabilité et les achats.

Ce faisant, le MRP II agit comme un outil informatisé de communication organisationnelle. D'une part, il tisse un réseau de communication entre les différentes entités administratives de l'entreprise, d'autre part, il organise et structure l'information qui est échangée entre les départements. En d'autres mots, il spécifie le contenu et plusieurs modalités de communication organisationnelle.

9.4.3 Les modalités théoriques de communication incorporée dans les MRP

Quelles sont les principales modalités théoriques de communication incorporées dans le MRP? Ces principes sont évidemment nombreux et nous ne ferons ici que souligner les plus importants : l'intégration, la formalisation et la transparence.

Il y a d'abord la visée d'*intégration*. Physiquement, l'intégration consiste à doter une entreprise d'une base de données – un ordinateur, des périphériques et un réseau – dans laquelle sont répertoriées les informations nécessaires à la gestion des opérations. Toutes les informations afférentes à la production sont ainsi potentiellement centralisées dans un système informatique. Pour ce qui est du concept, l'intégration signifie un renforcement de la perspective globale, systémique : tous les services de l'entreprise sont mis à contribution pour assurer la gestion de l'ensemble des opérations. Dans ce sens, les théoriciens de la gestion de production en appellent souvent au dépassement des cloisonnements départementaux et à l'amoindrissement des tensions hiérarchiques. Le MRP serait ainsi un « outil » favorisant la communication entre des services traditionnellement opposés ou ne communiquant pas facilement. Dans les faits, nous verrons que les choses ne se déroulent pas aussi aisément. De nombreuses tensions entre les services et les opérations de fabrication peuvent persister. Ces conflits n'ont pas une dimension unilatérale et obligée : ils dépendent de toutes sortes de circonstances liées à des conditions locales (type de culture, rapports de force interdépartementaux, etc.). Parfois, ces controverses peuvent être très vives, de sorte qu'un projet de changement peut se buter à des difficultés organisationnelles sévères, modifiant même le processus d'implantation de la technologie.

Pour mettre en place un système d'information intégré, il faut que la saisie et le traitement de cette information obéissent à un ensemble de procédures fortement uniformisées. Cette remarque nous amène à définir une seconde règle de communication incorporée au MRP II : la formalisation. Ce principe est rappelé fréquemment par Oliver Wight : l'exactitude est essentielle au bon fonctionnement du système. Pour ce faire, les données de la production doivent être standardisées : les temps de montage et de démontage des machines, les étapes de fabrication d'un produit (y compris les pertes), la circulation des stocks. Tous ces flux physiques doivent faire l'objet d'un processus de normalisation. L'objectif est de construire une information pertinente, capable de suivre et d'accompagner précisément les flux physiques. Mettre en place un MRP exige au préalable un travail réflexif sur les modes de fabrication et de gestion, afin de codifier des savoir-faire souvent informels en des procédures de gestion de l'information.

Le troisième principe, la transparence, est congruent avec les deux précédents et en représente l'application concrète. Dans l'échange d'informations, l'acquisition d'un langage commun est essentielle selon les concepteurs du système. En effet, l'entreprise organisée de façon trop compartimentée favorise le développement et l'usage de savoirs informels, propres à un service ou à un groupe de personnes, bloquant, ou ne favorisant guère, de la sorte, l'échange d'informations. On ne communique plus parce que les langages sont étrangers les uns aux autres. Le MRP vise à dépasser cette situation : base de données commune, centralisation de l'information, formalisation des procédures. Il en résulte une plus grande discipline dans la saisie et le traitement de l'information. Comme les concepteurs du système ne manquent pas de le rappeler, cette discipline n'est pas facile à obtenir. Toutes sortes de tendances jouent, en effet, dans le sens contraire : habitudes personnelles, interprétations locales du contenu de l'information, erreurs dans le traitement de l'information, rapports de force entre les départements ou les personnes, etc.

Pour que l'ensemble de ces principes soient appliqués, il ne suffit pas à l'utilisateur potentiel d'acheter un logiciel et de l'installer sur l'unité centrale de l'entreprise. Nous avons évoqué un certain nombre de difficultés inhérentes à l'implantation du MRP II. Ces difficultés sont réelles et les entreprises doivent miser sur un effort sérieux pour assurer le succès de l'opération. C'est pourquoi les concepteurs du système font accompagner la mise en place du MRP II d'une méthodologie rigoureuse d'implantation. Celle-ci s'étale sur un temps relativement long (15 à 18 mois minimum), comporte des étapes précises et définit les responsabilités de chacun dans l'implantation. Ainsi, la formation est considérée comme la première et la plus importante des priorités. Elle accompagne chacune des étapes de l'implantation. De plus, un rôle précis est attribué au consultant : un rôle de support qui ne fait pas le travail d'implantation à la place des futurs usagers du système. L'implantation se fait par l'entremise d'un comité d'implantation qui regroupe des gens de tous les départements de l'entreprise. Celui-ci doit être impérativement appuyé par la haute direction. Le MRP modifie de nombreuses habitudes de travail; il faut sentir que ces restructurations sont nécessaires et sont soutenues par la direction.

Ces principes sont évidemment théoriques; ils constituent un ensemble de règles souhaitées par les concepteurs du système, pour assurer le succès d'une implantation MRP II. Rien ne dit à l'avance que ces principes seront scrupuleusement suivis ou que chaque entreprise les adaptera selon sa situation. En cette matière, tout est affaire de circonstances. Néanmoins, ces principes, révélés par l'analyse constitutive, risquent de faire partie des enjeux socio-organisationnels propres aux entreprises implantatrices du MRP. Seule une démarche faite in situ est à même de reconstituer la trajectoire que feront subir les usagers du système à cette technologie. Il en ressortira certainement des adaptations locales, mais aussi, peut-être, des applications fidèles des principes que nous avons mentionnés. Il s'agit alors de comparer les présupposés théoriques inscrits dans cette technologie avec les modifications pratiques que celle-ci a connues en se matérialisant dans l'entreprise.

Autrement dit, certains processus mis en œuvre par l'implantation du MRP chez Pharmacan ont-ils apporté des changements dans les applications possibles de la technologie? C'est ce que nous ferons dans la section suivante. Notre objectif, rappelons-le, n'est pas de proposer une théorie de la communication informatisée, mais de dégager son importance dans un processus d'implantation d'un système informatique de planification de la production. En d'autres mots, il s'agit de se demander si cette question est un enjeu du processus d'implantation et en quoi elle l'est.

9.5 L'IMPLANTATION DU MRP II CHEZ PHARMACAN

À Pharmacan, le MRP II n'est pas perçu comme un « outil », une technologie, au sens strict du terme. Il s'agit d'un moyen de communication qui permet d'accéder plus rapidement à une information, elle-même plus précise. C'est aussi un moyen de communication qui remplace la communication interpersonnelle. Avec la croissance de l'entreprise la communication interpersonnelle tend, en effet, à diminuer. Le MRP prend ainsi le relais de modes de communication informels. Pour plusieurs, le MRP est un outil de gestion de l'entreprise qui permet un contrôle plus systématique du processus de production. C'est aussi un moyen stratégique qui aidera l'entreprise à atteindre un niveau d'efficacité de « classe mondiale », c'est-à-dire le statut d'une entreprise qui sera en mesure d'affronter la concurrence internationale.

C'est dire que le système est investi d'une mission de communication dont la mise en œuvre suppose une saisie décentralisée de l'information et sa circulation horizontale et verticale. En effet, cette information ne fait pas que remonter aux gestionnaires, elle met aussi en relation les différents services. Deux aspects sont ainsi mis en jeu : la relation usager-machine et la structuration de la communication organisationnelle.

9.5.1 La relation usager-machine : un problème qui s'estompe?

Nous avons réalisé des entretiens auprès d'employés de Pharmacan, à trois moments. Dans l'ensemble, nous avons constaté qu'entre 1990 et 1993, la question de la relation usager-machine prenait de moins en moins d'importance dans les évaluations que faisaient les personnes interrogées.

Cette question apparaît centrale quand l'implantation est peu avancée dans un service[2]. Les deux pôles de la relation sont d'ailleurs mis en cause. Tant les responsables d'ateliers, que les informaticiens et les usagers, reconnaissent l'existence de la crainte de l'ordinateur, surtout chez les personnes qui n'ont jamais travaillé avec ces outils. À ce propos, Pharmacan n'est pas un cas unique, elle représente plutôt la règle. Cette crainte est toujours très répandue. C'est, par exemple, particulièrement le cas des contremaîtres.

---

2. L'implantation des différents modules du MRP II se fait rarement en même temps dans les diverses constituantes de l'entreprise. Pharmacan a procédé par étapes. Ainsi, lors de la première campagne d'entretiens, la fabrication n'était pas encore directement touchée par le MRP II, l'implantation des modules utilisés par le service des finances était retardée pour des raisons techniques alors qu'en planification et dans les entrepôts, les modules afférents étaient utilisés quotidiennement.

De son côté, le planificateur fait part de ses difficultés à se retrouver entre les multiples écrans, et ce, même s'il a l'habitude de travailler avec un ordinateur. Manifestement, l'utilisation du MRP II constitue un saut qualitatif difficile à franchir. La crainte est double : peur de l'erreur lors de l'entrée de données et crainte de la mauvaise manœuvre qui conduit à la perte d'informations. Cette crainte n'est pas associée au refus de travailler avec cet outil. Ainsi, un contremaître signale qu'il avait hâte d'avoir un ordinateur tout en avouant être craintif face à sa capacité de l'utiliser. Un cadre nouvellement embauché souligne qu'il ne perçoit pas de résistance bien que plusieurs appréhendent ce nouvel outil.

Le manque de confiance dans la qualité des informations fournies par le système est davantage répandu, tout en étant aussi le fait de plusieurs employés habitués à travailler avec un ordinateur. Cette confiance, nous dit-on, s'établit peu à peu quand l'employé comprend mieux le fonctionnement du système ou qu'il est persuadé que les informations produites sont fiables, c'est-à-dire qu'elles reflètent la réalité. Ainsi, la confiance est construite par l'apprentissage.

Dans sa stratégie, Pharmacan décide de prolonger la période dite d'implantation afin de respecter les rythmes d'apprentissage de chacun. Ainsi, alors que les spécialistes de l'implantation fixent entre 18 et 24 mois la période d'implantation d'un MRP II, Pharmacan a décidé de prendre trois ou quatre ans si nécessaire. On ne veut pas brusquer les employés, parce que s'ils aiment l'informatique, nous a-t-on dit, il n'y aura pas de problèmes. La formation théorique (aux principes du MRP II) et la formation pratique (familiarisation avec le fonctionnement du système, exploration de différents modules, etc.) jouent aussi un rôle central. Pharmacan a mis en œuvre différents supports aux usagers afin de réduire au minimum leurs craintes et leurs inquiétudes.

Sur le plan de la formation, trois activités complémentaires furent planifiées : une formation de quatre jours aux concepts MRP II, une formation aux différents modules (trois jours par module : la durée de la formation est donc fonction du nombre de modules utilisés par l'usager) et des laboratoires de pratique. À côté de ces activités formelles, un environnement informatique de test, fonctionnant en parallèle avec le vrai système, fut créé afin de permettre à tous les usagers d'en explorer les différentes facettes. Ainsi, un employé peut vagabonder dans les différents modules sans pour autant affecter le fonctionnement régulier du système. Finalement, la coopération entre collègues – l'entreprise a embauché de nouvelles personnes habituées de travailler dans un environnement MRP II – et avec les analystes du service d'informatique de gestion de l'usine qui ont entre autres mandats d'offrir un service de support aux usagers, devient un élément essentiel d'apprentissage quotidien.

Au cours de cette phase d'apprivoisement, les usagers travaillent avec deux systèmes en parallèle. En effet, ils utilisent les anciennes formes de travail tout en faisant l'apprentissage du nouveau système. Plusieurs y voient un avantage certain : détecter les erreurs de système tout en construisant la confiance dans les capacités de planification du MRP II.

Mais les difficultés de communication ne tiennent pas uniquement aux usagers, le système informatique est tenu responsable de nombreux problèmes de relations usager-machine. C'est le cas lorsqu'un module ne fonctionne pas (par exemple, le module entier du contrôle de capacité) ou quand le système en cours d'installation n'est pas compatible avec les outils informatiques de génération antérieure. Cette question est d'autant plus problématique chez Pharmacan que le système acheté fut choisi parce qu'il avait été conçu par l'entreprise d'où provenait les systèmes de gestion financières utilisés, ce qui devait assurer la compatibilité entre systèmes de générations différentes. Cette question n'est pas sans influencer le jugement que l'entreprise porte aux vendeurs et aux concepteurs du système.

Quand un module ne fonctionne pas, les employés sont obligés d'utiliser des systèmes parallèles et de faire appel aux informaticiens pour corriger les problèmes. Ces derniers nous ont signalé l'importance de la coopération afin de résoudre les problèmes. Ainsi, s'ils connaissent le système et le langage informatique, les usagers maîtrisent le métier de fabricant, ce qui est indispensable pour comprendre pourquoi une commande ne fonctionne pas. En d'autres mots, il est effectivement possible d'interpréter les problèmes techniques comme des limites dans le processus de communication usager-machine. Les problèmes ne sont d'ailleurs pas sans affecter la confiance des usagers. Plus les *bugs* sont nombreux, plus la méfiance grandit.

Le discours change lors de la troisième phase d'entretiens alors que tous les modules sont implantés et qu'il est envisagé de changer la version du système. Plusieurs reconnaissent les réticences et les craintes face à l'utilisation de l'ordinateur et du MRP II, mais elles seraient chose du passé. On est davantage préoccupé par des questions de sécurité informatique, par l'entrée des données[3] et la diminution de la paperasse. Par contre, on indique aussi que ces contacts directs ont diminué. À première vue, la relation usager-machine n'est plus problématique; elle serait plutôt marquée du sceau de la routine.

Mais, il y a plus. Plusieurs informateurs soulignent que l'apprentissage du système ne fut pas de même qualité pour tous. Deux groupes d'usagers sont alors identifiés. D'un côté, nous retrouverions les utilisateurs qui se contentent, selon plusieurs, d'utiliser les écrans connus. De l'autre, il y aurait les « explorateurs », c'est-à-dire ceux qui au contraire cherchent à élargir leurs connaissances du système, à saisir toutes les possibilités qu'offre celui-ci et, par la suite, à l'améliorer. Ce groupe devient donc une source de modifications au système. Ainsi, le rapport au MRP n'est pas que routinier, l'apprentissage réalisé ouvre sur une logique de transformation et d'optimisation du système. On vise à rendre plus conviviale la consultation des écrans ou à atteindre une plus grande efficience. Ce fut le cas, par exemple, quand on a introduit un nouveau champ dans le module de gestion des stocks, afin de distinguer la date de réception des marchandises et la date de fin de la quarantaine des matières premières, ce

---

3. Cette question revient dans la bouche de plusieurs informateurs pour qui cette dimension du problème est importante, car il en va de la pertinence des calculs et des conclusions qu'il est possible d'en tirer.

qui les rend vraiment disponibles à la fabrication[4]. Nous pouvons donc constater que la relation technologie-usager est loin d'être linéaire.

Dès que l'on s'inscrit dans une logique d'optimisation et donc de localisation du système, un autre problème surgit : la mise à jour de la documentation écrite qui accompagne le logiciel. Le concepteur du système fournit sa propre documentation, les manuels d'instruction qui accompagnent tout logiciel. Toutefois, chaque modification apportée au système dans un milieu local doit aussi faire l'objet d'un texte écrit qui indique la nature de la modification et précise les nouvelles procédures. Or, ce travail est souvent laissé pour compte, ce qui restreint l'utilisation du système aux seuls usagers ayant pris connaissance des modifications.

Une autre question se pose : la communication informatisée a-t-elle remplacé la communication interpersonnelle? Les points de vue sont partagés. Certains pensent que la communication verbale instituée autour de la régulation quotidienne diminue avec la communication informatisée, mais qu'elle augmente autour de la gestion des problèmes. D'autres insistent davantage sur le partage d'un langage commun.

Notre analyse met en évidence les aspects suivants :

– L'implantation d'un système de gestion de la production assistée par ordinateur dans cette entreprise est d'abord un moment d'appropriation de cette technologie. La communication informatisée est d'abord perçue comme un problème, puisqu'elle est objet de crainte et de manque de confiance. Une incertitude sur la capacité à communiquer existe. Toutefois, elle n'est pas seulement le fait des usagers mais aussi du système lui-même.

---

4. Dans une autre entreprise pharmaceutique où nous avons conduit une enquête similaire, le responsable du MRP II nous a indiqué que 320 modifications ont été apportées au système en deux ans. Bien qu'elles ne nécessitent pas un travail dans la programmation du système, ces adaptations sont assez importantes pour être reconnues formellement comme des modifications.

- Un processus d'apprentissage social permet de dépasser cette crainte. Cet apprentissage est d'abord d'ordre pédagogique, les usagers apprennent les logiques et les procédures du système. Mais il faut aussi considérer que cette appropriation conduit à un regard réflexif sur le système et devient une source de modifications et d'amélioration de celui-ci. En disparaissant, l'incertitude ne devient pas que routine, elle introduit une logique d'adaptation locale du système.

- Pour la majorité de nos informateurs, la communication informatisée ne fait pas disparaître la communication interpersonnelle dans l'entreprise; elle tend plutôt à en modifier le contenu et le langage.

9.5.2 La restructuration de la communication organisationnelle

Nous avons eu l'occasion de définir, dans une section précédente, les principaux principes organisationnels associés aux systèmes MRP II : l'intégration, la formalisation et la transparence. Ces principes doivent être pris pour ce qu'ils sont : un ensemble d'indications générales et théoriques portant sur les propriétés organisationnelles du MRP II. Rien ne peut prédire, à priori, dans quelle mesure ces principes s'incarneront dans la « réalité ». Comme nous l'avons rappelé, des conditions locales et contingentes médiatisent la trajectoire de tout projet d'implantation de technologies. Toutefois, il est pertinent de se pencher sur la cohérence qui relie ces principes à leur application dans des situations concrètes. Tout projet d'informatisation, bien qu'on ne puisse en connaître à l'avance tous les impacts, modifie potentiellement un certain nombre d'habitudes organisationnelles (condition et organisation du travail, rapports hiérarchiques, canaux de circulation de l'information, etc.).

L'intégration

La gestion de production, dans une entreprise, pose immédiatement une question incontournable : comment planifier, dans le temps et l'espace, la production en fonction des stocks et des commandes de l'entreprise? Cette question est évidemment fondamentale pour toute entreprise industrielle. De sa réponse, dépend la continuité du flux productif; des retards ne peuvent survenir sans conséquences pour les commandes futures; des interruptions de production par manque de stocks sont désastreuses, etc. Bref, l'efficacité et la survie même d'une usine dépendent de la capacité de ses dirigeants et des salariés d'assimiler en permanence un nombre important d'informations, liées aux tendances du marché et à l'état des conditions propres à une firme (capacité productive, niveau de l'inventaire, délais de production, etc.).

Nous avons dit précédemment que les modifications engendrées par l'implantation d'une technologie étaient modulées par les caractéristiques de l'entreprise et par les choix qu'elle fait sur le plan organisationnel. Ainsi, cette question, que nous évoquions il y a un instant, ne peut trouver de réponse complète que dans une intégration systématique de l'information nécessaire à la production. Bien entendu, les entreprises n'ont pas attendu la GPAO et le MRP II pour tenter d'intégrer les réseaux de circulation de l'information. Mais cette technologie en multiplie les possibilités. Un répertoire unique (une base des données) contenant toutes les informations est le plus souvent construit et de nombreux moyens de saisir l'information à la source sont implantés : lecture opto-électronique des données (les codes à bâtonnets), terminaux d'interrogation et de saisie des données. La GPAO permet ainsi, potentiellement[5], de rassembler toute l'information dans une base de données. Les usagers ont alors acces en temps réel à une information partagée par tous.

Comment cette intégration s'est-elle manifestée et quel degré de développement la structuration de la communication a-t-elle atteint chez Pharmacan? Nous répondrons à cette question en examinant d'abord les relations entre les différents services de l'entreprise. Notre entreprise, comme d'autres, est,

---

5. Nous disons potentiellement, parce que cette intégration peut être plus ou moins complète selon les cas d'espèce : maintien de systèmes informels, mauvaise implantation de la technologie, réticence sociale à partager l'information, etc. Nous discuterons subséquemment de ces questions.

en effet, constituée de nombreux services formant des îlots plus ou moins autonomes : administration générale, comptabilité, informatique, ressources humaines et production, etc. Intégrer ces services dans un même système de gestion et de traitement de l'information présente évidemment certaines difficultés (résistance des personnes et des services à coopérer et à porter à la connaissance de tous leurs procédures et façons de faire). Nous devons aussi analyser les relations internes à la production, elle-même subdivisée en plusieurs composantes : réception, entrepôt, contrôle de la qualité, fabrication, conditionnement (emballage et présentation), planification, achat des pièces et composants, expédition des produits finis, etc.

L'intégration entre les services a connu quelques ratés et n'a pas été poussée aussi loin qu'elle aurait pu. La principale raison réside dans l'absence de participation du service des ventes au processus d'implantation, qui justifie ce refus de multiples manières[6]. D'abord, les personnes qui travaillent dans ce service attribuent une supériorité au système informatique de leur service. Il s'agit de bases de données compilées sur Lotus et d'un système de prévisions de ventes établies avec un logiciel nommé Futurian.

Le MRP II ne répondrait pas entièrement à leurs besoins (mauvais rapports, incapacité du logiciel à prendre en compte certaines informations sur les formats, etc.). Ensuite, le service des ventes se caractérise par un roulement élevé de personnel; la coordination des efforts à long terme serait ainsi malaisée entre les deux entités puisque le personnel change souvent. Or, comme l'ont souligné plusieurs personnes, notamment à la planification et au service des ventes, évaluer les tendances du marché repose en grande partie sur l'expérience et la connaissance des situations passées (tendances cycliques et

---

6. Il est possible de qualifier de controverse le débat entourant ce refus de participation à l'implantation. Celle-ci fut à ce point vive, qu'en trois phases d'entretiens, nous n'avons pu rencontrer qu'une seule personne du service des ventes, le responsable de la liaison entre les ventes et les autres entités organisationnelles de l'entreprise. Nous avons été probablement identifiés aux responsables de l'implantation du MRP II et, dès lors, toutes les raisons étaient bonnes pour nous refuser une rencontre.

saisonnières, impact du lancement d'un nouveau produit, etc.). Avec les changements de personnel, la continuité n'est donc pas assurée entre la planification et le service des ventes. De plus, prévoir ce que seront les ventes dans les mois qui viennent demeure, selon les personnes de ce service, un exercice hautement aléatoire et périlleux. Impossible, en effet, d'établir des prévisions de vente justes et précises : les changements sont fréquents et soudains, remettant ainsi en question les calendriers de planification établis précédemment.

Par ailleurs, nous pouvons aussi penser que les logiques organisationnelles propres à la vente et à la production ne sont pas toujours complémentaires. Pour les vendeurs, il s'agit d'accaparer le maximum de part de marché sans se soucier, de prime abord, de la capacité à remplir les commandes de l'appareil de production. Du côté de la production, la logique n'est pas la même et obéit à des critères inverses : plus précise est la planification pour un horizon temporel le plus long possible, plus il est facile et efficace (économiquement) d'organiser le processus de production. Des perturbations trop fréquentes des commandes peuvent même conduire la production à lancer une série de fabrication alors que son coût est élevé (et même déficitaire). Évidemment, ces perturbations peuvent être gérées par une certaine flexibilité de l'appareil de production[7]. Et bien que dans l'immédiat, il en coûte plus cher de perdre un client que de fabriquer à perte, l'efficacité globale de l'entreprise, à long terme – par ce manque d'intégration entre la production et le service des ventes – est mise en défaut.

L'intégration organisationnelle est donc incomplète dans cette entreprise. Ce manque d'intégration est important puisque le MRP II débute son cycle de fonctionnement justement par la mise en réseau des informations sur l'état du marché et donc des commandes futures. En l'absence d'une telle intégration,

---

7. De l'aveu même d'un responsable du service des ventes, le groupe de production est habile pour rattraper les mauvaises prévisions de vente et éviter les ruptures de stock. Pourquoi s'échiner à rendre plus fiables les prévisions, alors que, de toute façon, le personnel des ateliers saura réagir à temps?

il est difficile, pour la production, de planifier avec exactitude les besoins en composants, en ressources humaines et en capacité productive qui seront nécessaires pour ordonnancer la fabrication. Le MRP II permet, en effet, de réduire les stocks de produits et composants. La planification est alors organisée pour chercher à produire juste à temps (flux tendu). L'idée est d'avoir en stock juste la quantité nécessaire à la production, évitant ainsi la constitution de stocks-tampons, jugés inutiles et coûteux. Si les prévisions de ventes sont trop fantaisistes, l'exercice peut cependant devenir périlleux et risqué : une commande peut être refusée parce que les délais de fabrication sont trop longs (parce qu'il faudrait commander d'urgence des composants à des fournisseurs lointains), des retards peuvent survenir par rupture de stocks[8], etc.

En ce qui a trait aux relations internes à la production, l'intégration a été menée tambour battant. C'est dans le service de production-exploitation que l'idée d'implanter le MRP s'est développée. L'implantation a donc bénéficié d'un large support de la part des responsables et salariés de cette partie de l'entreprise. Comment se manifeste l'intégration dans cette entreprise? Il nous faut d'abord faire remarquer que toute organisation industrielle se trouve aux prises avec des « listes » plus ou moins complexes, répertoriant les composants et les produits (les nomenclatures au sens strict), les temps de fabrication, les délais de livraison des fournisseurs avec en plus, dans le cas des entreprises pharmaceutiques, les délais de mise en quarantaine des produit reçus, afin d'établir leur conformité avec les bonnes pratiques de fabrication (BPF), ainsi qu'éventuellement l'entretien préventif des machines.

Hatchuel et Sardas, en parlant plus particulièrement des composants, dénomment cette réalité « le réseau des entités stockables » (Hatchuel et Sardas, 1990 : 64). En effet, toutes

---

8. La situation n'est pas jugée dramatique par la plupart des personnes que nous avons interrogées mais celle-ci est néanmoins ressentie avec frustration par les personnes en charge de l'implantation. Ils n'ont pu, en effet, pousser au maximum de ses possibilités le potentiel intégrateur de la GPAO.

les informations afférentes à la production peuvent être représentées sous la forme d'un réseau. Le rôle du MRP II est justement d'intégrer ce réseau, en indexant, dans une banque de données, les informations afférentes à l'ensemble du flux productif. Il est alors plus facile de faire les rapprochements nécessaires pour planifier et ordonnancer le cycle de production : dates de livraison, temps de fabrication et d'attente des produits, séquences productives, disponibilité des stocks et déduction de ces derniers, au fur et à mesure que la production avance, de même que des produits et composants utilisés. Le MRP II calcule ainsi les besoins en composants et permet d'établir des calendriers de planification.

Mais pour que le « réseau des entités stockables » ne se résume pas à un « vase creux », comme l'a exprimé le responsable du projet, il faut que les informations colligées sur le flux productif de l'usine (déroulement des opérations, avancement du travail, recettes de fabrication, etc.) soient fidèles. En effet, le système ne peut être efficient que s'il est alimenté en permanence et en temps réel par toutes sortes de données. De plus, ces informations doivent correspondre le plus fidèlement possible à la situation. C'est en fonction de ces informations que les responsables de production prendront des décisions sur le suivi et l'organisation du travail. Si le système engendre des informations fausses ou imprécises, de mauvaises décisions risquent d'être prises. En outre, la confiance accordée au système peut s'amoindrir. Des systèmes parallèles risquent alors de réapparaître afin de valider ou de compléter les informations « officielles ».

Pour rendre les informations plus précises, un système de code à bâtonnets (code-barre) a été implanté dans toute l'usine. Dès la réception des marchandises, un code est donné à tous les produits. Ce code va suivre toutes les opérations de production : stockage, contrôle de la qualité, transformation (pesée, granulation et enrobage), conditionnement (empaquetage) et expédition. À chaque fois qu'une opération est effectuée, l'information est aussitôt inscrite dans le système. Il en résulte une gestion électronique des stocks et une structuration de l'information en fonction de codes formels. Par exemple, les produits réquisitionnés par le contrôle de la qualité, pour les tests d'homologation, ne sont plus déplacés dans un lieu physique séparé; ils demeurent dans l'entrepôt avec les autres produits. Le processus de quarantaine, c'est-à-dire la rétention des produits pendant les tests de qualité, est donc « électronique » plutôt que « physique ». Mais, comme il faut l'autorisation du système pour prélever des stocks dans l'entrepôt, cette façon de faire ne pose pas de problème de sécurité. Toutes les transactions sont, en effet, immédiatement enregistrées dans la base de données.

Ce système d'inscription des données va suivre toutes les opérations de production. Chaque fois, par exemple, que des stocks sont prélevés dans l'entrepôt, les déductions sont faites automatiquement (soit par le code à bâtonnets ou en inscrivant les données sur un terminal). Les utilisateurs du système – employés et contremaîtres – possèdent un code personnel. Chaque transaction de production est ainsi enregistrée et il est possible, en cas de problème, de remonter à la source. En ce sens, la recherche des éléments manquant à la production est grandement facilitée : il suffit d'interroger la base de données pour savoir où se trouvent les produits et composants, en quelle quantité, s'ils sont disponibles immédiatement ou plus tard. Le réseau des entités stockables se met ainsi en place, mentionne une responsable du contrôle de la qualité, comme une « véritable toile d'araignée dont les fils sont tissés dans toutes les directions ».

La communication informatisée se structure en intégrant l'ensemble des informations dans un répertoire unique. L'interrogation du système permet ainsi aux usagers de connaître avec plus de précision ce qui se passe à côté d'eux. Cette interrogation permet de savoir ce que fait le confrère dans le service en amont ou en aval de leur poste. Il en résulte un accroissement du sentiment d'interdépendance. L'intégration se manifeste ici par une plus grande visibilité de ce que chacun fait. Les impacts potentiels, sur l'ensemble du système, du travail de chacun, deviennent, pour la plupart des personnes que nous avons rencontrées, plus évidents et faciles à prendre en compte dans l'exécution quotidienne des tâches[9]. Comme le souligne le responsable du projet :

Ce que le logiciel a fini par faire, avec les gens qui travaillent autour, c'est d'avoir une seule base de données, évitant ainsi que chacun, dans sa tête, avec sa propre estimation de l'impact des ressources, modifie le plan de production par l'ajout d'une ligne.

L'objectif initial de l'intégration et de l'implantation du MRP II, chez Pharmacan, était de diminuer la présence de stocks considérables dans l'entrepôt (de produits finis et de composants). Cet objectif, selon les responsables de la production, a été *grosso modo* atteint. L'intégration de l'information dans une base de données unique est un des moyens employés pour mieux gérer les stocks (par la précision que le MRP II permet, les stocks peuvent être diminués). Mais il n'est pas le seul et nous touchons ici une des retombées essentielles de l'intégration : la production en juste-à-temps. Ainsi, un des autres moyens utilisés pour se passer de stocks a été de diminuer les temps d'attente des produits devant les machines, source majeure de perte de temps dans les industries de série. Pharmacan a eu recours à un programme systématique de réduction des temps de montage et de démontage des machines, appelé SMED (Single Minute Exchange of Die)[10]. Son avantage pour l'entreprise est évident : il n'est plus besoin de lancer de grandes séries de fabrication et de constituer des stocks volumineux pour répondre à la demande. Les délais de fabrication étant réduits, l'entreprise se rapproche alors d'un système

---

9. Cet avis n'est toutefois pas partagé par certaines personnes. Ainsi, une responsable du contrôle de la qualité admet « qu'il n'y a pas chez les usagers de compréhension global de ce que fait le système, les gens comprennent ce qui se passe dans leur secteur et ne connaissent pas l'impact que ça peut donner à l'extérieur ».

10. Ce programme a pour objectif, en impliquant les opérateurs et en simplifiant les procédures de contrôle et de réglage-machines, de faire passer les temps de changement de série sous la barre des 10 minutes. Ce système a été développé au Japon (chez Toyota) par Shingo Shigeo (1987). Il repose aussi sur une externalisation, la plus grande possible, des réglages. L'opérateur, pendant que la machine tourne, prépare les paramètres productifs de la série suivante. À la fin de la série, il suffit de mettre en place ces paramètres et le tour est joué.

de juste-à-temps[11]. Il est important de noter que l'implantation du SMED s'est faite en synchronie avec le MRP II. Il ne servirait à rien d'améliorer la planification si les produits devaient subir de longues attentes devant les machines.

L'intégration dans cette usine de fabrication pharmaceutique a donc plusieurs facettes : *productive,* en intégrant le niveau des stocks au volume de la production réelle, *organisationnelle,* en mettant en place un sentiment d'interdépendance entre les fonctions productives (entrepôt, fabrication, conditionnement, contrôle de la qualité et planification), *communicationnelle,* en faisant communiquer les salariés dans une même base de données. Dorénavant, tout tourne autour du système de communication mis en place par le MRP II. L'information obtenue par le système suit de près le déroulement des opérations physiques et accompagne la moindre transaction faite sur le plancher de production. Sans ce système ou en son absence (pannes, problèmes, etc.), il serait difficile de savoir ce qui se passe réellement. Certains usagers admettent qu'il serait impossible de retourner à l'ancien système (des listes sur support papier); d'une certaine manière, sans le MRP II, ajoutent-ils, nous serions comme des aveugles.

La formalisation

Le deuxième principe de base des systèmes MRP II est certainement la formalisation des règles et procédures de travail et d'échanges de l'information. Ce principe est rappelé de manière récurrente par les concepteurs de ces systèmes (Oliver Wight, 1984a ou b). Ainsi, devrait exister, dans l'entreprise, un ensemble de règles formelles que tous devraient respecter pour communiquer. En effet, la communication informatisée se fait à partir d'un langage spécifique : des codes, des procédures et des protocoles d'accès précis au système délimitent et balisent ce qu'il est possible de faire ou de ne pas faire. Une

---

11. Deux raisons empêchent cependant Pharmacan de pousser jusqu'au bout la logique productive du juste-à-temps. Il s'agit d'abord de l'absence d'intégration entre le service des ventes et la production. Celle-ci cause des variations trop fréquentes des prévisions de ventes pour que la production puisse absorber facilement les changements. De plus, certains fournisseurs sont éloignés (Asie) et les produits voyagent en bateau. Les délais de livraison ne sont donc jamais entièrement sûrs.

discipline de tous les instants est d'ailleurs exigée de la part des utilisateurs du système : l'information doit être précise, non seulement pour ne pas entraîner d'erreurs d'interprétations, mais aussi afin d'être accessible à tous.

Cette discipline exigée chez les utilisateurs implique l'imposition de manières de faire précises. Cette imposition a tendance à limiter l'autonomie dans le travail des utilisateurs en restreignant le domaine du possible à des procédures uniformisées et standardisées. De plus, comme dans le cas de l'intégration, la formalisation des tâches est conçue par les « implanteurs » de la technologie, dans l'entreprise, comme un moyen de déstructurer les cloisonnements entre les services et les individus. Cette déstructuration implique, cependant, de faire violence aux habitudes acquises. Or, dans cette entreprise, un fort sentiment d'appartenance organisationnelle s'est développé au cours des années. Le respect des gens, l'écoute de leurs problèmes et doléances, certaines formes de cogestion des tâches sont des éléments culturels locaux, érigés en véritable système dans cette entreprise. Dès lors, dans ce contexte, comment la dynamique de formalisation va-t-elle se frayer un passage?

Cette imposition peut être négociée ou être introduite de manière plus ou moins autoritaire. Dans le premier cas, l'implantation se fait en consultant les personnes touchées par le changement, c'est-à-dire celles qui auront à utiliser le système dans leurs tâches quotidiennes. Cette consultation mène à un processus d'entente, à travers des discussions, entre les utilisateurs et ceux qui implantent la technologie. Comme le dira le responsable de l'implantation :

> Il faut écouter les gens. Le problème avec quelqu'un qui fait de la programmation est de vérifier ce qui est programmé. Quand le programme est aux mains des utilisateurs, ceux-ci sauront trouver tous les éléments auxquels la programmation n'aura pas pensé.

La programmation ne donne pas accès à l'utilisation concrète, celle-ci doit être confrontée à ce que l'utilisateur en pense. Des modifications locales sont alors introduites dans le système (modifications des interfaces et des menus, etc.). Ce processus d'adaptation du système aux exigences et souhaits des utilisateurs ne peut cependant être conduit trop loin. Il en va, en effet, de l'intégrité du système et justement de sa capacité d'intégrer, dans des normes compatibles et universelles, l'ensemble des informations produites et traitées par les différents paliers de l'entreprise. Aller trop loin dans la reconnaissance de l'autonomie des utilisateurs n'est pas sans risques : si chacun construit sa propre façon d'interroger le système, l'universalité des normes et procédures peut être remise en question[12]. De plus, ce processus débouche sur un problème de sécurité informatique. En effet, comment remplacer au pied levé, une personne qui, pour une raison ou une autre, est absente, si elle a emporté avec elle la connaissance des procédures de travail liées à son poste. Une façon de contourner ce problème consiste à « documenter » exhaustivement les changements introduits dans le programme initial. D'après des personnes rencontrées au service informatique, cette « documentation » systématique des procédures n'est pas toujours effectuée à temps. Des retards surviennent. Ce n'est pas une priorité, d'autant plus que l'éventualité d'un changement de version du système (c'était prévu en 1993) rendrait caducs, à la fois le système et les modifications qui y ont été apportées.

Mais lorsqu'il y a échec de ce processus de négociation, un autre cas de figure peut survenir : l'imposition autoritaire des normes et procédures aux récalcitrants. Dans l'entreprise qui nous occupe, cette situation ne s'est posée qu'à la marge. Seul un cas d'imposition de ce genre est survenu. Il s'agissait d'un planificateur à l'emploi de la compagnie depuis longtemps (25-30 ans). Celui-ci exerçait un véritable contrôle sur la planification et la gestion des stocks. Sa vaste expérience lui permettait de détenir une influence importante sur l'ensemble des opérations de planification de l'usine. Cette expérience était fondée, avant tout, sur des trucs et ficelles du métier, acquis sur le tas. Le savoir de ce planificateur était donc en partie informel, personnel et non transférable (du moins avec facilité). Sans lui ou en son absence momentanée (vacances, maladies, etc.) le risque, selon de nombreuses personnes de la direction de l'usine, était grand, d'une perte d'informations

---

12. Le responsable de l'implantation exprime à juste titre ce processus comme la désarticulation des « empires » et des sources de pouvoir personnelles. Cette désarticulation est nécessaire pour implanter le système.

importantes[13]. Selon les responsables de la production, il devenait inadmissible qu'une seule personne détiennent autant de savoirs (pouvoir) sur la gestion des opérations. Dès lors, un des objectifs lié à l'implantation du MRP II consistait, d'une part, à s'approprier les savoir-faire informels du planificateur et, d'autre part, à développer de nouvelles façons de faire collectivement partagées. La restructuration du service de planification, l'embauche de personnel habitué à travailler en mode MRP et un intense travail de conviction auprès des membres de la direction de l'usine ont permis une redistribution des savoirs de planification.

La formalisation est donc un enjeu permanent pour les entreprises qui implantent des systèmes de gestion informatisée de la production. Avec le MRP II, la communication porte, en effet, sur des éléments fortement structurés : codes, chiffres, etc. Il n'est pas possible de laisser en place des systèmes informels, surtout si ceux-ci occupent des positions névralgiques dans l'entreprise (c'est le cas de la planification). Chez Pharmacan, de par les principes de gestion du personnel, cette formalisation est plus une affaire de négociation que d'imposition autoritaire. Mais quand les enjeux montent, le recours à la prescription autoritaire n'est pas exclu.

La transparence

Le thème de la transparence est étroitement lié à la question de la formalisation. Pour rendre transparent l'échange de l'information, il faut que le contenu de celle-ci ait été préalablement formalisé (par des codes, des procédures partagées par tous) afin que chacun puisse s'y retrouver facilement. La transparence n'est pas une propriété du système qui va de soi. Il faut sans cesse l'activer et de façon concomitante voir à désamorcer les tendances inverses : la reconstitution des réseaux informels de communication et donc les « empires » personnels ou de services. Ce maintien en état des propriétés

---

13. Dans une entrevue, un responsable de la production nous a exprimé qu'un jour, il s'est aperçu avec stupéfaction, que ce planificateur détenait ses informations, non pas dans sa « mallette », mais dans sa « tête ». Qu'arriverait-il si celui-ci, pour une raison ou une autre, perdait la « tête » ? Selon ce responsable, ainsi que pour plusieurs autres personnes cette situation était intolérable.

formelles du système, et donc de la transparence, semble d'ailleurs être un élément activement recherché par les responsables de la production chez Pharmacan. Ce sont les responsables de la production et de l'implantation qui insistent le plus fortement sur la nécessité de rendre transparents les échanges d'informations. Pour eux c'est une mesure de première importance : les « empires », ces sources de pouvoir utilisées à des fins personnelles, doivent être défaits pour que la communication se fasse sans entraves. Une attention soutenue est donc portée à ces processus par la valorisation du travail d'équipe et le partage commun des informations[14].

Mais avec la transparence se pose également un autre problème : qui a accès au réseau et selon quelles modalités? Cet accès est structuré en fonction de critères bien précis. L'accès au réseau n'est pas accordé à n'importe qui. Des codes d'accès limitent à la fois le nombre de personnes pouvant accéder au système et la nature des fonctions qu'elles peuvent remplir. Cette limitation de l'accès, comme l'a répété à plusieurs reprises le responsable de l'implantation, est nécessaire pour des raisons de sécurité. Il n'est pas possible d'avoir accès à l'ordinateur central de n'importe où dans l'usine pour le programmer ou, par exemple, pour exécuter le déclenchement d'une série de production.

De plus, la nature de l'accès au réseau est structuré selon les caractéristiques du poste de travail : menus, fonction à remplir, etc. Par exemple, il n'est pas nécessaire pour une personne travaillant au prix de revient de connaître les procédures de relâchement de produits à la quarantaine électronique[15]. Concrètement, il n'est pas possible à cette dernière de modifier les menus et les « données » de l'autre. Ce cloisonnement de l'accès limite évidemment la transparence. Mais une information trop abondante « sature » rapidement un destinataire qui n'y entend plus alors que du « bruit ».

---

14. Cette volonté de transparence tourne presque à l'obsession dans la mesure où elle fait l'objet d'un discours de tous les instants.

15. Il n'est toutefois pas interdit de prendre connaissance des modules non utilisés dans son propre travail, ne serait-ce que pour connaître le travail des services en amont et en aval du sien. Cette curiosité individuelle, rappelons-le, sert à distinguer les usagers entre eux.

Toute la question de la pertinence de l'information est là : comment la définir, en fonction de quels critères, comment la répartir entre les individus, etc.? L'accès à l'information doit donc être structuré selon des critères bien précis. Le phénomène de cloisonnement est dû au respect de certaines contraintes, de sécurité notamment. Mais d'autres raisons s'y ajoutent.

Un système informatique ne s'apprivoise pas du jour au lendemain, comme nous l'avons fait remarquer dans la section précédente. L'exploration de toutes les facettes et possibilités offertes par le système prend du temps et n'est pas pertinente en toute situation. Il n'est pas non plus toujours nécessaire, pour un usager, de connaître la logique d'ensemble du réseau. Les usagers, toutefois, avec le MRP II, admettent mieux connaître les fonctions qui viennent immédiatement en aval ou en amont de leurs postes de travail. Ils peuvent donc réagir plus efficacement à certaines contraintes de production en anticipant les changements. De même, ils sont plus sensibles aux répercussions que peut comporter leur travail sur celui de leurs collègues. Un rapprochement peut ainsi s'opérer entre certaines fonctions productives : par exemple, entre la planification et la gestion des stocks. Les notions de « responsabilisation » et de renforcement de la solidarité prennent ainsi une direction précise : elles s'appliquent davantage dans les relations latérales (entre usagers de la production) que hiérarchiques. Cette forme de communication latérale a d'ailleurs son importance pour la transparence : il faut que l'information circule et que chacun sache ce que l'autre fait pour mieux effectuer le travail et anticiper comment des modalités locales de travail peuvent influer sur l'ensemble du réseau.

Les codes d'accès servent aussi à améliorer le retracement de la responsabilité de certaines opérations. En effet, chaque fois qu'un usager[16] modifie certaines facettes du système, il doit

---

16. Cet usager peut être collectif ou individuel. Par exemple, un opérateur fictif, Joe MMD, a été créé. Toutes les informations concernant la fabrication sont colligées par cet opérateur. L'objectif est d'éviter que le module de contrôle d'atelier soit perçu comme un outil de contrôle du personnel. Tous utilisent le même code d'accès.

inscrire son code personnel. En cas de problèmes, il est alors facile de remonter à la source et d'identifier la personne responsable de l'opération. Cette procédure, chez Pharmacan, n'est pas conçue comme un instrument de contrôle. Plutôt, elle vise à rendre responsables les utilisateurs de la qualité des informations qu'ils transmettent au système. En ce sens, cette procédure obéit à un souci pédagogique : améliorer la discipline de chacun dans la façon de communiquer avec le réseau (qualité du traitement de l'information, exactitudes des inscriptions, etc.). Derrière le réseau, en effet, se cachent de nombreuses personnes qui auront à se saisir de l'information traitée par d'autres. Une erreur peut alors avoir des répercussions d'autant plus graves qu'elle est relayée rapidement en de nombreux points du réseau.

La communication informatisée apparaît donc fortement structurée. Cette structuration se construit autour des codes d'accès, de la nature des tâches à accomplir et de la circulation de l'information. Tout se passe comme si, avec les systèmes de GPAO, tel le MRP II, les choses ne pouvaient être laissées en état et devaient faire l'objet d'un processus de formalisation et de structuration. En ce sens, comme le soulignent Hatchuel et Sardas (1990), l'implantation de la GPAO en entreprise est l'occasion de structurer des territoires jusque-là laissés en friche.

Un MRP II impulse donc une structuration particulière de la communication dans l'entreprise. Chacun des trois aspects est étroitement relié. La transparence ne peut pas être effective si l'information devant être traitée n'a pas été préalablement formalisée. De même, si l'on veut que toutes les informations afférentes au flux productif soient traitées par le système, il est essentiel qu'un certain niveau d'intégration puisse se développer. Le maintien de structures et de paliers hiérarchiques (ou entre services), fortement étrangers et hétérogènes les uns aux autres n'arrange pas les choses et ne permet pas de déployer un véritable réseau d'échange de l'information. Pharmacan illustre, à cet égard, les avancées et les limites que peut rencontrer l'implantation de ces systèmes dans les entreprises. Ceux-ci se heurtent, en effet, à de nombreuses habitudes acquises. Des logiques organisationnelles contradictoires sont à l'œuvre dans les entreprises; il n'est pas toujours facile d'arbitrer entre celles-ci. Dans le cas qui nous a occupé, ces résistances ont pris la forme d'un refus, de la part du service des ventes, de participer à l'implantation et de se rattacher au nouveau réseau de communication. Le processus d'intégration, en conséquence, s'est trouvé bloqué dans son essor.

Mais cette absence d'intégration ne s'est pas faite sentir dans les opérations de l'usine. Là, au contraire, le réseau de saisie et de traitement de l'information a été mis en place sans rencontrer de résistances majeures. Néanmoins, de quoi s'agit-il exactement? Dans quel sens les informations colligées par le « réseau tentaculaire » du MRP II vont-elles? Force est de constater ici que l'ensemble du système consiste en une saisie décentralisée de l'information complétée par une interface d'interrogation disponible pour les usagers. En ce sens, et sécurité informatique oblige, les informations vont du haut vers le bas et de services en services (communication latérale).

9.6 **CONCLUSION**

Implanter une technologie, avons-nous souligné dans la discussion théorique, consiste à construire des liens entre une technologie et une organisation, à combiner technologie et rapports sociaux. Cet ajustement n'est pas réalisé qu'en apportant des modifications à la seule organisation. Elle implique très souvent, et c'est particulièrement juste dans le cas des technologies informatisées, des modifications à la technologie elle-même. Ainsi, pouvons-nous dire qu'il y a impact de la technologie sur l'organisation et de l'organisation sur la technologie. Les modifications technico-organisationnelles ne doivent donc pas être considérées comme des effets au sens de la conséquence de l'introduction d'une nouvelle technologie; elles constituent plutôt des moments et des enjeux mêmes du processus. Ce point de vue théorique oblige à mener une analyse de l'implantation qui permet de dégager les principes et les logiques organisationnelles constituant un ensemble de contraintes et de possibilités avec lesquelles les utilisateurs qui implantent cette technologie devront composer.

L'analyse du MRP II et de son implantation dans une entreprise québécoise a effectivement permis de saisir en quoi ce système informatique est porteur de principes organisationnels qui influencent les modalités de communication informatisée et, par ce biais, la communication organisationnelle. Cette influence se fait sentir dans le processus d'intégration, de formalisation et de transparence des informations ainsi que dans les modalités d'échange de ces informations. Cette influence est toutefois influencée par l'organisation.

L'examen du processus d'implantation dans une entreprise pharmaceutique a permis de saisir l'importance de la communication informatisée. Plus spécifiquement, l'apprentissage de l'usage de l'informatique apparaît comme un premier enjeu de l'implantation qui affecte la communication. D'ailleurs, au début de l'implantation, de nombreuses craintes surgissent. Le manque de confiance est la marque des premiers pas de l'informatique dans l'organisation. Cependant, l'usage du MRP II devient rapidement routinier. Les usagers s'approprient ainsi les nouveaux outils. Mais il y a plus : l'appropriation conduit à proposer des modifications et des changements à certaines facettes de la technologie. Ce processus d'appropriation devient ainsi une source de modulation.

À Pharmacan, cette modulation a pris plusieurs visages. Ainsi, l'ajustement du système à l'organisation a obligé l'introduction de plusieurs modifications : ajout de champs dans le système pour tenir compte des quarantaines, modifications d'écrans, compatibilité avec les systèmes informatiques déjà utilisés dans l'entreprise, intégration avec d'autres technologies comme le code à bâtonnets, modification du module de contrôle de capacité, refus de personnalisation du travail dans le contrôle d'atelier, etc. L'ajustement aux exigences d'intégration et de transparence conduit à modifier l'organisation : création d'un poste d'interface pour introduire dans le système les données de prévision de vente, modifications de l'organisation de la planification et de la tâche des planificateurs, formalisation de nouvelles exigences d'embauche, modifications des tâches des contremaîtres et des informaticiens, etc.

Bien qu'il soit difficile de généraliser en se fondant sur une seule étude de cas, et même si celle-ci n'est pas singulière, il est possible de revenir sur les problématiques générales portant sur la communication informatisée. Ainsi, la question de l'alphabétisation informatique et de l'apprentissage social met en évidence le rôle des usagers dans la communication informatisée, ainsi que celui des modalités organisationnelles mises en place par les gestionnaires du projet de changement technologique afin de réaliser cet apprentissage. Nos résultats plaident donc en faveur des approches dites naturalistes de la convivialité, selon lesquelles :

> *l'interface désigne non seulement les canaux de communication outil-usager mais aussi l'ensemble des éléments d'interaction qui se rattachent à l'utilisation de ces canaux en contexte opérationnel. La notion de convivialité de l'interface renvoit à la qualité de l'interaction qui permet l'interface dans l'utilisation de l'outil* (Lapointe F. et Lavoie, R, 1990, 3).

Analyser la communication informatisée, ce n'est pas seulement rendre compte des outils de communication, que ce soit un clavier, une souris, un numériseur d'image, etc., mais c'est aussi examiner les modes d'apprentissage des individus et les interventions organisationnelles qui visent expressément cet apprentissage.

Assiste-t-on à une atomisation de la vie organisationnelle avec la croissance des formes de communication technologique? Notre étude, aussi parcellaire soit-elle, ne milite ni en faveur de cette thèse ni en faveur de son antithèse. Il n'y a pas effusion de la communication, tout comme il n'y a pas atomisation systématique de la vie organisationnelle. En fait, l'instrumentalisation de la communication organisationnelle conduit plutôt à un déplacement de son contenu et de ses modalités. La planification de la production nécessite moins de rencontres interpersonnelles, l'échange d'informations s'effectuant par l'intermédiaire du système. Chacun est responsable de l'interrogation du système, afin de prendre note des changements de production prévus par le MRP II. La sociabilité entourant ces échanges interpersonnels s'estompe quelque peu. Par contre, d'autres forums se font jour. La gestion de l'implantation par un comité est l'occasion de rencontres aux objets multiples : résolution de problèmes, modifications possibles du système, planification de diverses modalités de gestion du changement (par exemple : planification de la formation), changements organisationnels, etc. Des réunions de départements et d'ateliers sont l'occasion d'échanges d'informations sur le système et sur le travail. Des rencontres plus informelles permettent aussi d'échanger des propositions de modification. L'apprentissage du système oblige à consulter collègues et informaticiens afin de se dépêtrer d'un faux pas. La gestion des « impondérables » nécessite toujours des relations interpersonnelles. En somme, l'usage et son optimisation conduisent à faire du système informatique un objet de communication et d'échanges d'informations organisationnelles.

Les modalités de communication organisationnelle ne sont pas indépendantes des politiques et des modes de gestion de l'entreprise. C'est du moins ce que donne à penser l'expérience de Pharmacan alors que les activités de formation et la réflexion sur le travail, concomitantes à l'implantation du MRP II, furent effectivement des occasions de communication. D'un autre côté, les politiques de gestion d'une entreprise ou des services publics sont de plus en plus liées au flux transfrontières de données qu'elle peut connecter. C'est pourquoi nous avons consacré le dernier chapitre à la question de la communication informatisée internationale.

COMMUNICATION INFORMATISÉE DANS LA COMMUNICATION INTERNATIONALE

Par Bernard VALLÉE
Télé-université

10.1 **INTRODUCTION**

Dans les chapitres précédents, nous avons abordé la communication informatisée dans divers domaines, tout en nous limitant au niveau national. Nous avons discuté les changements, avantageux et désavantageux, apportés par l'implantation de technologies permettant ce type de communication, et l'interaction existant entre la technologie elle-même et les différents éléments de l'organisation dans laquelle elle s'insère. Cependant, la communication informatisée, de par sa nature même, traverse les frontières nationales, permettant des transactions et des transmissions d'information sur le plan mondial. On peut croire, alors, que les changements et les effets qu'elle provoque à ce niveau, seront notamment différents, du moins sur le plan politique, économique et social, de ceux que nous avons constatés dans des organismes nationaux. Il nous semble donc important de consacrer un chapitre à ce sujet.

Évoquer la communication informatisée internationale dans le cadre d'un chapitre exige une sélection dans le traitement des domaines, au demeurant fort nombreux, ainsi qu'une limite dans leur traitement. Ce chapitre a pour but premier d'inscrire la communication informatisée dans le contexte général qui a permis son internationalisation.

Dans notre société post-industrielle, une société de l'information, les fulgurants progrès technologiques s'inscrivent dans ce qui semble être une plus grande interdépendance économique et écologique à l'échelle mondiale. Sur le plan économique par exemple, la distinction entre marché domestique et marché international semble s'atténuer. Dans l'émergence de ce que certains appellent le « nouvel ordre mondial », les intervenants ne sont plus uniquement les États-nations : ce sont aussi les corporations transnationales, les organisations non gouvernementales, les lobbies professionnels, tous ayant des rôles importants à jouer. Ces changements à l'échelle mondiale sont non seulement liés à l'efficacité des systèmes de communication mais ils dépendent d'eux.

Cette interdépendance est soutenue par des systèmes élaborés de communication amenant une véritable « explosion de

l'information ». Frederick (1993) explique qu'à partir de l'année 1
de notre ère, il aura fallu environ 1 500 ans pour doubler la
quantité d'informations ou de connaissances dans le monde.
Ensuite, la progression s'accélère d'une manière exponentielle.
On la doubla en 250 ans et de nos jours, on estime que le
corpus de connaissances double environ tous les cinq ans! Pour
illustrer l'importance de l'information aujourd'hui, on estime
que la moitié des travailleurs aux États-Unis est impliquée
d'une façon ou d'une autre dans le traitement de l'information.

Cette augmentation considérable du volume d'informations
engendre divers types de problèmes. Les individus ne reçoivent pas la bonne information au bon moment; ou ils ignorent
qu'une information existe; ou encore ils ne savent pas où la
trouver. L'information pertinente devient souvent noyée dans
une masse d'informations et l'accès à l'information ne signifie
pas nécessairement l'accès aux connaissances.

Des changements technologiques ont permis l'internationalisation de la communication informatisée. À l'âge du *numérique* (ou digital), il n'y a plus vraiment de distinction technologique entre la voix, le texte, les données et les services vidéo.
En effet, dans les transmissions numériques, l'information est
traduite en unités binaires (des 0 et des 1) que l'on nomme
« bits ». Ces bits sont transmis sans ambiguïté, les erreurs
de transmission pouvant même être corrigées. L'envoi de
données informatiques contenues dans un ordinateur par
le biais de lignes téléphoniques requiert l'utilisation d'un
modem qui transforme l'information analogique (un signal
électrique représentant la voix ou des données) en signaux
numériques. Toute forme de communication peut ainsi être
transformée en signaux numériques. La technologie numérique est aussi à la base du fonctionnement de l'ordinateur, le
mariage de l'informatique et des communications ayant donné
naissance à la télématique. On prévoit que tous les canaux de
communication seront, en principe, numérisés au tournant
du siècle. La révolution numérique ouvre la porte à la création
de réseaux permettant la transmission de divers types d'informations dans le monde, informations à la portée de tous ceux
qui ont les moyens technologiques et financiers d'accéder à
ces réseaux.

L'arrivée des satellites de télécommunications et de la fibre optique comme support de transmission a contribué à éliminer virtuellement les limitations dans l'approvisionnement des services. Enfin, la globalisation des réseaux rend pratiquement éphémère, tout au moins sur le plan technologique, la distinction entre réseaux national et international. La vitesse et la capacité de transmission des technologies de communication sont immenses.

Les ordinateurs constituent le pivot de la transmission numérique. Ils sont utilisés à travers tout le processus de télécommunication, de la production à la réception des messages. L'impossibilité physique de relier les quelque 600 millions de téléphones à travers le monde a nécessité la création d'un réseau de commutation global qui assure le routage des appels vers divers supports de transmission : liaison par satellite, câble coaxial, faisceau hertzien, fibre optique. La communication d'ordinateur à ordinateur a suscité un autre développement technologique important : le réseau à commutation de paquets. Le réseau téléphonique ne constitue pas le moyen le plus efficace pour la communication entre ordinateurs, car la transmission d'information ne se fait pas d'une manière continue : les données sont envoyées d'une façon intermittente, ce qui laisse place à de longues périodes d'inactivité. Le réseau à commutation de paquets permet d'optimiser l'utilisation des lignes en structurant les données en « paquets » séparés. Ces paquets sont des « enveloppes électroniques » dans lesquelles les données sont insérées. Ils comportent une adresse de destination et d'autres informations de contrôle. Les messages envoyés d'un ordinateur à l'autre sont découpés en paquets et réassemblés à leur destination. Les paquets n'utilisent pas nécessairement la même route et n'arrivent pas au même moment. De cette façon, l'utilisation des lignes est optimisée et les coûts d'utilisation sont beaucoup moindres. Au Canada, le réseau à commutation de paquets se nomme DATAPAC.

Voilà donc sommairement les principaux éléments (interdépendance économique entre nations, explosion de l'information et développements technologiques) qui ont permis à la communication informatisée de s'internationaliser. Frederick (1993) affirme que le secteur de l'information et des communications connaît un taux de progression de 30 % à 50 % annuellement. Cette croissance contribue à éliminer les barrières de la distance et du temps et diminue parallèlement les coûts d'utilisation. Toutefois, et nous y reviendrons tout au long du chapitre, cette révolution des communications n'est pas profitable à tous d'une manière équitable. Les disparités sont importantes entre les pays développés et ceux en développement; entre les sexes; et même entre villes et campagnes. En fait, l'abondance informationnelle et les technologies de communication ne sont une réalité que pour certains pays riches et spécifiquement certaines élites de ces pays.

Ce contexte général nous permet maintenant d'analyser les informations qui transitent par des canaux technologiques sur le plan international. Nous situons les canaux dans un ensemble plus vaste que l'on nomme le flux d'information international.

10.2 LE FLUX D'INFORMATION INTERNATIONAL

La communication informatisée dans un cadre international évoque ce que l'on appelle le flux d'information international. Nous avons vu dans le chapitre premier que Mowlana définit ce flux d'information international comme le mouvement des messages à travers les frontières nationales et entre deux ou plusieurs nations et systèmes culturels (Mowlana, 1985 : 11). La transmission transfrontière des messages se fait par des canaux. Les canaux sont les diverses voies empruntées par les messages pour se rendre à destination. Mowlana (1985) identifie deux grands types de canaux : ceux à orientation « humaine » dans lesquels les individus sont directement impliqués dans la transmission des messages qu'ils produisent; et ceux à orientation « technologique ». Parmi les premiers, on remarque les « flux transfrontières de données »; parmi les seconds, on retrouve les « canaux de télécommunications ». Ce sont ces deux types de flux que nous allons examiner maintenant.

10.3 **LES FLUX TRANSFRONTIÈRES DE DONNÉES**

Les flux transfrontières de données existent grâce au développement des systèmes de communication par ordinateur. Plus précisément, ces flux proviennent des liens entre ordinateurs hôtes situés dans un pays (par exemple l'ordinateur central d'une grande banque) qui communiquent ou qui envoient des données chiffrées à des ordinateurs hôtes d'autres pays (par exemple l'ordinateur central d'une grande banque d'un autre pays) puis qui sont eux-mêmes reliés à divers terminaux (rendant ainsi les données utilisables par les employés de ces banques). La condition préalable de l'émergence des flux transfrontières de données est la fusion entre ordinateurs et technologies de télécommunications. Cela a permis d'effectuer un traitement des données très rapide, efficace et peu coûteux ainsi qu'un stockage et un recouvrement des données virtuellement partout dans le monde.

Mowlana (1985) définit spécifiquement les flux transfrontières de données comme le transfert d'unités d'information encodées numériquement pour leur traitement, leur stockage et leur recouvrement à travers les frontières nationales. Cette définition exclut les flux d'informations internationaux tels que les produits médiatisés comme les émissions de télévision ou de radio ainsi que les services de télécommunication conventionnelle comme le téléphone.

Depuis plus d'une quinzaine d'années, la communication informatisée des données est incontestablement devenue une tendance importante dans les activités économiques internationales. Parmi les plus importantes organisations qui communiquent des données informatisées sur le plan international, on retrouve les banques, les compagnies d'aviation, les entreprises multinationales, les compagnies d'assurance, les agences de presse, les universités, etc. Les firmes œuvrant dans le commerce et dans les produits manufacturiers transmettent de l'information de gestion dans plusieurs pays où elles possèdent des succursales ou d'importants clients. Enfin, les gouvernements utilisent également la communication de données par le biais des satellites, des câbles, de la fibre optique pour de l'information et de la prise de décision d'ordre militaire, diplomatique ou technique.

Plusieurs pays deviennent préoccupés par l'augmentation des réseaux de communication informatisée sur le plan international qui permettent le stockage, la transmission, la manipulation et le recouvrement d'énormes quantités d'informations. La nature des informations varie des données personnelles sur la vie privée des citoyens, à des données financières et à des données scientifiques et techniques. Le nombre d'industries impliquées dans ces activités augmente rapidement. On estimait, il y a plus de dix ans, que l'industrie des flux transfrontières de données constituait une entreprise de plusieurs milliards de dollars!

Les États-Unis sont incontestablement les leaders du monde dans l'industrie des technologies de communication. Ce sont eux qui dominent le secteur des transmissions et du traitement des données dans le monde. Plusieurs États-nations ne possèdent pas la technologie nécessaire pour construire leur propre système de télécommunications. Ces États-nations se demandent s'ils doivent souscrire aux réseaux internationaux de données dans lesquels ils joueraient uniquement un rôle de client et seraient redevables aux Américains.

Les opinions sont variées sur cette question. Certains croient que les réseaux internationaux offrent aux pays en développement des accès efficaces et peu coûteux aux différents savoir-faire techniques et scientifiques provenant des pays développés. D'autres prétendent que ces pays se retrouvent en état de relation de dépendance face aux pays riches. Par exemple, une très grande partie des informations produites par l'Afrique francophone et portant sur le crédit et les assurances sont stockées dans des ordinateurs en France. Cela a comme conséquence qu'un pays pauvre en technologie dépend d'un pays riche en technologie même pour des informations stratégiques sur lui-même. Cet argument peut être mis en parallèle avec le fait que seulement un pour cent (1 %) de la recherche technologique est axée sur les problèmes spécifiques des pays en développement.

Voyons brièvement, à l'aide de l'étude de Mowlana (1985), les diverses composantes impliquées dans la transmission des données : intervenants, types de contenus des flux, formes de mouvements des flux, leur direction et leur volume, problèmes et enjeux, et impacts des flux transfrontières de données.

Les intervenants

Les États-nations sont les plus importants intervenants étant souvent les propriétaires qui opèrent et gèrent les réseaux de communication nationaux qui envoient et reçoivent des données internationalement. Les organisations non gouvernementales telles que les transporteurs privés, les bureaux de traitement des données et les corporations multinationales jouent également un rôle important. Ces participants peuvent promouvoir ou restreindre le flux d'information selon leurs intérêts particuliers. C'est notamment la complexité de ces conflits d'intérêts qui rend difficile l'accord d'une réglementation dans le secteur du flux transfrontières de données. Notons que l'OCDE (Organisation pour la coopération et le développement économique) est impliquée dans les enjeux et les controverses touchant ce domaine.

Les types de contenu des flux

Novotny (1980) a identifié quatre types de contenu des flux transfrontières de données. Les *données opérationnelles* supportent les décisions liées aux fonctions administratives. Les multinationales utilisent ce type de données pour la coordination de leurs entreprises dispersées géographiquement. Les *transactions financières* représentent les informations liées au crédit, au transfert de fonds, au débit, etc. Les *données personnellement identifiables* se réfèrent aux informations sur l'histoire médicale des individus, sur les dossiers criminels, sur l'emploi, sur les réservations de voyages ou simplement des noms et des numéros d'identification. Ce type de données personnelles peut apparaître dans les transactions de données financières ou opérationnelles. Enfin, les *données scientifiques et techniques* incluent des résultats expérimentaux, des enquêtes, des mesures portant sur l'environnement ainsi que des statistiques économiques. Des bases de données bibliographiques et certains logiciels qui traitent des données brutes sont aussi accessibles à la communauté scientifique mondiale à travers ces systèmes de communication informatisée. Ces contenus sont communiqués à travers les frontières internationales dans des formes de mouvements particulières. C'est ce que nous examinons maintenant.

Les formes de mouvements des flux

En plus du type de contenu des flux, il est intéressant d'examiner les formes de mouvements de ces flux. La figure 10.1 illustre quatre formes de mouvement des flux transfrontières de données identifiés par Novotny (1981). Dans cette figure, tous les flux traversent une frontière entre un pays A et un pays B :

– La première forme s'appelle le *flux de consolidation* qui décrit une liaison simple entre une filiale située dans un pays A transmettant de l'information à sens unique à l'ordinateur hôte du siège central de l'entreprise située dans un pays B. Le siège central consolide ces données avec un certain nombre de filiales.

– La deuxième forme représente le *flux de distribution* qui survient lorsque l'ordinateur hôte d'un siège central distribue des données à plusieurs de ses filiales situées dans un autre pays. Les applications inhérentes à ce type de flux incluent des mises à jour de bases de données locales, des commandes et des rapports financiers.

– La troisième forme est le *flux en réseau transnational* qui implique un traitement transfrontalier dans lequel des filiales d'un pays utilisent l'ordinateur hôte du siège central d'un autre pays. Le trafic s'effectue ici dans les deux sens car le but est d'accéder aux bases de données de l'ordinateur hôte.

– Enfin, la dernière forme est le *flux en réseau multinational* qui constitue des interactions complexes entre plusieurs usagers et plusieurs ordinateurs hôtes situés dans deux pays distincts. L'information et le traitement peuvent alors être centralisés ou distribués ou les deux à la fois. Les réseaux en temps partagé opèrent de cette manière.

FIGURE 10.1 **Forme de mouvements des flux transfrontières de données**

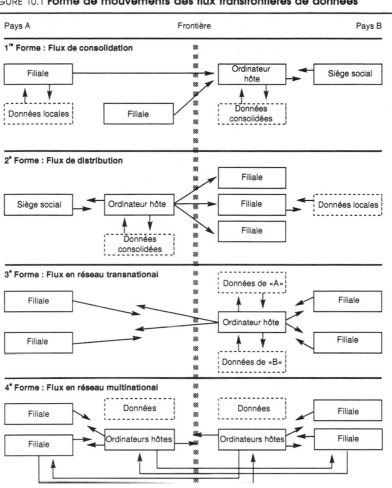

Pays A   Frontière   Pays B

1ʳᵉ Forme : Flux de consolidation

2ᵉ Forme : Flux de distribution

3ᵉ Forme : Flux en réseau transnational

4ᵉ Forme : Flux en réseau multinational

Source : Inspiré de Eric J. Novotny, « Transborder dataflow regulations : technical issues of legal concern », dans *Computer Law Journal*, 3 : 2, hiver 1981, p. 111.

Direction et volume des flux

Après avoir examiné les types de contenu et les formes de mouvement de flux, voyons maintenant la direction et le volume transmis de ces flux. Les concentrations de câbles sous-marins et de liaisons satellites entre l'Amérique du Nord et l'Europe et entre les États-Unis et le Japon indiquent une prédominance marquée des flux transfrontières dans les pays industrialisés. Toutefois, déjà en 1980, Novotny soulignait certaines disparités entre pays industrialisés. Le Canada, la France et la Suède étaient particulièrement préoccupés par le fait qu'ils se sentaient trop dépendants des États-Unis en ce qui concerne la fourniture de services de traitement de données. Ces pays ressentaient que trop d'information de qualité était déposée dans des bases de données américaines sans qu'il existe un flux équivalent dans le sens inverse.

Cette tendance plus ou moins unidirectionnelle est nettement amplifiée lorsqu'on examine, sur le plan mondial, la distribution des technologies de communication. Les pays pauvres en technologie, c'est-à-dire ceux qui ont une capacité de traitement limitée et qui sont pour la plupart situés dans les pays du tiers monde, se voient dans l'obligation d'exporter leurs données à l'état brut vers des pays technologiquement riches puis de les réimporter après qu'elles ont été traitées. Ces flux de données qui sont exportés des pays pauvres aux pays riches pour être traités créent des emplois et rapportent des revenus considérables pour les pays technologiquement riches.

Ce cycle du flux international de données, nous dit Mowlana (1985 : 48), est analogue aux cycles qui existent dans d'autres domaines commerciaux où les pays peu développés industriellement exportent des ressources brutes vers les pays industrialisés pour en faire le traitement ou la transformation et ensuite rachètent ces produits finis à un prix beaucoup plus coûteux. En l'absence d'une communication efficace permettant d'intégrer et de représenter les intérêts de pays peu développés sur le plan technologique, leur dépendance envers les pays développés est systématiquement exacerbée.

Problèmes et enjeux

Les controverses dans le secteur des flux transfrontières de données reflètent les conflits entre pays représentés à divers niveaux de participation dans le domaine des communications par ordinateur sur le plan international. Les promoteurs du libre transfert d'informations à travers les frontières nationales favorisent la liberté du flux d'information en mettant en valeur les avantages du partage, de l'utilisation, du plaisir et des échanges liés aux flux transfrontières de données. Ceux qui adhèrent au principe de souveraineté sur l'information préconisent, au contraire, une utilisation contrôlée, un accès limité, la conservation et même la diminution du transfert d'information.

Un des enjeux les plus importants, comme nous l'avons mentionné au chapitre 2, porte sur la protection de la vie privée, c'est-à-dire le droit des individus sur la cueillette, le stockage, la distribution, bref, l'utilisation d'informations personnelles. Il est possible de stocker de grandes quantités d'informations d'ordre personnel dans des bases de données étrangères.

À mesure que notre capacité de gérer la complexité augmente, notre dépendance aux technologies utilisées augmente aussi. Cette vulnérabilité face à la technologie a des incidences sur la sécurité des pays, des organisations et particulièrement des individus. Durant les premières années de l'informatisation de la société, ce sont les grandes corporations, surtout les banques et les compagnies d'assurance, qui constituaient la plus grande menace pour la sécurité des informations sur notre vie privée. On doit maintenant ajouter l'État ou le gouvernement à cette liste. L'État recueille d'énormes quantités de données individuelles par le biais des impôts, des systèmes de santé, de l'éducation, de l'assistance sociale, comme nous avons pu le constater plus tôt. Lorsque des milliers de terminaux sont connectés à des bases de données centralisées, le terme « vie privée » véhicule un sens plutôt différent (Michalski, 1989 : 10). La confidentialité absolue des données n'existe plus.

Depuis que les technologies de communication informatisée permettent le stockage de quantités considérables d'informations personnelles, souvent dans les ordinateurs hôtes de pays étrangers, un certain nombre de pays ont réalisé l'importance d'imposer des lois et des réglementations afin de préserver la vie privée de leurs citoyens. Bernt et Weiss (1993 : 65) résument les lignes directrices émises par l'OCDE (Organisation pour la coopération et le développement économique) pour la protection nationale des flux transfrontières de données. Les auteurs ont regroupé huit principes qui se dégagent des recommandations de l'OCDE. Ces principes devraient aider

DEUXIÈME PARTIE

les pays dans la formulation de leur législation sur les flux transfrontières de données. Cependant, l'OCDE ne peut obliger les pays à respecter ces recommandations.

- *Le principe d'une limite de la collecte de données* : on doit limiter la collecte de données personnelles; cette collecte doit être effectuée légalement et, dans la mesure du possible, avec le consentement de l'individu concerné.

- *Le principe de la qualité des données* : les données doivent être authentiques, exactes, complètes et à jour.

- *Spécifier le but de la collecte* : l'objet de la cueillette de données devrait être spécifié au moment de la collecte et non pas subséquemment. Si les données doivent être utilisées dans un autre but, cela doit être spécifié à l'avance.

- *Utilisation limitée des données* : les données personnelles ne doivent pas être divulguées sans le consentement de l'intéressé ou l'ordre d'une autorité légale.

- *Le principe de sécurité des données* : les données personnelles doivent être protégées contre des intrusions non autorisées.

- *Favoriser un principe d'ouverture* : la collecte, le stockage et l'utilisation des données personnelles ne doivent pas se confiner à une politique du secret, c'est-à-dire que les individus doivent connaître l'existence et l'utilisation que l'on fait de ces données.

- *Le principe de participation de l'individu* : les individus devraient avoir le droit de connaître l'existence de données qui les concerne dans des délais raisonnables et dans une forme intelligible. Les individus devraient connaître les motifs de refus de divulgation de données et avoir la possibilité, si cela est justifié, d'effacer ou de modifier des données les concernant.

- *La responsabilité face aux données* : ceux qui recueillent les données doivent être responsables de l'application des principes qui précèdent.

Il nous semble important de répéter ici qu'aucun pays n'est tenu de suivre ces recommandations, bien qu'il serait plutôt mal vu qu'un pays décide de n'en suivre aucune. Les banques de données contiennent des informations notamment sur les affiliations politiques et religieuses des individus, sur le fait qu'ils soient membres de telle organisation, abonnés à tel magazine ou qu'ils aient telle préférence sexuelle, tel problème médical, financier ou juridique, informations qui peuvent être utilisées de façon problématique. Par exemple, Drake (1992 : 277) explique qu'il pourrait y avoir un problème de flux transfrontières de données avec les corporations multinationales si, par exemple (d'une manière hypothétique), les dirigeants de General Motors décident de licencier des travailleurs dans une usine espagnole parce que ceux-ci seraient membres d'un syndicat ou d'un parti communiste. Certains citoyens peuvent être ainsi victime des décisions d'un gestionnaire étranger plus ou moins responsable et insensible aux réalités culturelles et aux préoccupations d'un pays étranger.

Les préoccupations touchant la protection des données sur la vie privée émanent, en grande majorité, des pays industrialisés de la grande région nord-atlantique. Plusieurs pays ne véhiculent pas les traditions politiques ou ne possèdent pas le potentiel économique permettant de légiférer sur les données informatisées. De plus, le droit des individus à la vie privée dans un pays donné peut être incompatible avec celui d'un autre pays où sont stockées ces données (Mowlana, 1985 : 49).

Sur le plan juridique, au Canada, le droit à la vie privée constitue un fait marquant des vingt dernières années, comme nous l'avons mentionné au chapitre 3. La législation québécoise évoque ce droit à l'article 5 de la Charte des droits et libertés de la personne. Plus tard, la Loi sur l'accès aux documents des organismes publics et sur la protection des renseignements personnels affirme le droit à la vie privée informationnelle. Le législateur fédéral reconnaît aussi ce droit par la Loi sur la protection des renseignements personnels. Enfin, la Cour suprême du Canada énonce que l'article 8 de la Charte canadienne des droits et libertés protège, entre autres, le droit au respect de la vie privée. Le libellé de cet article 8 mentionne pourtant des concepts relativement historiques ayant fondés le droit à la protection contre les fouilles, les perquisitions et les saisies. Pour Benyekhlef (1992 : 405), cette interprétation de la Cour suprême du Canada illustre l'évolution du caractère primordial du droit à la vie privée dans notre société informationnelle marquée par les rapides développements des télécommunications.

Malgré ces lois, les législations « informatique et libertés » ne couvrent, au Canada, que le secteur public. Au surplus, écrit Benyekhlef (1992 : 406), comme Laperrière au chapitre 3, croit que « la pénétration de plus en plus importante de l'informatique dans tous les secteurs de l'activité humaine rend obsolètes ou non efficients les mécanismes législatifs mis en place pour assurer l'objet de la loi ». La protection des données concernant la vie privée au Canada est plutôt fragile en ce qui concerne le secteur privé. Benyekhlef (1992 : 406) propose de s'inspirer des modèles européens de lois de seconde génération. Ce type d'approche dans les textes législatifs mise de plus en plus sur l'autoréglementation. Par contre, au Québec, Laperrière (au chapitre 3) nous informe d'une nouvelle loi, en vigueur depuis janvier 1994, qui réglemente l'accès aux informations recueillies par les entreprises privées. Cette loi restreint l'accès à l'information accumulée par les entreprises privées à moins d'un motif « sérieux ». Elle oblige également ces entreprises à garder les dossiers à jour et exacts.

D'après l'auteur, cette loi laisse cependant assez de latitude aux entreprises privées pour que celles-ci se sentent obligées d'élaborer des normes autoréglementaires. Ces normes sont sujettes au contrôle d'une agence de protection des données à caractère personnel. Cette façon de faire permet à chacun des secteurs privés de tenir compte des spécificités de ses activités dans le cadre de l'élaboration d'un code de conduite en matière de protection des renseignements personnels.

La protection des données sur le plan national dans le secteur privé et public ne suffit pas à les protéger sur le plan international, pour lequel il faut tendre à concilier, comme nous l'avons mentionné, ces deux principes antagonistes que sont le droit à la vie privée et celui de la libre circulation de l'information. On considère que ce droit passe par le concept de « protection équivalente ». Ce concept signifie que la protection offerte par un pays importateur de données personnelles doit équivaloir en substance à celle existant dans le pays exportateur. Cette notion se retrouve dans les lignes directrices de l'OCDE.

Or, si l'énoncé du principe est simple, son application est sujette à controverse comme l'illustre les questions suivantes soulevées par Benyekhlef (1992 : 407) :

- *Le pays importateur doit-il être pourvu d'une législation de protection des données personnelles semblable à celle du pays exportateur?*
- *Qu'en est-il si le pays importateur ne possède pas une telle législation mais que, par ailleurs, son droit interne assure par une kyrielle d'instruments divers une protection aux données personnelles?*
- *L'autoréglementation satisfait-elle au principe de l'équivalence?*
- *... Un État comme le Canada, par exemple, qui privilégie l'autoréglementation du secteur privé en matière de protection des données nominatives assure-t-il une protection équivalente aux données provenant d'un pays dont la législation couvre indistinctement les secteurs public et privé?*

On comprend qu'une interprétation stricte du principe de l'équivalence peut avoir de graves répercussions sur la libre circulation de l'information. Nous n'entrerons pas plus en détail dans cette problématique juridique fort complexe qui témoigne, face aux mouvements sans cesse croissants de l'information et de la communication informatisée entre nations, d'un droit en devenir. Bien sûr on a vu apparaître, ces dernières années, de nombreuses législations nationales ainsi que des instruments internationaux visant à assurer la protection de la vie privée informationnelle. Toutefois, il y aura encore des problèmes d'interprétation, d'application et d'adéquation de ces textes au contexte toujours évolutif des technologies de communication.

La souveraineté nationale constitue un autre enjeu important lié aux flux transfrontières de données. La souveraineté nationale peut être définie comme la capacité qu'a un pays d'influencer la direction de ses changements politiques, économiques et socioculturels (Mowlana, 1985 : 49). Ce pouvoir peut être remis en question si l'accès aux informations pertinentes pour la prise de décision n'est pas possible, c'est-à-dire si le pays n'a pas la capacité technologique d'y accéder. Quand l'information touchant la prise de décision nationale est traitée et stockée à l'étranger, la souveraineté d'un pays s'expose alors à des manipulations étrangères.

La peur de cette vulnérabilité potentielle a incité, à la fin des années 1970, plusieurs pays dont le Canada, la France et de façon générale la communauté européenne à manifester leur volonté de réglementer ces flux internationaux afin de ne pas perdre le contrôle sur leur information stratégique (Drake, 1992; Mowlana, 1985). À cause de l'impact des technologies de communication informatisée, le caractère géographique normalement associé à la notion de souveraineté se transforme, dans ce nouveau contexte, en souveraineté de l'information. Il faut savoir que les menaces sur la souveraineté nationale ne proviennent pas uniquement d'autres pays mais des corporations multinationales qui constituent probablement les acteurs non étatiques les plus importants dans le domaine des flux transfrontières de données.

Drake (1992 : 260) constate que vers le milieu des années 1980, le débat sur ces flux transfrontières s'est curieusement éteint. Alors que le concept englobe une grande variété d'enjeux, ce qui retient aujourd'hui l'attention des gouvernements se limite au commerce des services et au droit à la propriété intellectuelle – domaines dont on favorise la promotion. Seule la protection de la vie privée demeure un enjeu où la réglementation est de mise. Les flux transfrontières de données ont donc été évincés de l'agenda politique international. Bien que tous soient d'accord sur le fait que ce secteur ait connu une croissance très rapide, on sait peu de choses sur sa substance, son étendue et ses conséquences.

La thèse de Drake (1992 : 261) apporte un éclairage nouveau sur ce débat touchant la souveraineté et la réglementation des flux transfrontières de données. L'auteur estime que malgré le manque de preuves servant à démontrer que des types de transactions pouvaient violer la souveraineté des pays, la nature opaque et intangible de ces flux a été reconnue tacitement comme un espace international privé externe à toute autorité publique[1]. D'abord, des analystes indépendants et des gouvernements à travers le monde ont tenté de définir un ensemble

---

1. Mowlana (1985 : 51) abonde dans ce sens en écrivant que la majorité des flux de données est de nature privée et donc à l'abri de toute autorité publique.

de problèmes associé aux flux transfrontières de données afin d'y répondre avec des réglementations appropriées. Ce processus n'a pas fonctionné car les corporations multinationales (américaines pour la majorité) se sont mobilisées afin d'étouffer le débat et prévenir ainsi l'adoption généralisée de nouvelles réglementations.

Ces corporations multinationales possédaient deux cartes majeures dans ce débat, selon Drake (1992 : 261) : le pouvoir associé à leurs ressources matérielles et le pouvoir associé à leurs ressources immatérielles. Qu'est-ce que cela signifie? Les ressources matérielles renvoient au contrôle économique des corporations sur la technologie et les marchés ainsi, et surtout peut-être, que l'argent et les contacts permettant de mettre en place une imposante campagne de lobbying multinationale. Les ressources immatérielles renvoient au contrôle sur l'information nécessaire pour l'évaluation des enjeux et la mise en place d'une réglementation.

Les résultats ont fait en sorte que ceux qui étaient pour une réglementation devaient fonder leurs arguments sur des extrapolations concernant les effets néfastes qui pouvaient « survenir », en principe, étant donné les capacités technologiques en jeu, sans toutefois être capables de prouver que cela s'est effectivement produit dans la pratique. C'était une position faible et difficile à défendre pour un groupe d'analystes face à la très forte mobilisation organisée par les corporations multinationales. Le groupe d'analystes pro-réglementation a finalement admis la position des multinationales qui ont toujours prétendu que la réglementation des flux transfrontières de données était « une solution à la recherche d'un problème ». Il est légitime de croire, comme l'affirme Mowlana (1985 : 50), que la position des corporations et du gouvernement des États-Unis est qu'ils perçoivent ces barrières réglementaires aux flux transfrontières de données comme des menaces sérieuses au développement, à l'efficacité et à la croissance de secteurs économiques aussi importants que les banques.

Drake (1992 : 303) conclut son article en affirmant qu'on ne sait toujours pas si les flux transfrontières de données ont des effets négatifs sur la souveraineté des pays. Peut-être que oui, peut-être que non : le débat a été abandonné avant qu'on ait trouvé une réponse. Les seuls individus qui savent vraiment comment les flux transfrontières de données sont utilisés dans les activités corporatives sont les usagers eux-mêmes mais ceux-ci se taisent.

Un dernier enjeu mérite d'être discuté : celui de la dépendance des pays en développement envers les pays riches en matière de technologie de communication. Nous avons déjà évoqué ce problème en soulignant d'abord que des pays pauvres dépendent de pays riches pour le stockage d'informations vitales. Puis, on a également mentionné qu'en ce qui concerne le traitement de données brutes, les pays pauvres devaient les exporter vers les pays riches pour ensuite les importer, une fois traitées, au prix fort. Cette dépendance est analogue à l'ensemble des échanges commerciaux asymétriques de l'axe nord-sud.

Les commentaires suivants permettront de comprendre l'immense potentiel d'exploitation que peuvent subir les pays en développement. Dans la société actuelle, les échanges économiques et politiques deviennent souvent tributaires d'informations parvenant par voie de systèmes de communication informatisée. Or, les pays riches peuvent aisément, grâce notamment aux communications par satellite et aux flux transfrontières de données, obtenir des informations de qualité sur les ressources, les conditions climatiques, la technologie, les conditions du marché afin d'optimiser leur processus de prise de décision. Les pays pauvres, quant à eux, ne possèdent pas les moyens technologiques et économiques pour accéder à ces informations.

Smith (1980, cité dans Bernst et Weiss, 1993 : 64) pousse plus loin cette argumentation en expliquant que les satellites en orbite géostationnaire qui photographient la Terre recueillent des données très précises sur les conditions climatiques et la santé écologique des végétaux dans des pays en voie de développement. On peut alors imaginer que les propriétaires de ces informations pourraient manipuler le prix d'équipement servant à combattre les sécheresses ou à améliorer l'agriculture en connaissant à l'avance les problèmes qui pourraient survenir et réaliser ainsi des profits mirobolants. Ce sont présentement des spéculations, mais le danger d'exploitation demeure présent.

Les données provenant des photographies satellites sont souvent offertes aux pays en développement à des prix fort raisonnables. Toutefois, ces pays ne possèdent pas l'expertise et l'infrastructure nécessaires pour effectuer un traitement adéquat des données afin d'obtenir des informations valables et utiles. C'est là une autre forme potentielle de violation de la souveraineté des pays pauvres. Ces pays pauvres peuvent accéder aux technologies de communication informatisée mais ils demeurent dépendants des pays riches en ce qui concerne le matériel informatique, les logiciels, la formation de la main-d'œuvre et l'administration de ces systèmes. Enfin, on pourrait ajouter que non seulement les pays riches peuvent contrôler les informations stratégiques des pays pauvres mais ils ont le pouvoir de sélectionner le contenu des messages qui circulent dans le monde.

En somme, les pays en développement sont très vulnérables face aux pays riches dans le domaine des flux transfrontières de données. N'oublions pas que le Canada et les pays européens sont aussi dépendants des États-Unis et des corporations multinationales en ce qui concerne le stockage d'énormes quantités de données personnelles.

Nous pouvons constater que les flux transfrontières de données impliquent des enjeux importants et complexes touchant à des questions politiques, économiques et sociales épineuses. Voyons maintenant si les flux internationaux, dans leur « orientation humaine », ce que l'on nomme les canaux de télécommunications, soulèvent des questions identiques. L'orientation est dite humaine parce que ce ne sont plus des ordinateurs qui échangent des données opérationnelles, financières ou techniques mais ce sont des humains qui communiquent ensemble par le biais des réseaux de communication informatisée.

10.4 LES CANAUX DE TÉLÉCOMMUNICATIONS

Les canaux de télécommunications s'intègrent dans une « orientation humaine » selon la typologie des flux internationaux d'information de Mowlana (1985). « Humaine » parce que le contenu des flux n'est pas seulement un fichier de données chiffrées ou de données nominatives, un formulaire d'entreprise ou une transaction bancaire mais surtout des échanges parlés, écrits ou même visuels entre individus.

Des échanges langagiers impliquent nécessairement une interactivité et la télématique est sans doute la technologie qui en introduit le plus dans les réseaux de communication informatisée à ce jour. Bien sûr, le téléphone constitue l'outil de communication interactif le plus répandu dans le monde. Toutefois, puisque notre propos concerne la communication informatisée, on ne tient compte du téléphone que dans la mesure où il s'accouple à l'ordinateur par le biais d'un modem[2]. L'avènement des serveurs vocaux interactifs (ou la messagerie électronique vocale) implique tout de même la communication informatisée dans l'usage du téléphone mais la teneur internationale de notre propos nous incite à mettre davantage l'accent sur les réseaux télématiques.

Les réseaux télématiques ouvrent de nouveaux circuits de communication qui permettent plus de souplesse dans l'échange de messages à distance. Toutefois, on doit se demander quel est l'impact de ces technologies sur les contacts humains. Est-ce que ces technologies améliorent les communications interpersonnelles pour des régions ou des pays éloignés? Ces technologies améliorent-elles les interactions sociales de manière générale? Ceux qui préconisent une vision optimiste prétendent que ces technologies de communication favorisent une revitalisation sociale, un nouveau moyen d'établir des contacts humains. À l'opposé, les plus pessimistes croient que ces nouvelles technologies peuvent transformer le style de vie des individus en une plus grande isolation sociale et susciter une dépersonnalisation de la communication humaine (Michalski, 1989 : 11).

L'utilisation intensive des technologies peut, à la limite, créer un environnement artificiel dans lequel le monde réel est

---

2. Le modem signifie MOdulateur-DEModulateur, c'est-à-dire que le modem transforme les signaux électriques, analogiques de la ligne téléphonique en signaux numériques.

remplacé par un monde logique binaire. Ces réalités artificielles peuvent même devenir un substitut de la connaissance
qui restreint excessivement l'expérience réelle en mettant de
côté la tolérance, l'ambiguïté ou l'acceptation de différents
points de vue. Ces mondes artificiels peuvent même devenir
une menace à la créativité humaine en restreignant notre
capacité à faire face aux problèmes éprouvés au travail et dans
d'autres situations de la vie où l'on doit s'adapter à des événements imprévus (Michalski, 1989 : 12). Ces impacts peuvent
aussi avoir des implications sur le langage et d'autres formes
d'expression, sur l'identité culturelle ainsi que sur le système
des valeurs.

L'utilisation des technologies de communication informatisée
dépend aussi du contexte social dans sa portée la plus large.
Les services de messagerie électronique constituent peut-être
l'application télématique la plus répandue. D'abord dans les
entreprises, comme l'affirment Jouët et Coudray (1990 : 54),
ces services peuvent : « ... parfois modifier les schémas hiérarchiques traditionnels de diffusion et d'échange de l'information
au sein des entreprises en conduisant à une communication
plus ouverte et plus directe entre les différentes catégories de
personnel ».

Les réseaux télématiques contribuent aussi à l'élargissement
de la communication horizontale interpersonnelle au delà de
l'entreprise. En effet, il existe des systèmes de messagerie
électronique très variés offerts au grand public. En général,
l'usager doit posséder un micro-ordinateur ainsi qu'un équipement périphérique pour se brancher sur le réseau de télécommunications. Les réseaux s'ouvrent désormais à des
usagers diversifiés et non plus seulement aux passionnés de
l'informatique. Les réseaux sont parfois couplés avec des
services de bases de données ainsi qu'avec des services
vidéotex. On assiste aussi à l'émergence d'une multitude de
petites messageries, appelées babillards électroniques, qui
sont l'occasion de discussions, de petites annonces créant
ainsi de nouveaux liens sociaux. Jouët et Coudray (1990 : 54)
écrivent que ces services télématiques contribuent à l'émergence : « de nouvelles formes de sociabilité qui remédient à
l'isolement et aux carences de l'intégration sociale dans les

grandes agglomérations ». La télématique élargit ainsi les réseaux de communication interpersonnelle en contribuant, grâce à sa nature interactive, à une démocratisation de la communication.

Les réseaux télématiques n'ont pas seulement été implantés dans les organisations, dans les villes ou à la grandeur d'un pays, ils ont franchi les frontières pour s'internationaliser. Il faut cependant insister sur le fait que, comme le rappellent Jouët et Coudray (1990 : 55), le processus de diffusion des nouvelles technologies est loin d'être uniforme et égalitaire : on observe de fortes disparités entre les groupes sociaux ainsi qu'entre les différentes régions du monde. Dans les pays industriels, l'accès aux technologies informatiques demeure moins ouvert que l'accès aux technologies audiovisuelles. L'accès aux technologies informatiques semble réservé aux groupes sociaux aisés, ceux qui sont déjà les mieux équipés en technologies traditionnelles, ce qui tend à accroître l'inégalité d'accès aux technologies de communication dans plusieurs pays industrialisés. Ces inégalités, poursuivent Jouët et Coudray (1990 : 55), sont encore plus prégnantes dans les pays en développement où l'acquisition de technologies augmente la disparité entre une petite partie de la population et la majorité qui en sont dépourvus.

Un réseau mondial ou l'émergence d'une « société civile globale »

Dans le contexte de l'expansion d'un réseau de télématique, s'est développé un réseau mondial de communication informatisée voué à la promotion du droit à la communication démocratique dans le monde. La monopolisation des flux transfrontières de données par les corporations multinationales et les gouvernements n'a pas empêché l'émergence d'une société civile globale par le biais d'un réseau de télécommunications international. Cette société vise à favoriser le droit à une communication démocratique afin de tenter de répondre aux besoins sociaux, politiques, économiques et culturels dans le monde, et ce, à l'extérieur des barrières imposées par les intérêts commerciaux des corporations et ceux des gouvernements. Il s'agit donc d'une sorte de réseau mondial alternatif.

Dans l'univers des réseaux globaux internationaux, les expériences pratiques sont nombreuses. Les technologies de communication informatisée offrent désormais une certaine décentralisation, ce qui permet à des groupes d'intérêts d'occuper un espace dans les flux d'informations internationaux que s'approprient majoritairement les corporations multinationales et les bureaucraties gouvernementales civiles et militaires. Les expériences dans le domaine de l'éducation ont permis de fonder des communautés à travers le monde et d'inventer des pédagogies spécifiquement adaptées à ces nouveaux médias que sont notamment la messagerie électronique et la conférence assistée par ordinateur. La société civile globale représentée par un mouvement non gouvernemental prend désormais une place importante dans les relations internationales pour la défense de la paix, des droits humains ainsi que pour la protection de l'environnement. Guidés par Frederick (1993b), nous expliquons d'abord le concept de « société civile globale » et celui du mouvement des organisations non gouvernementales, pour ensuite décrire les principaux obstacles rencontrés et présenter quelques réalisations de ce nouveau phénomène mondial.

Le concept de société civile provient du philosophe anglais John Locke au début de l'ère industrielle. Ce concept impliquait la défense d'une société humaine sur le plan national contre le pouvoir de l'État et les inégalités du marché. Il subsiste aujourd'hui sous l'appellation de société civile globale, particulièrement grâce à l'apport des mouvements mondiaux non gouvernementaux. Ceux-ci peuvent s'organiser ensemble car la décentralisation des technologies de communication informatisée permet de relier plusieurs groupes d'intérêts dans le domaine des droits humains, de la protection des consommateurs, de la paix, de l'égalité des sexes, de la justice sociale et de la protection de l'environnement. Ce grand mouvement non gouvernemental est désormais entendu dans tous les principaux forums mondiaux : Nations unies, Sommet de la Terre, réunion du GATT et autres.

Cette société civile se manifeste particulièrement par le biais d'un réseau de communication global qui désire échanger en dehors des barrières imposées par les intérêts commerciaux ou gouvernementaux. Le mouvement réclame le droit à la communication. Cela inclut le droit d'être informé aussi bien que celui d'informer, le droit de répliquer et celui d'écouter, le droit de parler et le droit d'utiliser les ressources communicationnelles (Frederick, 1993b : 283).

Ainsi, le développement des technologies de communication a aidé à construire des coalitions et des réseaux. Cela a permis à des mouvements tels que le mouvement de la protection de la forêt amazonienne, le mouvement des droits de la personne, la campagne contre le commerce international des armes, les agences de presse alternatives et les réseaux de communication planétaire de se faire connaître et entendre électroniquement partout dans le monde. Ces mouvements s'inscrivent dans la continuité des grands mouvements du passé comme celui du mouvement pour l'abolition de l'esclavage ou celui ayant mené aux lois contre le travail forcé des enfants ou celui pour le suffrage universel, sauf qu'aujourd'hui les réseaux peuvent mobiliser des gens et des groupes à l'échelle mondiale.

Les obstacles rencontrés par cette société civile globale sont de deux ordres : d'abord l'augmentation du monopole d'information et de communication par les corporations multinationales et ensuite, l'augmentation des disparités entre les pays riches et pauvres en matière d'accès à l'information.

Les gouvernements et les corporations contrôlent pratiquement la totalité des flux de communication dans le monde. Ils contrôlent en effet une très grande partie du trafic des liaisons satellites et des flux de communication informatisée alors que les corporations dominent l'univers des médias de masse et des infrastructures de télécommunications.

Pour illustrer les écarts entre pays riches et pauvres en matière d'informatisation, il suffit de dire que 95 % de la totalité des ordinateurs se retrouvent dans les pays industrialisés, que le tiers monde n'utilise que 10 % des satellites géostationnaires ou encore qu'il y a autant de téléphones à Tokyo que dans toute l'Afrique!

Par ailleurs, pour contrer les menaces qui tendent à engouffrer la société civile globale dans la commercialisation et le contrôle, un ensemble de technologies décentralisées (télécopieur, ordinateur, radio amateur, caméra vidéo, etc.) permet de briser certaines hiérarchies du pouvoir en favorisant une communication horizontale. Une des plus importantes organisations qui a favorisé l'émergence des réseaux est l'APC (Association for Progressive Communication), nous dit Frederick (1993b : 289), créée en 1990 et qui gère une multitude de réseaux dans le monde (par exemple : GreenNet, Web, PeaceNet, EcoNet, ConflictNet et qui est aussi associée à Internet, ce méga-réseau que l'on dit être le prototype de l'autoroute électronique). Plus de 15 000 groupes dans 90 pays sont membres de l'APC.

Les coûts d'utilisation du réseau sont faibles (par exemple, 3 dollars de l'heure aux États-Unis), ce qui aide aussi les groupes situés dans des pays pauvres. Les nœuds principaux du réseau sont situés à Londres, Stockholm, Toronto et San Francisco. Les messages transitent par ces nœuds vers leurs destinations ce qui permet, par exemple, à un Australien d'envoyer un message en Estonie en deux ou quatre heures.

Voyons maintenant deux exemples de réalisations de cette société civile globale reliée en réseau. À partir de plusieurs centaines de conférences assistées par ordinateur dans le monde, les participants peuvent publiciser des événements, préparer des propositions conjointes, transmettre de l'information vitale. Le premier impact majeur de ces technologies décentralisées sur la politique internationale est survenu en 1989, après le massacre de la place Tiananmen en Chine, alors que les étudiants chinois ont pu rapidement transmettre des informations sur ce qui venait de se passer par réseau de communication informatisée, par télécopie et par téléphone partout dans le monde. L'impact fut si important et immédiat que le gouvernement chinois a tenté de couper tous les liens téléphoniques avec l'extérieur et a voulu contrôler un certain nombre de conférences assistées par ordinateur.

Un autre exemple est lié au Sommet de la Terre à Rio de Janeiro en 1992. L'APC y joua un rôle prédominant en accord avec le réseau brésilien Alternex afin de distribuer de l'information dans le monde sur ce sommet de l'environnement. Une trentaine de conférences par ordinateur furent mises sur pied dans le cadre de la plus grande conférence de l'histoire des Nations unies. Des documents furent échangés et des discussions et des débats eurent lieu électroniquement.

En terminant, nous voyons que les réseaux partenaires de l'APC ont contribué à créer un véritable réseau global dédié à la liberté des flux d'informations. L'impact de ce réseau tient en quelque sorte à sa promotion de l'opinion publique mondiale, et ce, d'une manière interactive. Ces réseaux ont désormais un impact sur les relations internationales puisqu'ils démontrent que la communication et l'information sont des thèmes intimement liés aux droits humains.

Nous abordons maintenant une autre problématique liée à la communication internationale : le transfert technologique, c'est-à-dire le transfert des inventions développées en laboratoire vers l'économie de marché, principalement par le biais des corporations multinationales. On verra que ce transfert favorise une forme de collaboration virtuelle entre universitaires, entreprises et gouvernements.

10.5 LE TRANSFERT TECHNOLOGIQUE

Le transfert technologique constitue un secteur d'activité fort important ainsi qu'un domaine d'étude assez complexe. Williams et Gibson (1990 : 10) le définissent, dans un sens très large, comme un vaste processus impliquant le transfert des idées ou des inventions développées en laboratoire vers l'économie de marché. Le transfert technologique, c'est en quelque sorte l'application des connaissances. On considère désormais la technologie comme une ressource constamment renouvelable. C'est pourquoi le transfert technologique est intimement lié à l'innovation technologique. L'innovation technologique est le processus par lequel on exploite les activités de recherche et développement d'une nation en science et technologie afin de stimuler et d'accroître la productivité pour favoriser la croissance économique (Kozmetsky, 1990 : 22).

La pertinence d'évoquer le transfert technologique dans ce chapitre réside dans ce qu'il peut être perçu théoriquement comme un processus de communication. C'est cet aspect que nous allons d'abord examiner. Ensuite, nous décrirons la façon de faire des principaux promoteurs du transfert technologique sur le plan international, c'est-à-dire les corporations multinationales. Ces mécanismes de transfert s'opèrent principalement à partir de ces corporations vers leurs principaux destinataires, les pays en voie de développement. On verra par la suite que ce transfert technologique ne fonctionne pas qu'à sens unique; il peut créer un contexte de « collaboration virtuelle » entre la communauté scientifique et l'industrie. Ce transfert emprunte alors la voie de la communication informatisée par le biais des télécommunications grâce aux multiples liens en réseau que l'on peut établir.

Un processus de communication

Le transfert technologique s'effectue par le biais de transactions communicationnelles entre des individus tels que scientifique-scientifique, scientifique-client, gestionnaire-client, gestionnaire-scientifique. Ces échanges se produisent dans et entre les corporations, dans le cadre de collaboration entre universités et entreprises, dans les consortiums de recherche et développement, entre le gouvernement et l'industrie et dans le transfert international (Williams, Gibson, 1990 : 10).

Entre ces « sources » et ces « destinataires », le processus technologique risque de se buter à différentes barrières communicationnelles qui apparaissent lorsque des individus utilisent un vocabulaire différent, possèdent des motivations distinctes, représentent des organisations véhiculant des cultures spécifiques ou encore lorsque la nature des savoirs échangés vont de concepts abstraits jusqu'à des produits concrets. Ces barrières peuvent apparaître autant dans les groupes, les organisations, les communications interpersonnelles ou les réseaux de communication informatisée utilisés pour le transfert technologique. Ainsi, ce qui peut nuire aux communications, ce sont les différences dans les systèmes de valeurs, les styles de communication entre les cultures organisationnelles. Par exemple, plusieurs universités possèdent une longue tradition ancrée dans la recherche et l'éducation. Plusieurs des membres universitaires sont peu habitués à pratiquer la recherche appliquée et à établir des contacts avec l'industrie.

Le transfert technologique est un processus continu d'interaction, d'échange et de rétroaction. Les technologies que l'on veut transférer ne possèdent pas toujours un sens ou une valeur définitive. Les significations se forment dans l'esprit des participants qui développent des perceptions différentes de l'objet technologique créant ainsi un impact sur la façon dont on interprète l'information qu'elle génère. En ce sens, Williams et Gibson (1990 : 16) écrivent que le transfert technologique est souvent chaotique puisque les individus et les groupes portent un regard différent sur la valeur et l'utilisation potentielle de la technologie. C'est dans le contexte de ce phénomène communicationnel qu'il faut examiner le transfert technologique. Voyons d'abord comment les grandes entreprises transfèrent leur technologie vers d'autres pays.

Les corporations multinationales et le transfert technologique

La révolution informatique couplée à la globalisation de l'économie a contribué à l'expansion des marchés internationaux. Dans ce contexte, les grandes corporations multinationales, américaines surtout, cherchent à établir leur leadership sur le plan mondial dans leur domaine respectif. Dans la plupart des transferts technologiques internationaux, les donateurs sont des corporations multinationales américaines et les récipiendaires sont des pays en développement. Les mécanismes de transfert incluent la vente de produits ainsi que la transmission des savoir-faire. Nous portons notre attention sur ce dernier point.

Kim (1990) explique que les motivations qui incitent l'industrie privée à transférer les connaissances technologiques vers les pays en développement incluent :
- la stimulation de la croissance de nouveaux marchés,
- l'accès à du matériel stratégique,
- la protection des investissements,
- des impératifs d'ordre moral.

En ce qui concerne les pays en développement, ils se fient sur les corporations multinationales pour leurs principales sources de technologies. Le recours à la consultation sur le plan technologique pour ces pays constitue une pratique éprouvée depuis de nombreuses années, laquelle a cependant mené au constat du paradoxe suivant : la recherche d'une autonomie technologique requiert une dépendance continue à l'égard des corporations multinationales.

En effet, par le passé, le transfert technologique s'effectuait à travers la vente de produits sans qu'il y ait aussi un transfert des savoir-faire permettant aux pays en développement de pouvoir utiliser et développer leur propre technologie. Toutefois, depuis que l'OCDE et l'Unesco ont publicisé l'importance de l'impact du capital humain sur les économies nationales, ces pays sont devenus très conscients de l'importance d'éduquer leurs propres citoyens à la technologie (Kim, 1990 : 261).

Les corporations multinationales ont prêté l'oreille à ces demandes d'autant plus que la coopération et les alliances stratégiques sont devenues de plus en plus importantes pour assurer le succès des transferts technologiques. En effet, les grandes firmes doivent travailler avec des partenaires de ces pays, notamment le gouvernement local, les industries locales, les hommes d'affaires et les citoyens de ces pays. Les corporations multinationales cherchent désormais à construire une image publique positive dans ces marchés locaux. Ils ont donc appris à opérer dans des contextes locaux. Pour ce faire, ils engagent des citoyens locaux pour leurs succursales à l'étranger. Cela comporte de multiples avantages pour ces firmes. Parmi les plus importants, on peut nommer :

- les salaires des employés locaux sont beaucoup moindres que les salaires des employés aux États-Unis,

- les corporations n'ont pas à payer pour les frais de dépenses liés aux voyages et à l'hébergement des employés américains,

- les gouvernements locaux favorisent les opportunités d'emplois pour leurs citoyens,

- les employés locaux connaissent la langue et la culture du milieu dans lequel opère l'entreprise,

- les corporations ne sont pas encombrées avec les procédures d'immigration.

Le grand désavantage auquel on pourrait penser dans ce contexte serait qu'éventuellement, surtout avec les nouveaux traités de libre-échange, les corporations multinationales transfèrent le processus de production de leurs biens et services, que des travailleurs qualifiés peuvent effectuer à domicile, dans des pays où les salaires sont moindres. Ces transferts diminuent la contribution de ces corporations à l'économie de leur pays d'origine.

Dans ce nouveau contexte où les corporations engagent désormais des employés locaux, la formation de ce personnel devient indispensable pour assurer le succès du transfert et du développement technologique. Les programmes de formation sont centralisés ou décentralisés selon la nature et les objectifs du programme. Kim (1990 : 263) explique qu'un nouveau produit ou une nouvelle stratégie peut exiger la formation d'un très grand groupe d'employés dans le premier stade de l'implantation de l'innovation. Lorsque l'innovation technologique est en place, la formation peut se décentraliser afin de s'adapter aux besoins spécifiques des divisions, des catégories d'emplois et des lignes de produits.

La technologie instructive (*Instructional Technology*) a permis de développer la formation décentralisée. Bien que la formation traditionnelle fondée sur le support papier coûte moins cher aux entreprises, celles-ci ont adopté différentes technologies instructives telles que la vidéo, la formation assistée par ordinateur et les systèmes interactifs incorporant la voix, l'image, le texte et les données. Ces systèmes sont avantageux car ils permettent à un grand nombre d'étudiants-employés d'être formés rapidement d'une manière dynamique. Au tournant du millénaire, la compagnie IBM prévoit que 75 % de ses programmes de formation s'effectueront à distance par le biais des liaisons satellites et des applications impliquant l'interactivité en direct. Kim (1990 : 272) précise cependant que les corporations multinationales ne devraient pas oublier que ce type de cours à distance n'est souhaitable que pour certains sujets d'étude ainsi que pour des groupes bien ciblés. Ce type de formation peut cependant nuire à certaines opportunités de rencontres où l'on peut échanger des idées entre les employés de différents bureaux et de divers pays. De nouvelles études semblent nécessaires afin de mieux comprendre l'impact de cette formation à distance sur le transfert technologique par rapport à la formation centralisée plus traditionnelle.

Un contexte de collaboration virtuelle pour le transfert technologique

Les télécommunications favorisent le transfert technologique par la mise en réseau des scientifiques œuvrant dans les universités, les industries et dans les organismes gouvernementaux. Cette mise en réseau permet de partager des savoirs et contribue à la formation d'un « collège invisible » où se pratique une sorte de collaboration virtuelle. Les réseaux de télécommunications permettent à des chercheurs dispersés géographiquement de consulter et de discuter avec leurs collègues dans le monde entier.

L'époque du chercheur ou de l'inventeur solitaire est révolue. L'information rare stockée dans une lointaine librairie difficilement accessible est désormais potentiellement disponible « en ligne », c'est-à-dire directement et à travers le monde pour les chercheurs branchés aux réseaux de communication informatisée. Nous n'en sommes encore qu'aux premières étapes de ce transfert technologique des connaissances en réseau. Éventuellement, les universités, les gouvernements et les entreprises seront reliés par un même réseau.

Lorsqu'on examine le rôle des réseaux de télécommunications dans le transfert technologique au sens d'innovation technologique, il est essentiel de considérer la nature du transfert. Le processus est en quelque sorte circulaire, c'est-à-dire que les idées et les notions évoluent d'une manière itérative dans un désordre et une anarchie plus ou moins apparente. Le processus de découverte et d'innovation n'est donc pas linéaire et séquentiel. Ce que peuvent apporter les réseaux de télécommunications dans ce processus désordonné, écrivent Williams et Brackenridge (1990 : 174), c'est :

- l'accélération, l'intensification et la clarification des projets émergents,

- la mise à jour des informations à une multitude de participants,
- une communication instantanée à des individus partageant les mêmes intérêts peu importe le lieu géographique d'où ils proviennent,
- des accès à des services évolués de traitement des informations.

Généralement, les utilisations les plus fréquentes des réseaux consistent pour un usager à se brancher à partir d'un terminal ou d'un micro-ordinateur à un serveur (ou un ordinateur hôte) qui offre des applications, des bases de données et des services de communication. De plus en plus, ces services offrent la possibilité de se brancher à d'autres réseaux d'ordinateurs souvent spécifiques à des applications particulières. Cette fonction de passerelle vers d'autres réseaux est particulièrement importante pour le transfert technologique parce qu'ils soutiennent des applications telles que les messageries électroniques, le transfert de fichier, l'accès à de vastes bases de données qui vont des journaux électroniques aux services bibliographiques spécialisés. Le tableau 10.1 (une traduction de Williams et Brackenridge, 1990 : 176) dresse une liste des services de base et des services de pointe généralement offerts par les réseaux.

Un des principaux défis des grands réseaux consiste à combattre les problèmes liés à l'incompatibilité du matériel. La variété des protocoles, des architectures d'ordinateur et des capacités et particularités des différents constructeurs crée des problèmes d'incompatibilité qui isolent les groupes d'usagers les uns des autres. Toutefois, de plus en plus, ces problèmes tendent à s'estomper surtout dans la perspective de l'émergence de « l'autoroute électronique ».

TABLEAU 10.1 **Les services généralement offerts par les réseaux**

SERVICES DE BASE

– *messagerie électronique*	– les messages vont d'un individu à un ou à plusieurs autres.
– *babillard*	– les messages vont d'un ou de plusieurs individus à plusieurs autres.
– *conférence assistée par ordinateur*	– conversations entre des groupes sur divers thèmes.
– *transfert de fichiers*	– le transfert des fichiers d'un serveur vers les terminaux d'usagers.
– *traitement des données*	
– *l'accès à des bases de données et les fonctions de requête*	
– *cryptographie et sécurité dans les réseaux*	– encodage et mots de passe.
– *annuaire électronique*	– analogue au bottin téléphonique.
– *passerelles ou interconnexions vers d'autres réseaux ou des bases de données*	

SERVICES DE POINTE

– *vidéotransmission*	– diffusion interactive d'images et du son vers de multiples lieux de réception.
– *infographie*	– conception graphique assistée par ordinateur.
– *multi-tâche parallèle*	– traitement parallèle des ordinateurs.
– *haut niveau de traitement*	– ordinateur de grande puissance (« supercomputer »).
– *simulation*	– ordinateur de grande puissance (« supercomputer »).

Source : Frederick Williams and David V. Gibson, « Services often provided by computer networks », *Technology Transfer*, Sage Publications, 1990.

Les réseaux d'ordinateurs en usage dans les universités sont particulièrement importants pour le transfert technologique. Ces réseaux varient en matière d'envergure car ils comprennent des réseaux locaux, des réseaux interuniversitaires (Bitnet et maintenant Internet) et des réseaux à haute capacité tel NSFNET. Les objectifs de cette infrastructure réseautique universitaire visent à améliorer la productivité par un meilleur accès aux informations, à peaufiner la qualité de la recherche académique en favorisant davantage la collaboration et la coopération, à diminuer le temps requis pour transmettre les résultats de la recherche fondamentale des campus au secteur privé et à augmenter les opportunités de créativité en reliant électroniquement les étudiants, les facultés et le personnel provenant de lieux dispersés.

Williams et Brackenridge (1990 : 180-181) décrivent brièvement quelques projets de recherche universitaire impliquant le transfert technologique. En voici trois exemples. Le « Hartford Graduate Center » est fortement impliqué dans la recherche en intelligence artificielle. Dans le but de tester des aspects de la perception humaine pour des applications en robotique, les chercheurs ont développé un modèle sur la façon dont une partie du cerveau humain organise les informations perçues. Pour tester leur modèle, le centre avait besoin d'une méthode permettant de mimer certaines activités du cerveau grâce au traitement parallèle des ordinateurs. Le centre s'est donc branché avec le NorthEast Parallel Architecture Center pour procéder à ces tests. Une autre expérience s'est déroulée à l'Alfred University qui est un centre spécialisé dans le génie appliqué à la céramique. Afin de pouvoir manipuler des équations forts complexes pour le développement de modèles, l'université s'est reliée par le biais du réseau NYSERnet au Cornell National Supercomputer Center. Enfin, une autre forme de transfert technologique est régulièrement employée dans les réseaux. Les usagers peuvent accéder à des logiciels du domaine public. Ils empruntent alors des programmes parfois très sophistiqués (et très coûteux) dans le réseau et travaillent à partir de leurs terminaux ou de leurs micro-ordinateurs.

Les recherches sur les réseaux de télécommunications démontrent indéniablement que ceux-ci favorisent le transfert technologique pour le partage d'informations, l'éducation, l'expérimentation et surtout pour la collaboration d'idées nouvelles. Certains chercheurs en communication s'intéressent aux théories de la collaboration dans le domaine du transfert technologique. Ils se demandent pourquoi certains individus, séparés par des océans, des barrières culturelles, des problèmes d'incompatibilité de matériel informatique, persistent à vouloir collaborer dans les réseaux alors que d'autres chercheurs ne s'y intéressent pas. Une partie de la réponse proviendrait des particularités de la culture américaine. Celle-ci est fortement associée à l'esprit de compétition. Les Européens et les Japonais sont davantage habitués à travailler dans un esprit de collaboration. En fait, aucune organisation ou institution ne possède à elle seule les ressources humaines et financières nécessaires pour mener à terme des projets d'envergure. L'avenir du transfert technologique par le biais des réseaux de télécommunications passe par l'acquisition et le développement d'une culture de coopération et de collaboration.

10.6 CONCLUSION

On retiendra de ce chapitre que la communication informatisée sur le plan international peut emprunter des canaux « technologiques » tels que les flux transfrontières de données ainsi que des canaux à « orientation humaine » tels les canaux de télécommunications.

Les flux transfrontières de données existent principalement dans les pays industrialisés. Même dans ces pays industrialisés, il arrive que l'on reproche aux États-Unis de détenir trop d'informations vitales étrangères dans leurs bases de données alors qu'il n'existe pas de flux équivalents dans le sens inverse. Cette tendance est exacerbée lorsqu'on examine la situation des pays en développement technologique. Ces pays doivent exporter leurs données brutes vers les pays riches et ensuite se les réapproprier, une fois traitées, à des coûts très élevés. Tout comme dans les autres domaines commerciaux, les pays peu développés dépendent des pays riches en matière de flux international d'informations. Cette situation pose, à la limite, un problème de déontologie quand on sait que les pays riches peuvent stocker d'énormes quantités d'informations d'ordre personnel dans leurs bases de données sur la vie privée d'individus provenant de pays en développement. La confidentialité des données existe-t-elle sur le plan international? Les pays tiennent-ils compte des recommandations de l'OCDE en matière de flux transfrontières de données?

Ces questions soulèvent la problématique de la souveraineté informationnelle des pays en développement puisque ces derniers dépendent encore des pays riches pour ce qui est du matériel informatique et du savoir-faire. Cependant, il est possible que dans le contexte de la globalisation de l'économie, on puisse, grâce au transfert technologique, former une main-d'œuvre qualifiée qui pourrait effectuer le travail de traitement des données à un coût inférieur à ce qu'il en coûterait pour le faire dans les pays développés. Cette tendance semble émerger lentement.

En ce qui concerne les canaux de télécommunications, il faut d'abord souligner que l'accès aux technologies informatiques reste en général l'apanage des groupes sociaux aisés. Ces inégalités sont également senties dans les pays en développement. Au delà de ce contexte, on a vu que les réseaux de communication informatisée ont permis de mettre sur pied des forums voués aux objectifs d'une société civile globale, c'est-à-dire des réseaux qui favorisent la liberté des flux d'informations et qui font la promotion de thèmes liés notamment aux droits humains et à la protection de l'environnement.

Une autre dimension de la communication informatisée internationale est le transfert technologique. On a vu que celui-ci pouvait être compris comme un processus de communication qui se bute à des barrières communicationnelles en ce qui concerne le vocabulaire échangé, les sources de motivation des intervenants et les différences culturelles.

Par delà ces barrières, le transfert technologique pourrait bénéficier autant aux corporations multinationales qu'aux pays en voie de développement. Les corporations payent des salaires moindres à l'étranger, engagent moins de frais et leurs nouveaux employés ont l'avantage de très bien connaître la culture où l'entreprise évolue désormais. La main-d'œuvre occidentale risque d'en payer la note si pour un travail identique, il en coûte moins cher de faire travailler des employés locaux.

Enfin, le transfert technologique se pratique aussi dans un contexte de collaboration entre universités, entreprises et gouvernements. Cela permet d'accélérer l'émergence de projets en favorisant une communication instantanée entre individus partageant les mêmes intérêts. Les réseaux de télécommunications constituent un précieux outil pour le transfert technologique dans la mesure où l'esprit de collaboration prend le pas sur l'esprit de compétition.

CONCLUSION GÉNÉRALE

Nous avons pu constater, tout au long de cet ouvrage, que la relation communication informatisée et société est un phénomène complexe impliquant des dimensions multiples touchant aussi bien la vie privée des individus que leurs conditions de travail ou encore certains aspects de la vie nationale de leur pays respectif. La complexité de cette relation émerge non seulement des caractéristiques techniques de la technologie permettant la communication informatisée dans certains milieux, mais également des conditions économiques, politiques, sociales et culturelles dans lesquelles elle est implantée et utilisée. Comment ces diverses conditions influencent-elles ce phénomène?

L'implantation de technologies de communication informatisée a des répercussions différentes selon l'usage qu'on en fait dans divers secteurs de la société. En effet, les technologies étant adaptées aux milieux où on les insère, elles génèrent des formes de communication différant selon leurs conditions d'intégration, provoquant ainsi des réactions qui divergent selon les groupes concernés.

Dans le domaine financier par exemple, une étude a révélé que l'usage de cartes bancaires informatisées est liée de près aux conditions financières des groupes qui en possèdent : les classes mieux nanties les utilisent plus souvent que les classes modestes. D'autres analyses ont montré que le contrôle de dossiers informatisés, contenant d'importantes données personnelles, par des institutions comme des banques ou des entreprises multinationales comme des compagnies d'assurance peut devenir problématique pour les individus concernés soit en ce qui concerne la violation de leur vie privée, soit quant à des erreurs glissées dans leur dossier et contribuant à le modifier considérablement. On sait que certaines informations provenant de ces dossiers peuvent être vendues sur le marché du marketing, et que d'autres sont disponibles à la demande de certaines institutions financières. Il semble donc qu'une entreprise qui a les moyens d'acheter, ou qui a le statut reconnu pour exiger des données sur un individu puisse le faire assez facilement, en dépit des lois protégeant la vie privée, lois assez faciles à contourner à l'intérieur de certaines limites.

Les domaines des services publiques comme ceux de la santé et de l'éducation seraient particuliers en ce sens que l'implantation et l'utilisation de technologies de communication informatisée apporterait, selon les quelques études réalisées sur le sujet, plus d'avantages que d'inconvénients. Le peu d'ouvrages existant dans le domaine de la santé nous a révélé que, dans ce milieu, la carte informatisée, si elle répond bien au besoin de sécurité et de portabilité, permet d'améliorer la qualité des informations du dossier médical, d'avoir une meilleure communication entre divers services concernés et un meilleur suivi des patients. Malgré tout, la possibilité d'atteinte à la vie privée demeure toujours présente. Dans le domaine de l'éducation, la communication informatisée permet la transmission rapide d'informations et de connaissances scientifiques, et la formation de réseaux internationaux d'experts pouvant se consulter rapidement et régulièrement. Elle semble également stimuler la motivation des jeunes à apprendre, bien qu'à ce niveau les études sont trop peu nombreuses pour avancer des résultats concluants.

C'est sur le plan de l'emploi que l'implantation de technologies de communication informatisée semble la plus problématique, amenant de nombreux conflits entre différents groupes impliqués. Ces conflits relèvent du fait que la communication informatisée ouvre la porte à des modifications aussi bien dans la nature du travail qu'à la culture organisationnelle déjà bien installée. On constate alors des réactions négatives de la part des travailleurs concernés. Dans les organisations policières par exemple, les policiers patrouilleurs ont craint de voir une bonne partie de leur travail sur le terrain transformée en travail de bureau pour effectuer du traitement de données. Dans des entreprises privées comme Pharmacan, les ouvriers se sont méfié des changements apportés par la nouvelle technologie au niveau de la logique organisationnelle déjà en place. Ces changements viendraient bousculer les structures de l'organisation et, par le fait même, de leurs emplois.

L'analyse de l'intégration de la communication informatisée dans les entreprises privées et publiques permet également de constater que, pour éviter trop de conflits, des stratégies soutenant le processus d'implantation d'une nouvelle technologie sont planifiées avec soin dans le but de prévoir non seulement des modifications sur les comportements des travailleurs, mais d'adapter la technologie au milieu où on l'insère.

Le milieu dans lequel la technologie est implantée est porteur de structures spécifiques et réglementé par une certaine logique organisationnelle, par une culture propre aux groupes concernés et par des conditions de travail particulières. La communication informatisée, comme forme de transmission d'informations à distance, vient élargir le cadre d'interrelations et d'interventions des individus et des groupes concernés par son implantation. Par le fait même, elle contribue à bouleverser les habitudes, les formes d'interactions et même souvent la nature des interventions dans l'organisation. Ces bouleversements et ces changements se traduisent par une certaine insécurité s'exprimant de différentes façons. Dans tous les milieux concernés, cette insécurité provoque des réactions plus ou moins négatives se traduisant par des luttes de pouvoir entre les différents groupes concernés, impliquant, au début de l'expérience tout au moins, des comportements allant de la sous-utilisation au vandalisme.

Les différents auteurs permettent de saisir ce phénomène sous plusieurs angles, en examinant non seulement l'aspect technologique, mais les conditions qui pourraient influencer le processus d'intégration de la technologie utilisée, dévoilant que ce processus est intimement lié aux intérêts des différents groupes concernés : administrateurs/travailleurs, promoteurs/usagers, gestionnaires/employés.

Ces auteurs nous font également découvrir les différents enjeux – économiques, politiques, sociaux, culturels – impliqués dans l'intégration de la communication informatisée dans la société. Ils nous révèlent que cette forme de communication n'est pas accessible à tous, les coûts d'achat des outils technologiques lui donnant accès et de location des services qu'elle offre prévenant les groupes à revenus modestes de s'en prévaloir. Cette même inégalité d'accès se retrouve également sur le plan mondial, les pays en développement et technologiquement pauvres étant à la merci des pays industrialisés en ce qui a trait à plusieurs services informatisés, tel le traitement de données par exemple, par manque de spécialistes ou d'outils technologiques. Pourtant, cette opération est cruciale car elle est à la source du tri de données à stocker ou à rejeter : comment un pays ayant peu, ou même pas du tout, de références communes avec le pays demandeur peut-il décider de ce qui est nécessaire à ce dernier? Comment, aussi, le pays dépendant peut-il s'assurer que le pays traitant ses données ne conservera pas une partie confidentielle et stratégique de celles-ci?

Dans un tel contexte, le monopole économique et (ou) politique de certains services disponibles en communication informatisée, comme le traitement des données déjà mentionné, par des multinationales ou des nations développées technologiquement, pourrait mener à des abus de pouvoir et de contrôle social. Pour ces raisons, certaines études suggèrent que le contrôle de l'expertise en communication informatisée soit décentralisé, c'est-à-dire qu'on fournisse aux pays en développement les outils technologiques et l'expertise nécessaire pour traiter leurs propres données. De plus, des chercheurs affirment que des lois devraient être promulguées pour réglementer ce secteur des communications, tant sur le plan national qu'international. Ces lois devraient être décrétées par chaque pays, pour protéger aussi bien la culture et les affaires nationales que les individus comme citoyens et travailleurs. Nous avons vu que le Canada et le Québec ont déjà décrété certaines lois, mais que celles-ci sont loin de protéger toutes les dimensions du phénomène de la communication informatisée dans la société.

Cet ouvrage permet finalement de découvrir que l'utilisation de la communication informatisée peut mener à différentes formes de société – technocratique ou communautaire – selon qu'elle renforce le contrôle sur les gens en particulier et la société en général, ou qu'elle encourage la démocratie.

En résumé, les textes que contient cet ouvrage sur la relation communication informatisée et société nous permettent d'étudier ce phénomène sous plusieurs facettes. Ils permettent d'examiner les impacts sociaux des changements apportés au processus de communication par les interactions entre le choix d'une technologie permettant une certaine forme de communication informatisée, le développement et l'implantation de cette technologie dans un milieu spécifique, les modifications des formes d'organisation du travail de ce milieu, les rapports de pouvoir qui y existent, les cultures de groupe qui y émergent et les structures d'emploi qui y sont affectées. L'ouvrage implique non seulement l'économie politique du développement de la communication informatisée dans la société, mais aussi l'aspect légal de son utilisation et les conséquences sociales de certaines activités qu'elle permet tant dans les organisations privées que dans les institutions publiques.

RÉFÉRENCES BIBLIOGRAPHIQUES

Chapitre 1

ATTALAH, Paul (1989). *Théories de la communication : histoire, contexte, pouvoir*, Québec : Presse de l'Université du Québec, Sainte-Foy : Télé-université.

CARON, André H., GIROUX, Luc, DOUZOU, Sylvie (1987). *L'appropriation du « virage technologique » : le micro-ordinateur domestique*, Montréal : Cahiers de recherche en communication, Université de Montréal.

FREDERICK, Howard H. (1993). *Global Communication & International Relations*, Belmont, Cal., USA : Warsworth Publishing Company.

LARAMÉE, Alain, VALLÉE, Bernard (1991). *La recherche en communication : éléments de méthodologie*, collection « Communication organisationnelle », Québec : Presses de l'Université du Québec, Sainte-Foy : Télé-université.

MARTIN, Michele (1987). *Communication and Social Form : A Study of the Development of the Telephone System, 1876-1920*, thèse de doctorat, Département de sociologie, Université de Toronto.

MÉNARD, Marc, TREMBLAY, Gaëtan (1994). « Esquisse d'une convergence annoncée », dans J.-G. Lacroix, B. Miège, G. Tremblay (sous la direction de), *De la télématique aux autoroutes électroniques : le grand projet reconduit*, Québec : Presses de l'Université du Québec, p. 99-136.

MOSCO, Vincent (1989). *The Pay-per Society : Computers and Communication in the Information Age – Essays in Critical Theory and Public Policy*, Norwood : Ablex Publishing Corporation.

MOWLANA, Hamid (1985). *International Flow of Information : A Global Report and Analysis*, Rapport n° 99 sur les communications de masse, Paris : Unesco.

POSTEL-VINAY, André (1994). « De la fibre optique au pouvoir politique... » dans *Le Monde Diplomatique*, novembre, p. 26.

TEHRANIAN, Majid (1989). « Information society and democratic prospects », dans J. Meheroo, O. Tadayuki, A. Toshihiro (eds), *Information Technology and Global Interdependance*, New York : Greenwood Press, p. 212-221.

RÉFÉRENCES BIBLIOGRAPHIQUES

TREMBLAY, Gaëtan, LACROIX, Jean-Guy (1994a). « La convergence, encore et toujours », dans J.-G. Lacroix, B. Miège, G. Tremblay (sous la direction de), *De la télématique aux autoroutes électroniques : le grand projet reconduit*, Québec : Presses de l'Université du Québec, p. 1-15.

TREMBLAY, Gaëtan, LACROIX, Jean-Guy (1994b). « La reconduction du grand projet », dans J.-G. Lacroix, B. Miège, G. Tremblay (sous la direction de), *De la télématique aux autoroutes électroniques : le grand projet reconduit*, Québec : Presses de l'Université du Québec, p. 227-255.

Chapitre 2

ANDERSON, B. (1995). « Politics at distance », Conférence donnée au département de Studies in Political Economy, Carleton University, 10 mars.

HARASIM, Linda M. (1993). « Networlds : Network as social space », dans L.M. Harasim (ed.), *Global Networks : Computers and International Communication*, Cambridge, Mass. : The MIT Press, p. 16-34.

KATZ, E.J. (1990). « Social aspects of telecommunication security policy », *IEEE Technology and Society Magazine*, juin/juillet, p. 16-24.

LEVY, Steven, (1993). « Crypto rebels » *Wired 1.2*, mai/juin, p. 55-61.

MOSCO, Vincent (1994). « Information policy : The superhighway meets the great white way », Papier présenté à « The Canadian Library Association » en juin, Vancouver, Canada.

NORMAND, Gilles (1993). « Équifax Canada fait l'objet d'un portrait peu édifiant en commission parlementaire », *La Presse*, jeudi 25 février, p. A17.

OLSON, M. (1983). « Remote office work : Changing work patterns in space and time », *Communications of the A-C.M.*, n° 26.

PAQUIN, Gilles (1993). « Un prof voit dans la géomatique un outil de surveillance du citoyen », *La Presse*, samedi 17 avril, p. A11.

SPROULL, L., LIESLER, S. (1993). « Computers, networks, and work », dans L.M. Harasim (ed.), *Global Networks : Computers and International Communication*, Cambridge, Mass. : The MIT Press, p. 105-119.

VITALIS, Anddré *et al.* (1988). *L'ordinateur et après : 16 thématiques sur l'informatisation de la société*, Montréal : Gaëtan Morin éditeur.

Chapitre 3

Black's Law Dictionary (1979). 5ᵉ éd., p. 1075-1076.

CANADA (1972). *L'ordinateur et la vie privée*, ministère des Communications et ministère de la Justice, Groupe d'étude sur l'ordinateur et la vie privée, Ottawa : Information Canada.

FLAHERTY, D.H. (1989). *Protecting Privacy in Surveillance Societies : The Federal Republic of Germany, Sweden, France, Canada and the United States*, Chapel Hill : University of North Carolina Press, 483 p.

GROUPE DE RECHERCHE INFORMATIQUE ET DROIT (1986). *L'identité piratée : étude sur la situation des bases de données à caractère personnel dans le secteur privé au Québec et sur leur réglementation en droit comparé et international*, Montréal : Société québécoise d'information juridique, 363 p.

KAYSER, P. (1990). *La protection de la vie privée*, 2ᵉ éd., Paris : Economica et Presses Universitaires d'Aix-Marseille, 457 p.

LAPERRIÈRE, R. (1991). *La protection juridique des renseignements personnels dans le secteur privé québécois*, mémoire présenté à la Commission des institutions de l'Assemblée nationale le 13 novembre.

LAPERRIÈRE, R., CÔTÉ, R., LEBEL, G.A., ROY, P., BENYEKHLEF, K. (1991). *Vie privée sans frontières : les flux transfrontières de renseignements personnels en provenance du Canada*, Ottawa : ministère de la Justice du Canada, 357 p.

LAPERRIÈRE, R., CÔTÉ, R. et LEBEL, G.A. (1992). « The transborder flow of personal data from Canada : International and comparative law issues », *Jurimetrics Journal of Law, Science and Technology*, vol. 32, p. 547-569.

LAPERRIÈRE, R. et PATENAUDE, P. (1994). « Les atteintes à la vie privée », dans F. Dumont, S. Langlois, Y. Martin (dir.), *Traité des problèmes sociaux*, Institut québécois de recherche sur la culture.

LOUIS HARRIS & ASSOCIATES INC., WESTIN, Alan F. (1981). *The dimensions of Privacy. A National Opinion Research Survey of Attitudes Toward Privacy*, New York : Garland, 104 p.

LOUIS HARRIS & ASSOCIATES INC., WESTIN, Alan F. (1992). *Le rapport Équifax Canada sur les consommateurs et la vie privée à l'ère de l'information*, Équifax, document corporatif interne.

PATENAUDE, Pierre (1990). *La preuve, les techniques modernes et le respect des valeurs fondamentales,* Sherbrooke : Université de Sherbrooke, Éd. Revue de droit, 296 p.

QUÉBEC (1983). *Rapports annuels.* Commission d'accès à l'information, Québec : CAI.

QUÉBEC (1981). *Information et liberté : rapport de la Commission,* Commission d'étude sur l'accès du citoyen à l'information gouvernementale et sur la protection des renseignements personnels, Québec : Gouvernement du Québec.

QUÉBEC (1987). *Une vie privée mieux respectée, un citoyen mieux informé : rapport sur la mise en œuvre de la Loi sur l'accès aux documents des organismes publics et sur la protection des renseignements personnels,* Commission d'accès à l'information, Les publications du Québec, Québec : Gouvernement du Québec.

QUÉBEC (1988a). *La vie privée, un droit sacré,* Québec : Assemblée nationale, Commission de la culture, juin, 99 p.

QUÉBEC (1988b). *Vie privée : zone à accès restreint,* Comité interministériel sur la protection de la vie privée eu égard aux banques privées de données personnelles, Rapport du 30 septembre, Québec : Gouvernement du Québec.

QUÉBEC (1992). *Un passé éloquent, un avenir à protéger : rapport sur la mise en œuvre de la Loi sur l'accès aux documents des organismes publics et sur la protection des renseignements personnels,* Commission d'accès à l'information, Québec : Gouvernement du Québec.

RIGAUX, F. (1990). *La protection de la vie privée et des autres biens de la personnalité,* Bruxelles : Bruylant, Paris : Librairie générale de droit et de jurisprudence, 849 p.

ROTHFEDER, Jeffrey (1992). *Privacy for Sale,* New York : Simon & Schuster.

RUBIN, M.R. et Dervin, B. (dir.) (1989). *Private Rights, Public Wrongs : The Computer & Personal Privacy,* Norwood : Ablex Pub.

RULE, J.B. (1980). *The Politics of Privacy, Planning for Personal Data Systems as Powerful Technologies,* New York : Elsevier.

SAUL, John Ralston (1993). *Les bâtards de Voltaire : la dictature de la raison en Occident,* Paris : Payot.

SIMITIS, Spiros (1987). « Reviewing privacy in an information society », *University of Pennsylvania Law Review,* vol. 135, p. 707-746.

UNITED STATES CONGRESS (1977). *Personal Privacy in an Information Society : Report of the Commission*, Privacy Protection Study Commission, Washington, D.C. : US Government Printing Office, 654 p.

VITALIS, André (1988). *Informatique, pouvoir et libertés*, 2ᵉ éd., Paris : Economica, 218 p.

WARREN, S., BRANDEIS, L. (1890). « The right to privacy », *Harvard Law Review*, n° 4, p. 193.

WESTIN, A.F. (1967). *Privacy and Freedom*, New York : Atheneum.

WILSON, K.G. (1988). *Technologies of Control : The New Interactive Media for the Home*, London : University of Wisconsin Press, 180 p.

Législation citée

Charte des droits et libertés de la personne, L.R.Q., chapitre C-12.

Code civil du Québec, L.Q., 1991, c. 64.

Code criminel, S.R.C., 1985, c. C-46.

Loi modifiant la Charte des droits et libertés de la personne concernant la Commission et instituant un Tribunal des droits de la personne, L.Q., 1989, c. 51.

Loi sur l'accès aux documents des organismes publics et sur la protection des renseignements personnels, L.R.Q., c. A-2.1.

Loi sur le courtage immobilier, L.Q., 1991, c. 37.

Loi sur les intermédiaires de marché, L.R.Q., c. I-15.1.

Loi sur les services de santé et les services sociaux, L.R.Q., c. S-4.2.

Loi canadienne sur les droits de la personne, S.C., 1976-1977, c. 33.

Loi sur la protection des renseignements personnels dans le secteur privé, L.Q., 1993, c. 17.

Loi sur l'accès à l'information, S.C., 1980-1981-1982, c. 111, art. 2 (Annexe 1), L.R.C., 1985, c. A-1.

Loi sur la protection des renseignements personnels, S.C., 1980-1981-1982, c. 111, art. 2 (Annexe 2), L.R.C., 1985, c. P-21.

Loi de 1982 sur le Canada, Annexe B, R.U., 1982, c. 11.

Privacy Act of 1974, 5, U.S.C., 552a.

Jurisprudence citée

Bellerose c. Université de Montréal, 1988, C.A.I., 377.

Hunter c. Southam, 1984, 2, R.C.S., 145.

R. c. Dyment, 1988, 2, R.C.S., 417.

R. c. Plant, 1993, 3, R.C.S., 281.

Chapitre 4

BERNIER, Colette (1990). *Le travail en mutation,* Montréal : Éd. coop. Saint-Martin.

BERNIER, Jean (1976). *La sécurité d'emploi en cas de changements technologiques et la convention collective,* Québec : ministère du Travail et de la Main-d'œuvre, 248 p.

BUREAU INTERNATIONAL DU TRAVAIL (1982). *Impact des nouvelles technologies : emploi et milieu de travail,* Genève : BIT.

BUREAU INTERNATIONAL DU TRAVAIL (1990). *Santé et sécurité dans le travail sur écran de visualisation,* Genève : BIT.

CANADIAN LABOUR CONGRESS (1982). *Towards a more Humanized Technology : Exploring the Impact of VDT on the Health and Working Conditions of Canadian Office Workers,* Ottawa : Labour Education and Studies Centre.

CENTRALE DE L'ENSEIGNEMENT DU QUÉBEC (CEQ) (1985). *Apprivoiser le changement : Actes du colloque sur les nouvelles technologies, la division du travail, la formation et l'emploi,* Sainte-Foy : CEQ.

COMMISSION CONSULTATIVE SUR LE TRAVAIL ET LA RÉVISION DU CODE DU TRAVAIL (1985). *Le travail, une responsabilité collective,* Québec : Gouvernement du Québec.

COMMISSION DE SANTÉ ET DE SÉCURITÉ DU TRAVAIL (CSST) (1987). *Guide d'aménagement des postes de travail à écran cathodique,* Montréal : CSST.

COMMISSION SUR L'INFORMATISATION, L'EMPLOI ET LE TRAVAIL (1985). *Vers la maîtrise sociale du changement technologique,* Conférence sur l'électronique et l'informatique, Québec : Gouvernement du Québec, 252 p.

COOPER, Daniel, RACICOT, Michel (1988). « Inventions and innovations by employees », *Meredith Memorial Lectures,* p. 339-373.

CÔTÉ, André C. (1989). « Nouvelles technologies et droit du travail au Canada », *Relations industrielles,* vol. 44 : 751.

GORZ, André (1988). *Métamorphoses du travail, quête du sens, critique de la raison économique,* Paris : Galilée.

Guay, François (1989). « Les obligations contractuelles des employés vis-à-vis leur ex-employeur : la notion d'obligation fiduciaire existe-t-elle en droit québécois? », *R. du B.*, vol. 49 : 739-768.

Guérin, François (1986). *Informatique et droit du travail*, Paris : Delmas.

Hayes, Dennis (1990). *Behind the Silicon Curtain : The Seductions of Work in a Lonely Era*, Montréal : Black Rose Books, 215 p.

Heenan, Roy L. (1988). « New technologies and employment law : The United States and Canadian positions », *Comparative Labor Law Journal*, vol. 9 : 357-368.

Institut national de productivité (1983). *Technologie et travail, un virage humain*, Rapport du Colloque du 1er juin 1983, Québec : I.N.P.

Jain, Harish C. (1983). « Micro-electronics technology and industrial relations », *Relations Industrielles*, vol. 38 : 869.

Kaplinsky, Raphael (1987). *Micro-Electronics and Employment Revisited : A Review*, Genève : BIT.

Laflamme, Gilles, Vallée, Guylaine (1987). « Changements technologiques et modes régulateurs des relations du travail », *Relations industrielles*, vol. 42 : 702.

Laperrière, René (1987). « Le droit du travail et les changements technologiques », dans R. Laperrière, H. Claret et P. Péladeau (dir.), *Une démocratie technologique?* Montréal : ACFAS-GRID, p. 413-433.

Laperrière, René (1989). « L'informatique en quête d'éthique » dans « L'éthique professionnelle, réalités du présent et perspective d'avenir au Québec », *Cahiers de recherche éthique*, vol. 13, Fides, p. 129-142.

Lippel, Katherine (1993). *Le stress au travail : l'indemnisation des atteintes à la santé en droit québécois, canadien et américain*, Cowansville : Éditions Yvon Blais.

Mann, J. Fraser (1987). *Computer Technology and the Law in Canada*, Toronto : Carswell, 455 p.

Mergler, Donna (1991). « Derrière nos ordinateurs : la misère de la révolution technologique », dans C. Limoges (dir.), *Les pratiques de l'évaluation sociale des technologies*, Québec : Conseil de la science et de la technologie, p. 147-151.

Newton, Keith, et autres (dir.) (1987). *Innovation, emplois, adaptation*, Rapport de recherche préparé pour le Conseil économique du Canada, Ottawa : Gouvernement du Canada.

ORLIKOWSKI, W.J. (1988). « The data processing occupation : Professionalization or proletarianization? » *Research in the Sociology of Work*, vol. 4 : 95-124.

POIRIER, Françoise (dir.) (1983). *La micro-informatique dans le travail et l'éducation*, Québec : Association des femmes diplômées des universités, 148 p.

SAINT-PIERRE, Céline (1993). « Le tertiaire en mouvement : bureautique et organisation du travail », dans D.-G. Tremblay (dir.), *Travail et société : une introduction à la sociologie du travail*, Montréal : Éditions Agence d'ARC, Sainte-Foy : Télé-Université, p. 191-206.

SAINT-PIERRE, Céline, CAMBROSIO, Alberto (1990). « L'autre face de l'informatisation du travail », *Technologies de l'information et société*, vol. 2 : 79-96.

SYNDICAT CANADIEN DE LA FONCTION PUBLIQUE (SCFP) (1984). « La puce à l'oreille, la nouvelle société électronique », *L'événement*, vol. 7.

THOMASSET, Claude, LAPERRIÈRE, René (1988). « La régulation juridique du quotidien : travail, logement et informatique », dans G. Boismenu, J.J. Gleizal (édit.), *Les mécanismes de régulation sociale : la justice, l'administration, la police,* Montréal : Boréal, Lyon : Presses Universitaires de Lyon, p. 57-52.

VALLÉE, Guylaine (1986). *Les changements technologiques et le travail au Québec : un état de la situation*, Commission consultative sur le travail, Québec : Gouvernement du Québec.

VERGE, Pierre (1989). « The right to strike and technological change » dans *Aspects sociaux et juridiques des nouvelles technologies en Allemagne fédérale et au Canada*, Hambourg : Hochschule für Wirtschaft und Politik, p. 45-55.

VITALIS, André, *et al.* (1988). *L'ordinateur et après : 16 thématiques sur l'informatisation de la société*, Boucherville : Gaëtan Morin éditeur. [Fiche 12 : Droit de l'informatique.]

Législation citée

Charte des droits et libertés de la personne, L.R.Q., chapitre C-12.

Code canadien du travail, S.R.C., 1970, c. L-1.

Code civil du Québec, L.Q., 1991, c. 64.

Code criminel, S.R.C., 1985, c. C-46.

Code du travail, L.R.Q., c. C-27.

Loi sur l'accès aux documents des organismes publics et sur la protection des renseignements personnels, L.R.Q., c. A-2.1.

Loi sur la formation et la qualification professionnelles de la main-d'œuvre, L.R.Q., c. F-5.

Loi sur la protection des renseignements personnels dans le secteur privé, L.Q., 1993, c. 17.

Loi sur la santé et la sécurité du travail, L.R.Q., c. S-2.1.

Loi sur la Société québécoise de développement de la main-d'œuvre, L.Q., 1992, c. 44; L.R.Q., c. S-22.001.

Loi sur le droit d'auteur, S.R.C., 1985, c. C-42, am. par S.C., 1988, c. 15 (S.R.C., 4ᵉ sup., c. 10).

Loi sur le régime de négociation des conventions collectives dans les secteurs public et parapublic, L.R.Q., c. R-8.2.

Loi sur les accidents du travail, L.R.Q., c. A-3.001.

Loi sur les comptables agréés, L.R.Q., c. C-48.

Loi sur les ingénieurs, L.R.Q., c. I-9.

Loi sur les normes du travail, L.R.Q., c. N-1.1.

Loi sur les relations du travail, la formation professionnelle et la gestion de la main-d'œuvre dans l'industrie de la construction, L.R.Q., c. R-20.

Jurisprudence citée

Amusements Wiltron Inc. c. Mainville et Kraml, JE 91-1182 (C.S., Montréal).

Association du personnel administratif et professionnel de l'Université de Sherbrooke (APAPUS) c. Université de Sherbrooke, arb. Jean-Guy Clément, 1983, 83, T-867.

Canadian International Paper c. Syndicat international des employés professionnels et de bureau, local 265 de Trois-Rivières, arb. Michel Bergevin, 1990, T.A. 661.

Dismat Inc. c. Syndicat des employés de bureau de Dismat Inc., arb. Guy Dulude, 1982, D.T.E. T82-450.

Dubois c. Systèmes de gestion et d'analyse de données média, Média-Source Canada Inc., JE 91-922 (C.S., Montréal).

Godin c. Gary Abrahams Business Consultants Inc., 1986, R.J.Q. 809 (C.S., J. Hannan).

Koné Inc. c. Dugré, JE 91-1392 (C.S., J. René Letarte).

Magasins Continental Ltée c. Syndicat des employé(es) de commerce de Mont-Laurier (CSN), 1988, R.J.Q. 1195 (C.A., J. Rothman).

Mines d'amiante Bell Ltée c. Métallurgistes unis d'Amérique, local 8026, arb. René Lippé, 1985, D.T.E. 85T-348.

Murray c. Circle International Freight Canada, arb. Richard Marcheterre, 1983, D.T.E. 83T-206.

Petits Frères des Pauvres c. Sobrino, arb. Jean-Yves Durand, 1982, T82-307.

Piuze c. Equipements Blackwood Hodge Ltée, arb. Jean Gauvin, 1991, T.A. 337.

Positron c. Desroches, 1988, R.J.Q. 1636 (C.S., J. Biron).

Québec North Shore and Labrador Railway c. Métallurgistes unis d'Amérique, loc. 8399, arb. René Lippé, 1984, D.T.E. 84T-258.

Ressources informatiques Quantum inc. c. Brisson, JE 92-530 (C.S., Québec, J. Desmeules).

Sauveteurs et victimes d'actes criminels-4, 1987, C.A.S. 297.

Société d'électrolyse et de chimie Alcan c. Syndicat national des employés de l'aluminium d'Alma, arb. René Lippé, 1986, T.A. 54.

Société d'électrolyse et de chimie Alcan Ltée, division Arvida c. Syndicat national des employés de l'aluminium d'Arvida Inc., arb. René Lippé, 1983, T.A. 886.

Syndicat canadien des travaileurs du papier, secteur Saint-Thomas c. Donohue Saint-Félicien Inc., arb. Jacques Turcotte, 1982, D.T.E. T82-890.

Syndicat des postiers du Canada c. Société canadienne des postes, arb. Rodrigue Blouin, 1985, D.T.E. 85T-344.

Transvision Granby Inc. c. Saint-Laurent, arb. Jacques Sylvestre, 1983, D.T.E. 83T-167.

Union typographique de Québec, local 302 c. Syndicat des employés du personnel de soutien de la rédaction du Soleil (CSN), 1975, T.T. 84.

Chapitre 5

ABALLEA, F. (1990). *L'introduction de la monétique dans les transports urbains*, Plan urbain, mars, ministère de l'Équipement, du Logement, des Transports et de la Mer.

BIDOU, C. (1984). *Les aventuriers du quotidien*, Paris : PUF.

BIDOU, C. (1990). « Amiens, nouvelles techniques de communication et gestion symbolique de l'espace », *Metropolis*, n°s 90-91.

BIDOU, C., LEPRESLE, M. (1989). *L'informatique à la cantine : bilan-évaluation d'une expérimentation de monétique urbaine*, IRIS-TS/CNRS/Université Paris Dauphine.

BOURDIEU, P. (1979). *La distinction, critique sociale du jugement*, Paris : Éd. Minuit.

CHALENDAR de, X. (1992). « Cette pauvreté qu'exaltent les chrétiens », *L'argent*, n° 132, octobre.

DINI, L. (1990). *Étude de perception et de motivation des étudiants envers la résidence, ses installations, son environnement*, OPAC Metz/Plan Construction et Architecture, mai.

GILLE, D., STENGERS, I. (1982). *Introduction de la monnaie électronique en Belgique*, Institut de sociologie, ULB, Bruxelles : GECS, octobre.

GOUX (1989). « Cash, check or card », dans M. Gorin (dir.), dans *L'argent, Revue Communications*, n° 50, Paris : Seuil.

GUEISSAZ, A. (1990). *La carte bancaire et ses utilisateurs : une approche anthropologique*, Nanterre : CASER/Université Paris X, mars.

GUILLAUME, M. (1992). « Argent et hypermonnaie », dans R.P. Droit, *Comment penser l'argent*, Paris : Éd. Le Monde.

HOGGART, R. (1970). *La culture du pauvre*, Paris : Éd. Minuit.

LASFARGUE, Y. (1989). « Technologies nouvelles, nouveaux exclus? Changements technologiques et évolutions du travail », *Futuribles*, octobre.

LEPRESLE, Marion (1992). « Argent, monétique et utilisateurs », étude réalisée pour le département Usages Socio-techniques (UST), RI163, France Telecom, CNET, Centre Paris A.

ROUX, J., MICOUD, A. (1984). *Terminal monnaie*, Saint Etienne : CRESAL/CNRS, avril.

S.E.D.E.S. (1987). *Perception par les usagers des systèmes de tarification des services de transports collectifs urbains*, Plan urbain, décembre.

S.E.D.E.S. (1990). *La difficile émergence de la monétique urbaine locale*, Plan urbain, janvier.

SHELL, M. (1992). « L'art en tant qu'argent en tant qu'art », dans R.P. Droit, *Comment penser l'argent*, Paris : Éd. Le Monde.

VEBLEN, T. (1970). *Théorie de la classe de loisir*, Paris : Éd. Gallimard.

Chapitre 6

AKZAM, Hélène (sous la dir. de James R. Taylor) (1991). *Implantation technologique et adaptation organisationnelle : période d'expérimentation*, Rapport de recherche fait par le GISCOR pour le CCRIT dans le cadre du projet Telnets, Rapport n° 11, Montréal : Les publications GISCOR, Département de communication, Université de Montréal.

BRISSON, B. (1990). *Propositions relatives à l'élaboration d'un cadre d'implantation du réseau de télécommunications policières à la sûreté du Québec*, Rapport d'intervention, Montréal : ENAP.

COMMUNAUTÉ URBAINE DE MONTRÉAL, *Rapport annuel 1991*, Centre d'urgence 9-1-1, Montréal : Communauté urbaine de Montréal.

ROCHON, C. (1988). *Stratégie de mise en marché visant à accélérer le processus d'acceptation d'un nouveau système de télécommunications au service de police de la communauté urbaine de Montréal*, Rapport d'intervention, Montréal : ENAP.

SYMONS, Gladys (1988). « La culture des organisations, Québec, Institut québécois de recherche sur la culture », dans B. Brisson (1990), *Propositions relatives à l'élaboration d'un cadre d'implantation du réseau de télécommunications policières à la sûreté du Québec*, Rapport d'intervention, Montréal : ENAP.

Chapitre 7

ANDREOLI, K., MUSSER, L.A. (1985). « Computers in nursing care : The state of the art », *Nursing Outlook*, vol. 33, n° 1 : 16-21.

FORTIN, Jean-Paul (1993). *Description sommaire du projet carte santé*, document de travail, Sainte-Foy : Université Laval.

LABILLOIS, Étienne (sous la dir. de Nicole Boucher) (1990). *L'impact social des nouvelles technologies sur les personnes âgées : une recension des écrits*, Laboratoire de recherche, École de service social, Québec : Université Laval.

MACKAY, P., TRUDEL, P., et autres (1992). *La carte à mémoire : ses aspects juridiques et technologiques*, ministère des Communications, Gouvernement du Québec, Québec : Les publications du Québec.

ORGANISATION MONDIALE DE LA SANTÉ (OMS) (1990). *Informatique, télématique et santé : applications actuelles et potentielles*, Genève : OMS.

WRIGLEY, N. (1990). « Technologies de l'information et services de santé » dans *Actes d'une conférence Villes et technologies nouvelles*, Paris : Groupe des affaires urbaines de l'OCDE.

Chapitre 8

HARASIM, L. (1987). « Computer-mediated cooperation in education : Group learning networks », dans J. Leblond, *Psychologie sociale et télécommunications*, Sainte-Foy : Télé-université, p. 257.

HENRI, F. (1992). « Integration of computer-mediated communication with mass distance education : Should we rush into it? » dans Duncan Sanderson (ed.), *Electronic Networks in Organization : Perspective and Issue for Research*, Montréal : Le Centre canadien de recherche sur l'informatisation du travail, p. 59-70.

HILTZ, S.R., TUROFF, M. (1982). *The Network Nation : Human Communication via Computer*, 4ᵉ édition, Reading, Mass. : Addison-Wesley Publishing Company.

KAYE, Anthony R. (1992). « Learning together apart » dans A.R. Kaye (ed.), *Collaborative Learning through Computer Conferencing The Najaden Papers*, Allemagne : Springer-Verlag, New York : NATO ASI series, series F, Computer and Systems Sciences, vol. 90 : 1-24.

MOUNTAIN, Lee (1992-1993). « Doing homework on a telecommunications network » dans *Journal of Educational Technology Systems*, vol. 21, n° 2 : 103-107.

RIGAULT-RICCIARDI, Claude (1991). *Téléinformatique et applications télématiques*, Sainte-Foy : Télé-université.

RIGAULT-RICCIARDI, Claude (1992). *Télématique en milieu d'apprentissage*, Sainte-Foy : Télé-université.

SIMON, Cristina (1992). « Telematic support for in-service teacher training », dans A.R. Kaye (ed.), *Collaborative Learning through Computer Conferencing The Najaden Papers*, Allemagne : Springer-Verlag, New York : NATO ASI series, series F, Computer and Systems Sciences, vol. 90, p. 29-37.

TURKLE, S., PAPERT, S. (1990). « Epistemological pluralism : Styles and voices within the computer culture », *Signs*, vol. 16, n° 1 : 74-101.

YATES, John S. (1993). « Gender, computers and communication : The use of computer-mediated communication on an adult distance education course », *International Journal of Computers in Adult Education and Training*, vol. 3, n° 2 : 21-40.

Chapitre 9

Akrich, Madeleine, Callon, Michel, Latour, Bruno (1991). « À quoi tient le succès des innovations? », dans D. Vinck, *Gestion de la recherche, nouveaux problèmes, nouveaux outils*, Bruxelles : DeBoeck, p. 27-78.

Alsène, Éric (1990). « Les impacts de la technologie sur l'organisation », *Sociologie du travail*, vol. XXXII, n° 2 : 321-338.

Alsène, Éric, Denis, Hélène, (1990). « Un modèle d'analyse des pratiques complexes de gestion du changement technologique », *Revue française de gestion*, n° 84 : 32-44.

Badham, Richard, Schallock, Burkhard (1991). « Human factors in CIM, A human-centered perspective from Europe », *International Journal of Human Factors in Manufacturing*, vol. 1, n° 2 : 121-141.

Barki, Henri, Rivard, Suzanne, Talbot, Jean (1993). « Risque, mode de gestion et succès d'un projet d'informatisation », *Technologies de l'information et société*, vol. 5, n° 2 : 121-146.

Barley, Stephen R. (1986). « Technology as an occasion for structuring, Evidence form observation of CT scanners and the social order if radiology departments », *Administrative Science Quarterly*, vol. 31 : 78-108.

Barley, Stephen R. (1988). « Technology, power and the social organization of work, towards a pragmatic theory of skilling and deskilling », *Research in the Sociology of Organization*, vol. 6 : 33-80.

Barley, Stephen R. (1990). « The alignment of technology and structure through roles and networks », *Administrative Science Quarterly*, vol. 35 : 61-103.

Biemans, P., Frank, M. (1990). *Manufacturing Planning and Control, A Reference Model*, Amsterdam : Elsevier, 239 p.

Braverman, Harry (1976). *Travail et capitalisme monopoliste*, Paris : François Maspero.

Brödner, Peter (1990). « Technocentric-anthropocentric approaches, Towards skill-based manufacturing », dans M. Warner, W. Wobbe, P. Brödner (Eds), *New Technology and Manufacturing Management*, Chichester : John Wiley and Sons Ltd, p. 101-111.

Burkhardt, Marlene E., Brass, Daniel J. (1990). « Changing patterns or patterns of change. The effects of a change in technology on social network structure and power », *Administrative Science Quarterly*, mars, vol. 35 : 104-127.

CLARK, Jon, McLOUGHLIN, Ian, ROSE, Howard, KING, Robin (1988). *The Process of Technological Change, New Technology and Social Choice in the Workplace*, Cambridge : Cambridge University Press.

Crouhy, Michel, Greif, Michel (1991). Gérer *simplement les flux de production*, Paris : Éditions du Moniteur, 268 p.

DUNLOP, Charles, KLING, Rob (1991). « Social relationships in electronic communities », dans C. Dunlop, R. Kling (Eds), *Computerization and Controversy, Value Conflicts and Social Choices*, San Diego : Academic Press, p. 322-329.

FRÉCHET, Guy (1993). « Technologies de l'information et atomisation du social », *Revue internationale d'action communautaire*, nos 29/69 : 61-68.

FRIEDMAN, Andrew L., CORNFORD, Dominic S. (1989). *Computer Systems Development, History, Organization and Implementation*, Information Systems Serie, Chichester : John Wiley.

GATTIKER, Urs (1991). « Technologie informatique et formation de l'utilisateur final, intégration du traitement de l'information et des perspectives d'interface homme-machine », *Technologies de l'information et société*, vol. 3, nos 2 et 3 : 197-230.

HAMICHI, Saïd, KIEFFER, Jean-Paul (1989). *L'implantation d'une gestion informatisée*, Paris : Éditions du Moniteur.

HATCHUEL, Armand, SARDAS, Jean-Claude (1990). « Métiers et réseaux, les paradigmes industriels de la GPAO », *Réseaux*, mai-juin, n° 41 : 60-73.

HÉRAN, Frédéric (1991). « Les relations entre technologie et organisation, le rôle structurant du mode d'organisation », *Cahier lillois d'économie et de sociologie*, n° 18 : 113-124.

JONES, Bryn (1990). « New production technology and work roles, A paradox of flexibility versus strategic control », dans L. Ray, M. Pitt, *The Strategic Management of Technological Innovation*, Chichester : John Wiley & Sons, p. 293-309.

KIDD, P.T. (1991). « People and technology in european manufacturing, Interdisciplinary research for the 1990s », *International Journal of Human Factors in Manufacturing*, juillet, vol. 1, n° 3 : 257-279.

KIESLER, Sara, SIEGEL, Jane, McGUIRE, Timothy W. (1984). « Social psychological aspects of computer-mediated communication », *American Psychologist*, vol. 39, n° 10 : 1123-1134.

RÉFÉRENCES BIBLIOGRAPHIQUES

KLING, Rob (1987). « Defining the boundaries of computing across complex organizations », dans R.J. Boland, R.A Hirschheim, *Critical Issues in Information Systems Research*, Chichester : John Wiley and Sons, p. 307-362.

KLING, Rob, SCACCHI, Walt (1980). « Computing as social action, The social dynamics of computing in complex organization », *Advances in Computers*, vol. 19 : 249-327.

KLING, Rob, SCACCHI, Walt (1982). « The web of computing, computer technology as social organization », *Advances in Computers*, vol. 21 : 1-90.

LAPOINTE, François (1990a). *La convivialité des interfaces, proposition d'une méthodologie d'évaluation*, Centre canadien de recherche sur l'informatisation du travail, ministère des Communications, Laval : Gouvernement du Canada.

LAPOINTE, François, LAVOIE, Richard (1990b). « Définition d'une approche naturaliste de l'évaluation de la convivialité des interfaces usagers-machine », dans *Colloque de l'Association canadienne des sociologues et anthropologues de langue française*, Québec : Congrès de l'Association canadienne française pour l'avancement des sciences.

LIMOGES, Camille, CAMBROSIO, Alberto (1991). « L'évaluation sociale des technologies : points de repère et perspective de recherche », L. Cannavo, *Studi sociali della tecnologia. Metodologie sociologiche di valutazione*, Roma : Euroma, p. 139-170.

MÉTAYER, G. (1988). « "Virage technologique" : le comble du pilotage sans visibilité », Groupe de recherche informatique et droit, *Cahiers de l'ACFAS : une démocratie technologique*, n° 63 : 101-120.

MILES, Raymond E., SNOW, Charles C. (1991). « Organizations, News concepts for news organisation », *California Management Review*, vol. XXVIII, n° 3 : 62-73.

ORGANISATION DE COOPÉRATION ET DE DÉVELOPPEMENT ÉCONOMIQUES (1991). *Managing Manpower for Advanced Manufacturing Technology*, Paris : OCDE.

PAVÉ, Francis (1990). « Informatique et organisation : usage spéculaire et usage managérial de la technologie », *Culture technique*, p. 133-139.

PEROLLE, Judith A. (1991). « Conversations and trust in computers interfaces », C. Dunlop, R. Kling, *Computerization and Controversy*, Boston : Academic Press, p. 350-363.

PINSONNEAULT, Alain, BOURRET, André, RIVARD, Suzanne (1993). « L'impact des technologies de l'information sur les tâches des cadres intermédiaires : une étude empirique des bénéfices de l'informatisation », *Technologies de l'information et société*, vol. 5, n° 3 : 301-329.

PLAISENT, Michèle, PROSPER, Bernard, CATALDO, Zuccaro (1991). « Prototype d'un instrument de mesure de la convivialité des logiciels pour gestionnaires », *Technologies de l'information et société*, vol. 3, n°s 2 et 3 : 251-266.

POYET, Christine, NEBOIT, Michel (1991). « La communication homme-machine en robotique : analyse comparée des différentes interfaces de programmation », *Technologies de l'information et société*, vol. 3, n°s 2 et 3 : 231-250.

RAYMOND, Louis, BERGERON, François, GINGRAS, Lin, RIVARD, Suzanne (1990). « Problématique de l'informatisation des PME », *Technologies de l'information et société*, vol. 3, n° 1 : 131-148.

REIX, Robert (1990). « L'impact organisationnel des nouvelles technologies de l'information », *Revue française de gestion*, n° 77 : 100-106.

ROGERS, Everett M. (1983). *Diffusion of Innovations*, New York : Free Press.

SAINT-PIERRE, Céline, CAMBROSIO, Alberto (1990). « L'autre face de l'informatisation du travail », *Technologies de l'information et société*, vol. 2, n° 3 : 79-96.

SHINGO, Shigeo (1987). *Le système SMED : une révolution en gestion de production*, Paris : Éditions d'Organisation, 348 p.

TUSHMAN, Michael L., NELSON, Richard R. (1990). « Introduction, technology, organizations, and innovation », *Administrative Science Quarterly*, vol. 35, n° 1 : 1-8.

WEBSTER, Juliet (1991). « Advanced manufacturing technology, work organisation and social relations crystallised », dans J. Law (ed.), *A Sociology of Monsters, Essays on Power, Technology and Domination*, London et New York : Routledge.

WEBSTER, Juliet (1993). « Chicken or egg? The interaction between manufacturing technologies and paradigms of work organization », *The International Journal of Human Factors in Manufacturing*, vol. 3, n° 1 : 53-67.

WEISSBERG, Jean-Louis (1989). « La simulation de l'autre : approche de l'interactivité informatique », *Réseaux*, n° 33 : 74-110.

WIGHT, Oliver (1984a). *Manufacturing Resource Planning, MRP II Unlocking America's Productivity Potential*, New York : Van Nostrand Reinhold Co.

WIGHT, Oliver (1984b). *Réussir sa gestion industrielle par la méthode MRP II : 80 réponses aux questions que se pose la direction*, Paris : Éditions de l'usine nouvelle.

WOLTON, Dominique (1988). « Paradoxe et limite de la communication instrumentale », Groupe de recherche informatique et droit, *Cahiers de l'ACFAS : une démocratie technologique*, n° 63 : 155-175.

Chapitre 10

BENYEKHLEF, Karim (1992). *La protection de la vie privée dans les échanges internationaux d'informations*, Université de Montréal, Faculté de droit, Centre de recherche en droit public, Montréal : Édition Thémis.

BERNT, Phyllis W., WEISS, Martin B.H. (1993). *International Telecommunication*, Collection « Professional Reference », Carmel, Ind., USA : Sams Publishing.

DRAKE, William J. (1992). « Territoriality and intangibility : Transborder data flows and national sovereignty » dans K. Nordenstreng et H.I. Schiller (eds), *Beyong National Sovereignty : International Communication in the 1990s*, Norwood : Ablex Publishing Corporation, p. 259-313.

FREDERICK, Howard H. (1993a). *Global Communication & International Relations*, Belmont, Calif., USA : Wadsworth Publishing Company.

FREDERICK, Howard H. (1993b). « Computer networks and the emergence of global civil society », dans L.M. Harasim (ed.), *Global Networks : Computers and International Communication*, Cambridge, Mass. : The MIT Press.

JOUËT, Josiane, COUDRAY, Sylvie (1990). *Les nouvelles technologies de communication : orientations de la recherche*, rapport n° 105, Paris : Unesco.

KIM, Eun Young (1990). « Multinationals : Preparation for international technology transfert » dans F. Williams, D.V. Gibson (eds), *Technology Transfert : A Communication Perspective*, Newsbury Park, Calif., USA : Sage Publications, p. 258-273.

KOZMETSKY, George (1990). « The coming economy » dans F. Williams, D.V. Gibson (eds), *Technology Transfert : A Communication Perspective*, Newsbury Park, Calif., USA : Sage Publications, p. 21-40.

MICHALSKI, Wolfgang (1989). « Advanced information technologies : Challenges and opportunities » dans J. Meheroo, O. Tadayuki, A. Toshihiro (eds), *Information Technology and Global Interdependance*, New York : Greenwood Press, p. 9-18.

MOWLANA, Hamid (1985). « The information warehouses and transborder data flow » dans *International Flow of Information : A Global Report and Analysis*, Reports and Papers on Mass Communication, n° 99, Paris : Unesco, p. 45-53.

NOVOTNY, Eric J. (1980). « Transborder data flows and international law : A framework for policy-oriented inquiry », *Stanford Journal of International Law*, n° 16 : 150-156, cité dans Mowlana, Hamid (1985).

NOVOTNY, Eric J. (1981). « Transborder data flow regulations : Technical issues of legal concern », *Computer/Law Journal*, vol. 3, n° 2 : 111.

WILLIAMS, Frederick, BRACKENRIDGE, Eloise (1990). « Transfert via telecommunication : Networking scientists and industry » dans F. Williams et D.V. Gibson (eds), *Technology Transfert : A Communication Perspective*, Newsbury Park, Calif., USA : Sage Publications, p. 172-191.

WILLIAMS, Frederick, GIBSON, David V. (1990). « Introduction » dans F. Williams et D.V. Gibson (eds), *Technology Transfert : A Communication Perspective*, Newsbury Park, Calif., USA : Sage Publications, p. 9-18.

Achevé d'imprimer en septembre 1995
sur les presses de l'imprimerie
Prescom Ltée
Charlesbourg (Québec)